ドゥルーズ　魂の技術と時空・生起－動

ドゥルーズ

Gilles Deleuze

〈意味〉を現働化する

魂の技術と時空・生起–動

中田光雄

水声社

故
丸山熊雄教授に捧げる

まえがき

本文を脱稿し、「注」を整理しつつ「まえがき」を準備するあいだ、本文内容とかかわる重要な「事件」(événements) が相次いで「出来《しゅったい》」(événement) した。

元号が「平成」から「令和」に替わることになった。『万葉集』が出典だとは心が和《なご》むし、音声「れい」の響きも佳い。ただ、漢字二字の組み合わせの場合、第一語の冠《かんむり》部首が「ひとやね」だと、第二語が「今日」「今朝」のように自粛気味であれば違和感はないが、第二語が「和」のように明確に角張りすぎると、「令和」はやや頼りない感じもする。『万葉集』の同じ箇所なら「淑和」(あるいは、和令?) のほうが佳かったかとも思うし、最も美しい日本語のひとつである「玲瓏」の「玲」に替えても佳かっただろう。哲学的に重要なのは、元号を違憲とする提訴で、ひとまず普遍的時間となっている西暦と憲法上の第一の大義である個々人の内的時間感覚の自由にたいして、元号は障害になる、ということだが、二十世紀哲学は、もともと、内的時間の本源性と西暦を含む時計・暦-時間の齟齬の感覚から出発した。宇宙時間を含む普遍的な人類文明レヴェルの西暦時間と、国民・民族レヴェルの各文化に固有の元号時間と、人間としての個々人の無限に多様な内的時間、三者の相互織成は、今後の哲学思惟の問題でもある。本著のドゥルーズは「クロノス時間」と「アイオーン時間」を分けるが、それで十分であるか、いずれにしても「差異と反覆」とそれによる「意味‐生起」の問題である。

パリのノートルダム寺院が失火した。テロかと一瞬緊張したが、改修作業処理の不全による要するに人間的不徳による失火である。とすれば、神にとっては、そんなことは不問の前提である。もともと寺院は、無数の人間たちの「貧者の一灯」の、幾歳月にわたるしかも永遠に未完の積み重ねの結実である。讃美と謝意の寄進も無数にあるだろうし、人生や社会への不満や憤怒による無数の呪詛や打擲もあるだろう。神への冒瀆ごときを難ずるのは二流の神である。おれを呪詛することがおまえの救いになるのであれば、そうしろ、と、真の神はいう。人間的不全による受難など、神にとってなにごとでもないし、というより、真の神とは人間的受難あるいはその治癒・救済そのものであるからだ。ドゥルーズにおいては真理がパラドックスであるように、神については語らないが、神もパラドックスそのものである。かっての神は同一律の頂点として投企された。ドゥルーズは一切を差異律の根源ともいえない根源の無底の自己差異動から出発して思惟する。プラトンのイデアは永遠不変であり、キリスト教の神は永遠なる自己同一体であり、ベルクソンがそれを「生ける永遠」としての不断の自己創出態と規定し直したが、ドゥルーズの実在は内在性の無底からの「差異と反覆」の「産出‐生起」動である。寺院における災厄は、神と世界にあるまじき受難ではなく、世界と実在の自己開展の一環にすぎない。

EUにおけるブレグジットがついに表面化した。ヨーロッパは、ケルト・ローマによる前史は別とすれば、紀元五世紀にはじまるゲルマン民族あるいはその諸部族の現ヨーロッパ地域全体への分散・拡大・抗争・共存・分裂・統合、……の所産である。ドゥルーズ的には、今回扱う多様性概念のみならず、今後に重要化するリゾーム概念やノマドロジー概念の適用妥当性の如何《いかん》の問題であろう。英のEUからの脱離としてのブレグジットは、かってのさまざまの分散・抗争・分裂の反復にとどまるものであろうか。ドゥルーズがヨーロッパ中心主義のモナドロジーからの差異・反覆として提示するノマドロジーは、ケルト的ノマドロジーは問題外として、砂漠的ノマドロジーをモデルとする場合、イスラム・東欧‐難民者たちの来入をも認めるとして、どのように・どの程度、認めるかぎりにおいて、EUを賦活・成就させうるのであろうか。むしろ、それ以前に、ノマドロジー概念そのものの妥当性を検討すべきではなかろうか。

ブラックホール・シャドウがついに撮像化されるにいたった。現代思惟は二十世紀の初頭から無意識界の開削に向かい、二十世紀の後半からは驚異的な成果をもって未知の大宇宙の実像を開披しはじめた。今回(二〇一九年四月十日)はおとめ座楕円銀河M78中心部のブラックホール、そのものは不可視として、その超巨大重力によって吸収されつつ歪む光の円環束としてのシャドウ(影、輪郭)の初の撮像化である。相対性理論がたんなる思惟によって想定していた事態が、いまや認識のレヴェルへと引き出される。素人判断でいえば、われわれの実在の始源は不可知のままに、そこから自己生起し構造動態化しているとドゥルーズの思惟する潜勢態が、認識のレヴェルへと現働化されてくる。この撮像化のために長年協力してきた国際研究グループの名が「イヴェント・ホライゾン(生起事象の輪郭、開起‐地平)・テレスコープ」であるとは、いかにも哲学と科学の今日的な重相‐協律を示唆するものではなかろうか。

現代思惟は巨大な近代思惟・近代文明の欠落部分への批判であり、近未来思惟・近未来文明に向かっての新たな創造の営みである。われわれのこの試論もその明示化・自覚化の企ての一環であるが、ドゥルーズ思惟の研究としても、たとえば次の諸点への寄与を願っている。

カントは近代的な認識能作の基底に、ときに「われわれの魂の奥底に作動するひとつの隠れた技倆（eine verborgene Kunst）」なるものを示唆した。若年期の筆者はここに現代思惟における存在論的転回への緒《いとぐち》を予想したが、先人哲学者たちがこのカント思惟に言及しつつも考察を進めていないこともあって、主題化せぬまま放置しておいたところ、今回のドゥルーズがこれを「ロゴスの下なるドラマ」「表象的思惟を支える潜勢態としての時空・生起-力動」として言及するに接し、ようやく主題化の企てに及んだ。本書は、その意味で、意識哲学からの実在論的転回であるドゥルーズ思惟を介して、人間的実践を再考察する試みの一といってよい。

「理念」という語を、すくなくとも最初期ドゥルーズは頻用する。プラトンからカントを通って現代思惟にとってはいささか「闇の帝王」風となってしまっているこの概念が、なぜ実在論的転回の思惟のなかにぬけぬけと出てくるのか、その真意を探るために「第一部」をテクストの一字一句を反芻しながら進み、「第一・二部」の末尾にいたってようやく納得したが、この不器用な自問自答はいささかの研究寄与となりえているであろうか。

「意味」を中心主題とする本格的な哲学書は、おそらく、ほとんどない。わが国の山内得立『意味の形而上学』は尊重するとしても、世界哲学史のなかでは、「真理」は哲学の究極の目的であれ、「意味」は自明にして不問の道具にすぎない。あるいは、「価値」の別語として、これまた、たんなる実践の契機にすぎない。この点、ドゥルーズのいう「意味の論理学」は、同一律に則る「真理の論理学」にたいして、差異律の地平への開道をなすものではあるまいか。『差異と反覆』には「理念」はあっても「意味」はなく、『意味の論理学』には「意味」はあっても「理念」はなく、両者のなんらかの重合-操作が必要であるように思われる。「理念」と「真理」との関係のなかで、「意味」の広義での定義と賦活に努める。

「生起」もまた、現代思惟にとっては不可欠の概念と思われるが、バディウのハイデガー誤解をはらむ『存在と生起』を除けば、これを主題化する大きな哲学書はない。「意味」が「真理」と「理念」との関係において今日重要化しているとすれば、「生起」は「存在」と「無」との関係において今日重要化するはずである。本書はハイデガーからバディウへの力線のなかで、「生起」を定義するとともに、ドゥルーズにおける「産出」と「生起」の重相性を新たな「創造」概念へと方向づけるに努める。昨今登場してきた超越論的存在論への展望も必要である。

本書は先般上梓した『創造力の論理：テクノ・プラクシオロジー序論』(創文社、二〇一五年)の「本論・第一巻・第二部」に該当する。「第一部」(水声社、二〇一七年)の主題であるデリダ思想とこの「第二部」の主題であるドゥルーズ思想は、つぎの核心的な一点の共有において、カントが代表する近代思惟にたいする現代思惟としての栄耀をになう。「先験哲学のいう〈可能性の条件〉なるものを、そこにすでに秘かに前提されているはずの具体的かつ無限の〈存在論的〉ポテンシャリティへと変換すること」(『フッサール、「幾何学の起源」』)。

＊

本書を故丸山熊雄教授に捧げる。われわれが最初の渡仏の機会を得るのは仏政府給費招聘留学制度によるところ大きいが、教授は一九三四年、辰野隆教授の推薦による第二回選抜学生として渡仏し、数年の研鑽を経て、ヴォルテールを生涯の研究テーマと決め、近づく大戦の危機を避けて、帰国した。以後は、これも大戦の影響もあり、国内蟄居を佳しとしていた観があるが、一九七二年、筆者の研究作業が、外国人枠でも、研究者枠でもなく、正規の学位コースへと推薦されたため、むろん、他の所用もあったであろうが、祝意を伝えに遥々《はるばる》会いに来てくださった。パリ大学はソルボンヌ校舎近くのリュクサンブール公園沿いのカフェで、長時間、御話しする機会を得た。教授はそのころ岩波文庫のヴォルテール『ルイ十四世の世紀』全四巻を翻訳中であり、筆者も、いまはベルクソンを遣《や》っているし、ベルクソンも佳いが、一番佳いのは「内的持続」ではなく、若年期から秀才少年として全国的に有名だった青年ベルクソンが、過去二千五百年の自称・合理主義の哲学伝統を相手にあたかも反逆者のごとく学会その他で熱弁を振るいつつ闘い進んでいくところですよ、と申し上げた。実際、昨今ではドゥルーズ思想やその優秀な若い研究者たちの御蔭で自明のことのようになっているが、一九二七年のハイデガーが衝撃という理解をもって斯界から迎え容れられたのも、ニーチェのみならずベルクソンとフッサールが先述した時間論の開起‐地平をすでに準備していたからである。二十世紀前半というこれまで自己存続に汲々としてきた人類がはじめて自己殲滅の可能性を手にして自己改造（異‐構築）へとレヴェルアップせざるをえなくなったこの人類史の第一サイクルから第二サイクルへの転換のなかで、哲学というより人間思惟一般がどのように諸問題を受け留め・どのようにそれを克服しようとしているか、そのいわば〈世界投企〉の諸相と究極を時代的現実のなかから引っ張り出して将来に備えることが目下の自分の仕事の目標であるとも申し上げた。長い議論の最後に、教授は笑いながら「フランスに来てよかったねえ」と腹蔵なく祝意を表してくださった。国内の学校の義務的な授（受）業と自分の研究作業が、留学という機会・期間には主客逆転するわけであるから、教授からの祝言には仏国奨学制度への謝意をもって応えなければならない。とはいえ、すでに貶価と破壊の策謀・闇工作も他の日本人グループによって始まっていた。ひとりの学生が外国の本場の学術戦場でそれなりの苦労をしながら最前線を這い進んでいるというのに、自国の学界だか大学界だか自己愛の利権長屋だかの薄暗がりのなかで、学術意義ごときはそっち除けで、仲間や家来たちと嫉妬と恐怖を嘲笑と憐憫へと偽装する猿芝居を通じて、貶価と破壊のネガティヴ・キャンペーン網の敷設に狂奔するとは、われらが学術界にあるまじき下衆《げす》の振る舞いである。過日、ＥＵ大統領が、「〈合意なき離脱〉などとほざくものたちは地獄へ行け」と、公の場で、公人として、公言した。暴言でも、非礼でも、名誉毀損でもない。低劣・邪悪な人間というものがおり、それらは早晩自滅していくとはいえ、われわれは天罰・天意を待つ前に、人間の尊厳と理性と意志によって、それらの撲滅をはからなければならない。合法性の闇の中で、それらがやらかしつづける犯罪行為にたいして、今回の大統領発言は一個の正義の規範を提示するものである。

水声社と編集部の小泉直哉氏、装幀デザイナーの宗利淳一氏に、今回も御世話になった。あらためて厚く御礼申し上げる。

著者

目次

第二部　意味、生起、創造——『意味の論理学』をめぐって

文献および略号

G・ドゥルーズの著作数は、知るひとは知るように、かなり多いが、今回は最初期の主要二著作に限定して原理論的な考察をおこなった。中期以降の思想については、別巻で考察する。

・G. Deleuze, *Différence et répétition*, PUF, 1968.【引用略記号：DR.】
・G. Deleuze, *Logique du sens*, Les Editions de Minuit, 1969.【引用略記号：LS.】

邦訳につぎの三巻がある。

・財津理訳、『差異と反復』、河出文庫、上・下、二〇〇七年。初版は、一九九二年。
・岡田弘、宇波彰訳、『意味の論理学』、法政大学出版局、初版は一九八七年。
・小泉義之訳、『意味の論理学』、河出文庫、上・下、二〇〇七年。

ドゥルーズ思想研究は、英国のエディンバラ大学グループに次いで、わが国にも優れた作品が多く、総覧して逐一尊重しつつ考察を進める予定であったがやはり十分な余裕がなく、途中で断念して、筆者自身が属する学会の同僚たちの論稿に文中・後注・注で簡単に言及するにとどまった。最近は、〈紙の本〉（！）として市販されていなくとも、とくに個別問題についての精緻な力作がインターネット上に多く公開されており、参照必須の先行研究成果群をなしている。本書はそれらにも負うところ大きいが、これも直接言及論稿以外をすべて列挙・整理する記録技術上の余裕がなく、遺憾に思う。

とまれ、邦訳者たちとこれら先行研究者たちの諸成果に敬意と謝意を表する。

著者

第一部

理念、発生、創造——『差異と反復』、カント論をめぐって

第一章　所与と発生――カントvsマイモン

「人間は自らが創（作、造）ったものを識ることことはできるが、自らがそれによって創（作、造）られているもの（自らを創ったもの）を識ることはできない[1]」と、ヴィーコとヴァレリはいった[2]。十七世紀のヴィーコは、ここから、神が創った（神為）世界を新たな近代数学の厳密性をもって考察しなおすデカルト流‐物理学的‐哲学に抗して、人間所為（人為）の展開というべき（やがては人文科学の成立へといたる）歴史・文化についての哲学的思惟への途を開削し、二十世紀のヴァレリは、神の死んだ「乏しき」世界のなかで、「不可能（神為、原為[3]）を望むなかれ。可能（人為）の域を窮めよ」と、人間的有限性の尊厳を彫琢することに専念した。

むろん、思想史・哲学史・精神史（以下、おおむね、思想史と略記[4]）のドラマは簡単ではない。しかし、主題を位置づけるための書き割りは簡単でなければならない。「神為」「人為」「原為」の、対立、交替、重合、交錯、混合、葛藤、止揚、弁証法、逆説弁証法、否定弁証法、アンチノミー、アポリア、メタポリア[5]、……等は、予測しながらも、まずは、全体枠の確認からはじめよう。

われわれのこの第一部は、ドゥルーズ最初期の主要論著『差異と反覆』（一九六八年）とその周辺の大小さまざまのいわばカント論稿四編（後述）を資料に考察を試みるが、この場合、カントを、時代的にヴィーコとヴァレリの中間に置き、ドゥルーズを両者の（むろん、時代的に）後に置く。

カントは、批判哲学、先験哲学、超越論哲学、……等と呼ばれるが、「われわれを創った」「われわれが識りうるはずのない」神為・原為を安易に言述する伝統的な神学的‐形而上学への「批判」（critique）において、「われわれが識りうるはず」の「われわれが創り為す」人間活動領域のみを、その由来を問う必要のない第一の「所与」（与件、donnée, given, Gegebene, data）として、「分析」（critique）した。「『純粋理性批判』はなんらかの存在者を認識の基体や原因とみなすのではなく、認識そのものに含まれているもののみを探究する」[6]と、カントの同時代人でカント自身が「超越論哲学の最良の理解者」[7]とするS・マイモンがいっている。この（カントの）「所与‐分析」が、すでに先立って展開していたイギリス流の経験主義哲学でもなければ、これまた（カントの、若い）同時代人であるヘルダーへとヴィーコからすでに到達していた人文・歴史‐科学の初動態でもなく、先験哲学・超越論哲学であるのは、もともと「超越論的」（transcendantal）なる語が、神為・原為を含む「超越的（transcendant）対象」（という、識りえない・言述しえないはずのもの）ではなく、その「識りえない・言述しえないはずの」「超越的対象」について（も）思惟し言述しようとし、じっさい思惟・言述する（カント流には「認識する」（erkennen）と「思惟する」（denken）の区別を思い浮かべてもよい）、そのような（いわば「超越的対象」を「論」ずることとしての）人間活動を含意するからであり、また、先験哲学とされるのは、経験レヴェルでの「所与」をその現実性ゆえに踏まえ・前提しながらも、上記の「超越論的」還元を通じて、「分析」が別種のいわばメタ経験レヴェルへと移され、経験に則る、ではなく、経験を

「超越」し、すべての経験的事例がその変換として成立してくるかの原型（original）・範型（model）・「先」行態（archetype）としての本質形態の思惟・論述・再（新）構成となるからである。カント自身はこうした自らの営みを「批判主義的‐観念論」と呼称することを最もプレファーしたといわれ、この営みはさらに「所与」事態・人間諸活動・人為の「超越論的・先験的‐根拠づけ（fondement, fondation, Grundlegung）」「可能性の条件（condition de possibilité, Bedingung der Möglichkeit）の析出」等としても捉え直す必要があるが、これら、特に後二者の重要問題は追って適宜・文脈に応じて再論・詳論していくことにし、ここでは省略する。

カント哲学は哲学史上のコペルニクス的革命ともいわれ、われわれは既述のところからして人間主義的転回と理解しておくが、哲学史はこの革命・転回によって、完全に一新したわけではなかった。旧来の神学的形而上学は失効したとしても、哲学史の志は近代的変貌を伴いつつ堅固な前進をつづける。カッシーラーが記している。「十七世紀の古典的合理主義体系の方法論は、〈因果的〉定義の学説でその頂点に達する。すなわち、認識は、おのれが第一要素から産出する（*hervorbringt*）〔原語イタ強調〕ものだけを、その根拠から真に完全に把握できる、ということである」[8]。文中の前半は、カントが〈因果〉関係をたんなる「悟性〔人為〕のカテゴリー」に限定したことによって、その神学的・形而上学的・宇宙論的・歴史哲学的な意味・有効性を失い、いまは、拘る必要はない。文中の後半は、われわれも冒頭で確認し、これを神為、人為、原為に下位分割し、神為は放棄し、人為に限定したが、実は、原為については、未詳のままに放置しておいた。さて、いま、人為の領域をその由来・出自・出生を問う必要のない「所与」としたカント哲学に対し、ある意味では新たな、ある意味では伝統的な、あるいはむしろ自己刷新していく伝統のただなかから、その「所与」そのものの由来・出自・出生つまり「発生」（genèse）を問わなければ、事柄を「真に完全に把握」することにはならないという批判・疑義が、ほかならぬカント自身が「批判主義的‐観念論の最良の理解者」としたS・マイモンから、投げかけられることになる。人為という「産出」の領域ではなく、人為という「産出」の領域を「産出」する、神為ならぬ、原為の、動態性の如何こそが本来の哲学の問題だということである。カッシーラーがいう。「マイモンが問題解決の手掛かりにしたのは、カントの〈所与〉概念である。彼の詳論によれば、触発する未知のなにものかとしての物自体という概念を拒否したとしても、これによって〈所与〉の問題そのものが解決されるわけではなく[9]、正確に理解するなら、この問題はむしろはじめて立てられる。問題の意味はもちろん変わらざるをえない。つまり〈所与〉は、認識能力において外側からなんらかの絶対的原因によって引き起こされるものではなく、むしろ〔カント流の〕認識能力自身の法則からは説明できない（nicht erklärbar）もの、つまりその具体的な規定がそこから導出できないもののことになる。」「この問題が問われなかったのは、われわれの内部（in uns）での表象の生成（Entstehung）の仕方が、われわれには未知（unbekannt）だったということを意味するにすぎない[10]」。カント的「所与」は、こうして、その由来、といっても外的原因ではなく、その「内的発生」において捉え直されることになる[11]。

マイモン思想の重要さは二十世紀に入って再発見され、ドゥルーズによる言葉少なの顕揚が大きな役割を果たしていることも斯界では話題になりつつあり、われわれのこの論稿もこのあたりで焦点を具体的に絞って問題確認をしなければならないが、マイモンのカント批判書といえる『超越論哲学についての試論[12]』は難渋を窮め、ここでは無理して主題化するほどの必要もないので、ドゥルーズ研究界ですでに優れた「ドゥルーズ／カント／マイモン」論・一著三稿[13]を公刊しているD・フォスの一文を引照・説明・考察するにとどめよう。あらかじめ注記しておけば、マイモンのカント言及は『純粋理性批判』についてのみであって自《おの》ずからやや狭隘なものとなり、加えてカント自身はマイモンによるこの批判書の翌年（一七九〇年）には、すでに『純粋理性批判』とはやや異なる（とはいえ補完的な）『判断力批判』を刊行するのであるから、その（マイモンによる）

批判もカント哲学にたいして十分公正なものとはいえず、われわれは追ってカント側からの反論も確認するはずだが、とまれここでは、重要だがとりあえずさして支障のない一点のみを提示・例示するにとどめる。

　カントはわれわれの認識活動の基底に「綜合」(Synthesis)を前提する(フォス記、CPR. A78/B103, 等、参照)。「綜合」とは文字通り「多様な表象を結合(verbinden)」する能作(Spontaneität)であるが、しかし、カントの場合、「多様な表象」そのものは、いわば基底の基底である直観レヴェルで、「われわれの心意識の受容性」(Rezeptivität unseres Gemüts)によって、あらかじめ、得られている、あるいは、受作的に、与えられ(所与)ている。先にわれわれは、人為、人間活動、あるいはそろそろこういってしまってもよいが人間的産出活動の領域を哲学者カントにとっての所与と呼んだが、ここではその領域を、外部から産出するのではなく、内部から構成する個々の人間的産出活動の、その基底における所与性の問題である。実のところ、カントは、前者の所与性のみならず、とりわけ後者の所与性によって、自らの哲学的主題、人間的産出活動の客観的‐現実性を担保しようとした。しかし、これにたいして、上記カッシーラーのいう「十七世紀以来の合理主義・主知主義の体系」からすれば、たとえ神学的形而上学(つまり、神為論)の側面は縮退したとしても、「知と産出の不可分性」(ある事象の知は、その事象の産出を行なうことによってしか、完全ではありえない)という先行了解は存続し、(「産出」ならぬ)「所与」などというものが入り込むか居座りつづければ、「知」は蹉跌・破綻し、哲学にあるまじき「無知」「否知」「非知」「未知」が巣食うことになる。マイモンからのカントへの批判は、この主知主義伝統からはそれなりに理のある観点からなされる。

「〔カントはいう。〕〈綜合一般は……たんなる想像[14]力の結果であり、魂のひとつの不可欠ながら盲目の機能である。それなくしてはわれわれは知をまったく得られないが、しかし、われわれはそれをほとんど意識することすらない〉(CPR. A78/B103.〔フォス記、以下同様〕)。マイモンにとっては、そのような闇路の綜合

（obscure synthesis）など生じても、問題の解決にはなりえない。（形式的直観という）純粋-空間的・時間的-多様態の統一（unity）は、悟性にとっては〈所与〉（given）であり、悟性によって〈産出〉（produced）されたものということにはならない。カント流には、形式的直観に属する統一は、純粋了覚（appréhension）による綜合であって、感性（senses）にも悟性（understanding）にも属さない。空間・時間の統一は〈どのような概念（concepts）にも先立つ〉（CPR. B161）のである。」「空間的・時間的-多様態の純粋綜合は、それゆえ、〈被-綜合態〉（synthesis）として悟性に与えられる（given）もの、ひとつの想像力（imagination）の所産であるところのもの、悟性が介入するまったく以前のもの、のように思われる。マイモンにいわせれば、形式的直観が依然として〈所与〉（given）として考えられている以上、直観と純粋諸概念の綜合など理解不可能（incompréhensible）のはずだ、という駁論が返ってくるだろう。カント流の純粋諸概念を直観に適用することの正当性あるいは真理性など、証明されてはいないのである」[15]（CTh. pp. 100~101）。

ここで重要なのは、むろん、「産出する」「直観と悟性の綜合・統一を産出する」「産出と（内的）発生」のマイモン的内容だろう。カントにも、知るひとは知るとおり、「与えられる」綜合・統一のみならず、「概念の直観への適用」「悟性への直観の服従（submission）・包摂（subsumption）」としての（いわば、「与える」）統一・綜合もあるが、前者の受動性を非とするマイモンが、単純に、後者の強制・支配の能動性を肯定するとは思われない。別種の「綜合・統一の産出」を予想しなければならない。また、「産出する」の他動性と「発生する」の自働性のほとんど無意識的な重合性にも配視が必要だろう。論者のフォスは「カントでは悟性が自らのア・プリオリな諸規則に想像力を従わせるに対し、マイモンは悟性自身が綜合を産出する（produce）ことを要請する」（ibid. p. 102）「マイモンは綜合が本質的に〈発生〉的であるような、新たな綜合概念を目《もく》途《と》する」（ibid. p. 101）としながら、マイモンからつぎの一文を引用する。「悟性はなにものかア・ポステリオリに与えられるものを自らのア・プリオリな諸規則に従わせることはしない。むしろ、それ［その与えられるもの］が悟性の諸規則と協成（in accordance with）するかたちで自ら生起するようにはからう（let arise, lasst entstehen）。（これが、「いかなる権利をもって悟性が直観へと届いているといえるのか」といういわゆる「権利問題」（quid juris?）へと十全に対応しうる唯一の途であると、わたしは思う）」（ibid., p. 102. フォス記、Maimon, Essai, p. 82）。先のマイモン／フォスの説明言述「悟性自身が綜合を産出する」（the understanding itself produce the synthesis）からすると、なにやら悟性が単性生殖するような印象を与えかねないが、その内実は、この引用文が示すとおり、「悟性が直観内容を賦活することによって、直観内容が自ら悟性の諸規則と協成するかたちで自己生起してくる、そのようにはからう、そのかたちでの直観と悟性の統一・綜合」である。ちなみに、カントにも、これも周知のとおり、「悟性から直観への関わりは、両者にとっての第三者である〈時間〉の仲介による」（Voss, ibid. p. 99. フォス記、CPR. A138/B177）なる発想があるが、ここ（カント）では悟性が時間を介して直観へといわば「外側」から関わっていくに対し、マイモンでは悟性が直観の「内側」から直観をして自発的に（悟性の諸規則との協成に向けて）自己生起させ（let arrive, lasst entstehen）ている（〈machen〉等の使役動詞ではなく、〈lassen〉なる（近代批判の）現代哲学がプレファーする、日本語では上手く訳し分けること困難な、筆者は「強制」と「慫慂」等と訳し分けるが、動詞を用いていることに、注意）。悟性による「産出」の作用が、勝義的には、直観の内側からの内的「発生」とされるのも、このためである。

マイモンからのこの種のカント批判は、翌年（一七九〇年）刊行予定で、カントの斯界の同僚であるM・ヘルツへの、「出来れば、高名なカント教授の推薦もしくは紹介文を」、というマイモンからの依頼を受けて、ヘルツからカントに回送されてきた『超越論哲学についての試論』稿に記されているが、カントは一七八九年五月二十四日付でマイモンに受領の礼状を送って、「詳しくは［カントからの］ヘルツ教授宛の書簡を」、と記し、同年五月二十六日付の後者書簡で、哲学上の立場の違いから推薦文その他の安易な対応は謝絶するとともに、流し書きのかたちで、いくつかの反論言辞を記した。[16] ここでは、目下の問題をめぐる一点のみ挙げよう。こうである。マイモンは「悟性自身が綜合を産出する」という。このことは、カント流の理解では、――(われわれ・筆者の解釈は上記した。追ってドゥルーズ流の解釈も主題化する)――悟性自身が直観をも産出する、である。ところで、神は万象、悟性のみならず、直観や物象をも創造した。上記カッシーラーのいう「十七世紀以来の主知主義の体系」を含む伝統的哲学とくに神学的形而上学は、それゆえ、これを、神的悟性は直観を含む、神的思惟は悟性的直観・知的直観である、神の悟性的思惟はそのまま直観的・物象的-世界の創造である、とも解する。さて、これに対し、カント流の批判主義哲学は、神為レヴェルの諸問題を(思惟することは可能だが)認識することは不可能、として、いわば括弧に入れ、これによって、われわれ人間は、神と異なり、物象を創造することはできないのであるから、悟性的直観は断念し、悟性と直観を分け、人間的有限性への烙印として、直観レヴェルの「所与」性を受け容れた。別言すれば、悟性と直観の区別と直観の所与性は、批判主義・カント哲学あるいは新しい近代哲学の不抜の前提であり、これをないがしろにして「悟性が直観・綜合を産出する」などと発想することは、すでに失効した(しつつある)旧弊な神学的形而上学へと逆戻りすることにもなりかねない。実際、マイモンはしばしばライプニッツを引照して自説の根拠づけをはかるが、ライプニッツにおいても批判主義哲学の苦き功ともいえる悟性と直観の峻別はなく、たんなる通常の「意識」と「微小意識」の、要するにたんなる意識度の、程度の差にすぎなくなっている。……

マイモンは、神にも、神的悟性にも、カントのいう物自体にも、触れておらず、「十七世紀以来の主知主義哲学」の伝統を引き継ぐとともに、カント以後のフィヒテを介してドイツ観念論へとも通じ、やがてはドゥルーズにも達するのであるから、カントからの批判・反批判に乗じて軽々に扱うことはできない。さりとて、カント哲学については既述のとおり『純粋理性批判』しか踏まえていないのであるから、マイモンのカント批判によってカント哲学の重層的な巨大さが致命的な損傷を受けるはずもない。マイモンからのカント批判とカントからのマイモン批判の対比考察を進めることは、それゆえここでは控えよう。われわれの主題にとってとりあえずより重要なのは、ドゥルーズが、マイモン的問題提起に応ずるかたちで、どのようにカントを捉え直していくか、カントとマイモンを吸収することによって、どのように自らの「所与‐発生」論を練り上げていくか、さらに、われわれにはここから、どのような創造概念への道が準備されているのか、……等である。

第二章　超越論的‐発生――カントvsドゥルーズ

1

ドゥルーズのカント論は、主著『差異と反復』（一九六八年）のほか、大小四編ほどある。年代順に挙げれば、（i）ヴァンセンヌ講義「根拠づけるとはどういうことか」[17]（一九五五年）、（ii）著書『カントの批判哲学』[18]（一九六三年）、（iii）論文「カント美学における発生の思想」[19]（一九六三年）、（iv）論稿「カント哲学を要約しうる四つの詩的表現文について」[20]（一九九三年?）、である。われわれのこの論稿はドゥルーズ哲学全体を主題的に論ずるためのものでなく、ドゥルーズ哲学において創造問題がどのように扱われているかであるから、資料参照もおのずから偏らざるをえず、ここでも（iii）を中心に、他は、追って主題化することにして、付帯的に考量するにとどめる。

まず、ドゥルーズは自らのカント論の主題を提示する。引用はやや長くなるが、基礎的に必要だからで、三文を並べ、後注も加えよう。なお、本書全体の「注」はアラビア数字：（1）、（2）、（3）、……、で示し、各引用文内の「後注」は、〔　〕入りの丸数字：①、②、③、……、で示す。

「カントの後の、とくにマイモンとフィヒテはカントにひとつの根本的な疑義を投げかける。カントは発生論的方法（méthode génétique）の必要性というものに無知であったのであろう、と。この異議は主観的・客観的二つの意味をもっている。カントの考察は〔すでに展開している〔後注①〕〕諸事実（faits）〔を上記の〈所与〉として、それ〕に依拠し、たんに〔後注②〕その〔存立の可能性の〕諸条件（conditions）〔後注③〕を探るに止まる。また、同時に、あれこれの出来合い（toutes faites）〔後注④〕の諸能力を呼び寄せ、それらがなんらかの調和を形成〔後注⑤〕しうるとあらかじめ〔後注⑥〕想定しながら、それらの間の関係や比重を規定するに止まる。〔しかし〕、マイモンの『超越論的哲学についての試論』が一七九〇年の刊行であることを考えれば、カントは、部分的には、彼ら後から来る者たちに先立って手を打っていた〔後注⑦〕と認めなければならない。カントの最初の二つの「批判」書〔『純粋理性批判』と『実践理性批判』〕は、事実〔上、展開している認識活動と道徳行為〕を相手に、それら諸事実の〔可能性の諸〕条件を求め、それらを〔すでに出来上がっている〕既成（formées）〔後注⑧〕の諸能力のなかに発見する。〔しかし〕まさしくそのことによって、なんらかの（un）、両批判書ではそれとして確定しえなかった、発生（genèse）〔事象〕へと、問題を送り返し〔後注⑨〕ているのだ。〔……〕〔実際、第三の〕『判断力批判』では、カントは、諸能力の発生の問題を、〔それらおのおのの能力が他の能力からの規整を受けるにいたる以前の〕初源的で自由な協成（accord）〔後注⑩〕関係のなかで、定立させる。こうして、先の二批判書にはいまだ欠けていた究極の根源動（ultime fondement）〔後注⑪〕を見出すのだ。「批判」一般が、たんなる〈条件づけ〉（conditionnement）〔後注⑫〕操作であることを止め、ひとつの〈超越論的形成〉（une Formation transcendantale）、〈超越論的・文-化〉（une Culture transcendantale）〔後注⑬〕、〈超越論的発生〉（une Genèse transcendantale）〔後注⑭〕の問題となるのである。」（ID. p. 86）[21]『判断力批判』は、他の二つの「批判」書〔『純粋理性批判』と『実践理性批判』〕に見られた〈条件づけ〉の問題にとどまることはない。〔そうではなく〕〈発生〉(Genèse) の問題へとわれわれを入り込ませる」(ID. p. 98)。「第一批判と第二批判で隠れ気味 (caché) であった認識技倆の問題が、第三批判で前景化 (manifeste) してくるのである」(PhCK. p. 86)[22]。

申し遅れたかもしれないが、ここでの論稿 (iii) と同年 (一九六三年) に刊行された著作 (ii) も、副題は「諸能力の理論」(doctrine des facultés)、つまり、いずれも「能力論」的なカント論となっており、あえて両者を区別するとすれば、後者 (ii) は「諸能力」の「相互規整」の作働を主題化し、前者 (iii) はその「相互規整」の諸形態がそれに応じた (効果としての)「発生」を来たす (生起させる) 局面に力点をおいている。上記第一節では、直観内容の事象的な多様性の「綜合」を、カントのように「所与」とするか、マイモンのようにこれをも (神的とすら誤解されかねない) 悟性による産出・「発生」の所産とするかの問題であったが、ここでは、直観内容としての事象性レヴェルよりも、直観形式としての、さらには、想像力、悟性、理性、……へと高まっていく、諸「能力」レヴェルの問題となっている。

後注を加えよう。一般読者の便宜のためのものであるが、専門家諸氏にとっても、筆者流の問題解釈の正誤、一般的妥当性と独自性を判断する縁《よすが》になるはずである。

［後注①］ 判りやすく「すでに展開している」と付言してみたが、さらに「経験的レヴェルでの」と付け加えてしまってもよいかもしれない。カントという先験哲学は経験レヴェルを見失わない。

［後注②］ 事象の「存立の条件を探る」とは、その事象の存在を前提にしての発想であり、ある種の守旧性を含むから、現代哲学からは好まれず、この種 (「たんに」、等) の蔑称がしばしば添加される。［後注③］ⓐ

参照。

［後注③］ やや厄介である。二～数点に分けて、説明を試みる。

ⓐカント哲学はよく、経験的事象の先験的な「可能性の条件」を明らかにする哲学、とされる。これは、（α）事実的事象の本質相・本質構造の剔抉、と常識的に解して、哲学の本道を往く思惟と、納得することもできる。しかし、（β）われわれの常識は、或る事象の（孕む）可能性（possibilité, Möglichkeit）という場合、その事象が、将来的に、予見不可能なまでの飛躍をおこなって変貌してしまうことも、考えるが、（γ）現代の哲学者たちは、このような可能性にはむしろ〈virtualité〉（潜勢性、潜勢動）という語を当て、常識のいう或る事象の、それがそこからの現実化の結果として出てきたその元の「可能性」とは、人間思惟がその現実事象に関して、その事実事象から遡って、抽象的に思い描く幻像、要するに現実的な事実事象のひとつの模写態にすぎない、と指摘する[23]（DR. pp. 272~273, 247, ID. p. 141, etc.）。（δ）この指摘のみですべての関連問題が解決するわけではないはずだが、とまれ、カント哲学についても、それが「可能性の条件」の思惟とされるかぎりにおいては、それこそ「所与」事態の無自覚的な甘受をおこなう守旧的思惟として、批判されうる[24]。ここでの文脈での言及も、「たんに……止まる」という蔑称が語るように、その一ケースである。

ⓑ（α）（可能性の）「条件」（condition, Bedingung）、あるいはカント哲学に関してこの語が用いられる場合のこの語の意味内容は、上記のような「可能性」が制約されて現実的な事実になる、という、その「制約」という語が邦訳に用いられる場合もあるが、いずれにせよ、右述［後注③ⓐ］（γ）の示すように、現代の哲学者たちからみれば、所与の事実的事象から遡って表象される、結局はその事実的‐事象と本質的に相似の、しかもその現実的な内容の抜けた、抽象的な幻像態、そのようなものとして先験的・無験的‐思惟の表象対象となっているものにすぎない。（β）ただし、「可能性」という語が、一般的には、先述「後注③ⓐ（β）」

のような未来性を含意しうると同様に、「条件」という語も、たんなる思惟対象にとどまることなく、現実的な作用性・作働性も含意しうる。われわれ（筆者）の解するところ、邦訳語を離れて原語に戻ってみれば、〈Bedingung〉は〈be-Ding-ung〉として〈Ding〉（もの）をして〈Ding〉（もの）たらしめている〈be-, ung〉（動）を含み、〈condition〉は〈con-, -tion〉として、これまた、諸要素を〈con-〉（集め）て、なんらかの作用をおこなう動きを含意する。この字義解釈はいささか牽強付会の観があるかもしれないが、ドゥルーズのカント理解をめぐっては、下記［後注④⑧⑨］も示すとおり、カント思惟を、たんなる事実的‐所与‐事象からその虚ろで抽象的・幻像的な母型へと逆行する退嬰的思惟ではなく、反対に、その動的基盤からの「発生」・「内的発生」（cf. DR. p. 40, etc.）の思惟として捉え直す縁《よすが》ともなりえている。

［後注④］〈faites〉に「出来合い」というややえげつない訳語を当てたのは、反対側に、〈faire〉（為す、成る、為しつつある、成りつつある、……）、つまり諸能力の寿ぐべき能動性・動態性・積極性がそろそろ自己開示しはじめていることによる。既述の〈faits〉（諸事実）だとて、たんなる「所与」（donnés）ではなく、〈faire〉（産出、発生）〈donner〉（能与、贈与）の能動性を孕んでいる。現代存在論の〈Es gibt…〉につながってくる。

［後注⑤］「形成」の語は直接的にはここで使われていないが、以下、［後注⑧⑨⑬］等にみられるように、〈former, formation〉として、十分カント的な「産出、発生」の類語たりうる。

［後注⑥］「あらかじめ」、とは、カント思惟にも、「調和」という価値観が、先入観として入り込んでいることを意味する。多くの現代思想家たちと同じく、ドゥルーズも、この古典的な価値観をめぐって、やがてカントから脱離する。

［後注⑦］マイモンやフィヒテはカントに「発生」観念が欠けていることを批判するが、ここでの検討からみられるように、〈faits〉や〈faites〉に不可欠的に先行するいわば潜勢的な要素として、カント思惟には、「発

生」「産出」概念に対応する〈faire〉概念が、すでに、あらかじめ、組み込まれている、マイモンたちからの批判以前に、すでに先行的（prévenait）に処理されている、そのことをいう。

［後注⑧］「すでに出来上がっている」「既成の」（formées）諸能力のなかにも、〈former〉（形成する、造型する、……）の動態性が「見出される」。

［後注⑨］〈formées〉が「発生」へと「送り返される」とは、〈formées〉は、右述のように、もともと（元々）（発生的、génétique, に）、〈former〉を含んでおり、その局面へとも立ち戻って理解するときに、はじめて、〈formées〉は有意味的になることをいっている。

［後注⑩］「協成」「協律」は筆者の造語[25]であるため乱用は慎むが、先のマイモンからの引用文の場合と同じく、このカント的発想の文脈でも意外にうまく適合するので、あえて慣例の「一致、合致、……」等に代えて、使用する。「成」は生成の「動」を含意し、「律」は、規則性のほか、それ以上に律動の「動」を含意する。

［後注⑪］この〈fondement〉をこのように「根源動」などと邦訳することは、カント哲学にそぐわないとの印象を与えるかもしれない。しかし、「根底」や「根拠づけ」等の邦語は、〈fond〉や〈fondation〉にはよりよく対応しうるが、究極の終止点や悟性的思考操作のニュアンスを感じさせて、目下の文脈に相応しくない。また、〈fondement〉概念をめぐっては、上記資料（i）の一九五五年ヴァンセンヌ講義「〈fonder〉〔する〕」とはどういうことか」がなかなか興味深い指摘をおこなっているが、本格的なデビュー作『差異と反復』の十数年前の講義録であるから、やや雑駁で決定的な定義性には欠け、そのまま採用するには及ばない。加えて目下のこの引用文でも、きわめて簡単ながら、重要な意味説明がなされている。諸能力が、『純粋理性批判』におけるように悟性が直観や想像力を支配的に規整したり、『実践理性批判』におけるように理性が悟性・想像力・直観を支配的に規整したり、ということなく、それら（すべての能力）の相互規整以前の、「初源的で自由な

相互協成」(leur libre accord premier)、その初源的・根源的な動態性、その動態性の根源からの作用動を意味するものである、と。マイモンは、『純粋理性批判』のみ読んで、悟性による「外側」からの直観への規整・支配作用に反発し、直観内容を「内側」から「自発的に生起させる」(lasst entstehen) いわば悟性化の積極性に賭けようとしたが、いま、『判断力批判』のカント・ドゥルーズ思惟では、悟性と直観も、「すべての能力の初源的で自由な相互協成」の「根源的‐動態性」のなかで、マイモン的問題を解決してしまっているように思われる。後述、本著四四、五一〜五三頁のID. p. 85, 97, 等からの引用文なども参照されよ。

[後注⑫]「たんなる条件づけであることを止め」とは、上記の「たんなる可能性の条件の探索であることを止め」の謂いであり、内容的には、経験的・事実的‐所与の先験的な本質構造の剔抉を目途《もくと》すると自称しても、結局は、その経験的・事実的‐所与の幻の抽象的‐似像を思惟(表象)対象として提示するまでのことにすぎない、そのような不毛の自己循環などからは脱し、の謂いである。

[後注⑬] ここでの〈Culture〉に、機械的に「文化」という邦語を当てるのは、躊躇《ためら》われる。後者はどちらかというと静態的に出来上がっているひとつの全体、といったものを想わせる。重要なのは、〈Formation〉(形成)〈Genèse〉(発生)と並ぶ根源的な作働性であり、〈文(人間的なもの)と化する〉の含意で「文‐化」と邦訳する。〈Culturalisation〉とでも造語したいほどであるが、これは目立ちすぎるから控えるほうがよいだろう。

[後注⑭] カント思惟は、こうして、たんなる「条件付け・根拠づけ」の先験哲学に終わることなく、さりとて経験主義的な事実的‐発生の論に逆戻りすることもなく、おそらくマイモンも読み取らなかった「超越論的‐発生論」としての内的発生論(cf. DR. p. 40)の相貌を明らかにしていく。「超越論的」とされるのは、たんなる経験科学的な事実的‐発生ではなく、超越的対象を「構成」(constitution)(DR. p. 221, etc.)する(これもわれわれからすれば、産出・発生・創造‐行為・事象の一端である)、その思惟の「諸能力」の側から問題

を論ずるからである。既述のところでマイモンは、この種のカント的「構成」概念めぐって、「魂のひとつの盲目的（blind）な機能」など持ち出しても「問題の解決にはなりえない」と腐《くさ》していた。われわれはこれを、後述もするように、もっとカント・テクストに忠実に「魂の奥底の隠れた（verborgene）技倆（Kunst）」（KRV. B180~181）と解し直しつつ、このマイモン的‐貶価言辞をもポジティブに捉え直していくだろう。ドゥルーズも、「第一批判と第二批判で隠れ気味（caché）であった技倆（art, Kunst）が、第三批判で、〔上記したように〕前景化（manifeste）してくる」（PhCK. p. 86）としている。念のために付言しておけば、カントにもドゥルーズにも、マイモンにおけるような直観の或る種の悟性化はなく、批判主義と人間的有限性の苦き栄光を背負って、悟性と直観は、他の「諸能力」と同じく、相互異質のままに協成する。別言すれば、協成の崩壊もありえ、その危機を前提にすることにおいて、ドゥルーズはやがてマイモンのみならずカントからも決別し、現代思惟となる。

2

さて、今度は、その「超越論的‐発生」の具体相を検討しよう。目下の論稿（iii）「カント美学における発生の思想」はわずか二十三頁の小論であるにもかかわらず、論著『差異と反復』や小論著（ii）『カントの批判哲学』と同じくそれなりに豊饒だが、ここではわれわれの主題にかかわるドゥルーズの論の骨子をたどるだけである。

まず、常識レヴェルで、『純粋理性批判』『実践理性批判』『判断力批判』は、それぞれ、「論理的共通感覚」「道徳的共通感覚」「審美的共通感覚」を主題化するものである、と、ドゥルーズはいう（ID. p. 84sq.）。既述のわれわれの理解からすれば、経験的・事実的‐所与としての「認識活動」「道徳行為」「(審美的・目的論的)判断営為」おのおのの領域のア・プリオリな本質構造を剔抉する、ただし、それが最終目的ではなく、むしろ、そこから反転して、そのア・プリオリな本質構造が、どのように、「諸能力」の協成・協働によっておのおのの「共通感覚」を産出・発生していくか、その動きを、カント・ドゥルーズは追う、ということであろう。『純粋理性批判』では悟性が想像力・直観・理性を支配的に規整し、『実践理性批判』では理性が悟性・想像力・直観を支配的に規整するが、『判断力批判』では、既述のとおり、悟性は諸カテゴリーを駆使しての（認識）対象構成という仕事から解放され、想像力は悟性への（悟性が直観に接するための図式化作業という）奉仕活動から解放され、理性も理性理念（や道徳行為）への悟性の方向づけという定言命法‐発令作業から解放され、……要するに、すべての能力が自由・平等の身となって協成可能状態に入る。「われわれの〔理性・悟性・想像力・直観という〕性格の相異なる諸能力が自発的にそのような協成動を成立させると推定[26]（présumer）するに満足することはできない。そのような協成動を魂のなかに発生（engendrer）させるのでなければならない。審美的共通感覚を発生させる（faire la genèse）こと、諸能力の自由な協成がどのように必然的に創発（engendré）へといたるのか、それを示すこと」（ID. p. 85）。

　そして、結論に近づく最後の二節の冒頭で記す。「カントの美学は」、というより、ドゥルーズの別の文脈での言辞を適用して、「メタ美学としての認識論的・存在論的‐超越論哲学は」、とでもいうべきだろうが、「かくて、われわれに三つのパラレルな発生動（genèses）を提示することになる。〔1〕崇高感覚をめぐっては、理性と想像力の協成という発生動、〔2〕美しきものへの関心ということからは、自然における美をめぐる、想像力と悟性の協成という発生動、〔3〕天才をめぐっては、芸術作品における美に関する想像力と悟性の協成という発生動。……」（ID. p. 97）。

それゆえ、この三点だけ、簡単にフォローしよう。ただし、ドゥルーズ・カントの真意を伝えるために引用文を使い、既述の「後注」方式ではなく、今度は（付加注）文中挿入方式にする。多少ごたつくが御寛恕いただきたい。

〔1〕「〈これは崇高（sublime）だ！〉という判断は、〔『純粋理性批判』や後述再論のところが示す〈美〉の場合のように〕想像力と悟性の協成によるものではなく、理性と想像力のそれによるものである。〔……〕崇高性の感覚は、自然界における（法外に大きなものや威圧感を感じさせる）非定型態（l'informe）や異形態（le difforme）を前にして生ずるもので、想像力はもはや〔美の感覚の場合のように〕対象の〔形相的な〕形態（la forme）など想い描く余裕なく、〔……〕まったくの受け身の窮境（Passion）に陥ってしまう。〔……〕崇高態は、想像力を最高度にまで膨張させ、その限界にまで到達させ、ついには臨界点と直面させ、その力の極限まで追い詰めてしまうのだ。だが、なにが、想像力をこのように追い詰め、無理強いするのか？〔無限に拡大しうるかのようにも思い込みがちな想像力が、それでも人間という理性的存在のものである以上、唯一その前に首《こうべ》を垂れざるをえないもの、つまり〕理性が、以外のなにものでもない。想像力は、こうして理性という比類なきものに出会う。自ら〔想像力〕の力など、理性理念（une Idée rationnelle）に比べれば、なにものでもない（rien）と、認めざるをえなくなる」（ID. pp. 87~88）。

「理性は、想像力を、感覚界で、その〔想像力の〕限界の前に立たせる。しかし、逆に、想像力は〔これによって〕理性をして、この〔有限な〕感覚界に固有の無限性（infinité）のためのひとつの超感覚的な基体（un substrat suprasensible）を思惟することのできる能力として、目覚め（éveille）させる。想像力は、〔理性からの〕暴力によって、その自由を失うかにみえたが、しかし、それと同時に、また、自らの限界を目的として立てることによって、一個の超越的能作（un exercise transcendant）へと、高まる（s'élève）のだ。あらゆるものから外《は》み出し、自らの限界からも自ら外《は》み出して、想像力は、たしかに〔自己犠牲という〕ネガティブ方式によってではあるが、理性理念の到達不可能性（inaccessibilité）を表象し、この到達不可能性をして感覚的自然における或るなんらかの現前態（quelque chose de présent）へと造りあげる（faisant）のである。」「想像力は、理性からの暴力によって自らの自由を失なわんかの境地に陥った瞬間、悟性からの〔認識行為に仕えるための〕あらゆる強制から自由になり、〔目ざした無限（infinité）を理性に委ねるというかたちで〕理性との協成関係に入り、悟性が想像力に隠していた（cachait）もの、すなわち、これまた自らの超越論的起源（son origine transcendantale）であるような、自らの超感覚的な使命（sa destination suprasensible）を発見する。想像力は、自らに固有の受難（Passion）のなかで、自らのすべての活動の起源と方向を見出すのだ。想像力すらひとつの超感覚的な使命を担っている、これが崇高性の分析論がわれわれに与える教えなのである」（ID. p. 88）。

実は、右述の引用文では或ることがらの二度にわたる記述を削っておいた。記載部分からそれなりに察しうるはずであるが、想像力と理性は、想像力と悟性以上に、相反するものでもあるはずで、「崇高感覚を生起させるこの協成は、きわめて逆説的なもの、理性と想像力は、ひとつの緊張関係、矛盾対立、苦痛に満ちた分裂（un déchirement douloureux）のなかでの協成でしかありえない、ということである。協成は成立する、しかし、それは〔相反的な〕反‐協成的な協成（accord discordant）、苦のなかの調和（harmonie dans la douleur）として、苦のみが快（plaisir）を可能にする（rendre possible）、協成は反‐協成のただなかで生誕する（naît）のである」（ID. pp. 87~88）。（〈rendre possible〉という先験哲学の用語と〈生誕する〉という経験論的な生物学的‐常識用語が一緒くたになっていることに注意。「可能性の条件」論議と「発生」論議は難なく接合（ドッキング）しうるわけだ！）

これを改めて踏まえて、この節の結論。「想像力と理性の協成は、事実上、協成なき混沌のなかで自己創発する（se trouve engendré）。加えて、すべてが、あたかも、二つの能力が相互にお互いを豊饒化（se fécondaient réciproquement）させ、自らの発生の原理（le principe de leur genèse）を再発見するかのように、経過する。一方は自らの限界の近傍で、他方は感覚レヴェルの彼方で、両者がともにひとつの〈収斂点〉（un point de concentration）のなかで……。この収斂点が、魂の至深の根源を諸能力すべての超感覚的‐綜合態（unité suprasensible）として規定するのである」（ID. p. 88）。

〔2〕今度は、「崇高」感覚から、「美」の感覚に移ろう。通常のカント論では「美」問題のほうが先に論ぜられるが、この論稿のドゥルーズは「発生」論議としては「崇高」成立のほうが基本モデルとしている（下記五〇頁参照）ので、それに倣《なら》う。まず、（文化・芸術ならぬ）自然界の「美しいもの」（le beau）をめぐる「観察者」（ID. p. 94）における「美」の感覚の発生である。

ドゥルーズは、まず、そのような「美」の感覚（sens）の発生（genèse）はいかになされる（se faire）か（ID. p. 91）と、問うて、ここで重要なのは、狭義での美学的な美の判断（jugement esthétique）ではなく、「理性的な関心」（intérêt de la raison, intérêt rationnel）（ibid.）による「メタ美学的」（méta-esthétique）（ibid. p. 92, etc.）な問題である、という。われわれは上記のところで、この「メタ美学的」なる語を、より一般的に、「認識論的・存在論的」と言い換えておいた。目下の文脈では、「判断というものに関する〔悟性、感性、理性、等に拘ることのない〕総合的（synthétiquement）な関心」（ibid. p. 91）が後者（理性的な関心、メタ美学的）に当たり、「さまざまの美しいもの（choses belles）を産出（produire）しようと欲する自然の動態性（aptitude de la nature）」（ibid.）が前者（美学的な美の判断）に当たる。「自然の、産出しようと欲する動態性」などと訳出すると、なにやら擬人的な自然哲学や旧形而上学の独断的規定を想わせてカント批判哲学に相応しくない印象を与えるかもしれないが、これも既述のとおり、カント思惟は空疎な観念論ではなく、経験的・事実事象の所与としての受容（Rezeptivität）（KRV. B102sq.）を前提にしてそのうえに展開するのであり、それらすべての現実事象の「究極の根源動」（ultime fondement. ID. p. 86）すら、思弁的に「推定」（présumer）（p. 85）するのみならず、実践的に「発生」（engendrér）（ibid.）させようとまでする（既述、四四頁）。目下の論脈でも、自然界における「美しい対象」と人間の「能力」の関係、つまり「能力」論的には、狭義でいえば、「想像力と悟性」レヴェルの問題だが、「綜合的関心」の参入もあって、「自然界」も自らの本質をそれなりに「推定（présumer）」させるのだと解してよい。三点、あげよう。

①カント自身からの引用がある。「理性の関心事は、諸理念が一個の客観的な現実性（une réalité objective）をもつということ、……すなわち、自然は自然のなすさまざまの産出行為と、われわれ〔人間〕のどのような利害関心からも独立した充足感が、規則に適った協律（accord légitime）をすると認めることを可能にするようななんらかの原理（un principe）を内包（renferme）している、そのことをすくなくともなんらかの徴（un signe）や痕跡（une trace）をもって示唆（indique）している、ということにあるので、……そのような協律関係を発顕（manifestation）させているようなどのような自然事象にも関心を寄せざるをえない」（KUK. §42, ID. p. 92）。

②「美の感覚」と「美しいものへの〔理性の、メタ美学的な〕関心」の異同をめぐって。「（利害心のない、虚心の）美の感覚において、想像力は、〔巨大な無形象態（informe）に震撼させられる崇高感覚の場合と異なり〕、〔事象の〕形式〔形相〕（forme）を反省〔的に、産出〕する。反省されるに難しいもの、さまざまの色彩、音声、質料〔内容〕（matière）は、想像力から零れ落ちる。逆に、美しい事物への〔メタ美学的な〕関心は、音声や、色彩や、花々の色合いや、鳥たちの歌声に、向けられる。〔……〕〔理性的な〕関心が物質

〔質料、内容〕(matières) 面に向けられるのは、自然が、そのメカニックな規則に則って、形相〔形式〕的 (formellement) に反省するに好都合な諸対象物 (objets) を産出するのは、諸物質〔質料〕をもってだからである」(ibid.)。カントにおける美の感覚は「悟性と想像力の一致による」とはよくいわれ、既述のところでも、以下の引用文でも、このことは言及されているが、ここでこの文章を引用したのは、上記の「理性と想像力」「崇高と〈informe〉」と目下の「悟性と想像力」「美と〈forme〉」の対比を確認し、さらに、「悟性と想像力の合致」が可能になるのは、この「想像力の形式・形相 (forme) 性」と「悟性の、あらゆる概念カテゴリーから解放された自由な無 (脱) - 規定性 (indéterminé)」またそれゆえの「想像力の悟性の図式化作業という下位労働からの解放・自由化」、この三者の重合によるものであることを、予示しておくためである。

③理性もやはり顕著な役割をはたす。「理性的な関心は、美的判断における悟性 - 想像力の協律の発生をどのように確実なものとするのか。さまざまの音声、色彩、それらの自由自在な物質性のなかで、理性はそれらに対応するだけの自らの理念の顕然化を見出す。たとえば、われわれは色彩を悟性概念のもとに包摂させるに満足することはしない。われわれはそれを〔……〕他のまったく別の概念 (理性の理念) に引き合わせる。〔……〕白い百合の花は、もはやたんに色彩と花科植物の諸概念へと帰されるのではなく、〔想像力が自己犠牲を通じて崇高の理性理念を覚醒させたように〕純粋無垢の理念を覚醒させるのだ。その理念に対応する対象事象などけっして与えられることなく、百合の花の白色の反映としての類比物にすぎないままに……」(ID. pp. 92~93)。

結論のひとつ。「理性のメタ美学的関心は、かくて二つの帰結をもつことになる。一方で、悟性の概念は〔白色から……純粋無垢まで〕果てもなく、無限に向かって拡大されていくことができる。他方で、想像力は、自らが、図式化作業においてはいまだ従っていた悟性の諸概念による強制から、解放され自由になっていることとを見出す」(ID. p. 93)。

結論のもうひとつ、その先。「美の提示としての分析論からは、〔せいぜい〕審美的判断においては、悟性が〔認識行為には不可欠だった諸概念カテゴリーから解放されて〕無規定的になると同時に、想像力も〔悟性のための図式化作業から〕解放されて自由になる、と言明できるだけであった。しかし、想像力はどのように解放され自由になるのか。悟性はどのように無規定的になるのか。それを語り、それによって判断における二つの能力の自由で無規定的な協律の発生を確実なものとしてくれるのは、理性なのである。審美的判断の〔メタ美学的な〕演繹が、理性のなかに、〔悟性と想像力の相共なる自己抑制と自己解放、理性の理念への信託という〕超越論的発生の原理を見出させてくれる。ただし、そのためには、まず、崇高の発生論的モデルを通過しなければならなかった」(ID. p. 93)。

〔3〕やや長引いているが、三番目の、(自然界ならぬ)文化・芸術作品上の、「美しいもの」(le beau)をめぐる「創作者(天才)」(ID. p. 94)たちの「美」感覚の発生の問題に移ろう。

われわれ一般人は、一定の自然事象の「観察者」として自らの悟性と想像力の協律によって「美」の感覚を得《え》、自然事象のほうにもその「美」を産出する「欲動力」(aptitude)を「推定」(présumer)するとともに、他の一定の人間たちが芸術作品上で同じような「美」を産出することを見・識り、彼らのなかにも自然のそれと同じような「産出欲動力」を「推定」し、これを「天才」(génie)「創作(造)者」(créateur)と呼ぶ。ドゥルーズがカントのこの有名な「天才」論をめぐって取り上げるのは、主につぎの三点である。

①われわれ一般人は自然事象の観察者として美の感覚を得るにたいし、天才は作品創出によってわれわれ一般人に美の感覚を得させる。別言すれば芸術作品とはいわば「もうひとつ別の自然」(une autre nature)であり、「天才」とはその「もうひとつ別の自然」の創出者(créateur-artiste)である(ID. p. 96)。この「もうひとつ別

の自然」は、「諸事象がそのまま精神の出来事（événements de l'esprit）であり、精神の出来事がそのまま自然の事象（phenomènes de la nature）であるような世界であり、これによって、さまざまの見えざるもの、幸福の王国、地獄が、かたちを帯び、愛、死が、それらをそれらの精神的意味に一体化させるひとつの現実的次元を得る」（ibid.）と説明される。こうした世界・次元を「もうひとつ別の」とはいえ「自然」と呼ぶことに問題はないか、（思想史上の）十八世紀的事情によるものであろうとはいえ、やや気になるが、ここでのわれわれの論脈上は放置しよう。

②一般人の美の感覚はほどなくそのまま忘失されうるが、天才はその感覚をいわば「理念」（Idée）として捉え直し、それに則って新たな作品にそれを、当然、時間経過その他の事情もあるゆえ、そのままではないが、多少とも同じようなものとして、表現・開示していく。「天才とは、理性的関心と同種のものとして、ひとつのメタ美学的原理であり、さまざまの理念の現前化(27)（présentations）の一様態と定義される。」（ibid. p. 94）「〔天才と〕美的理念は、〔既述の、百合の白色から、純粋無垢の理念へ、というように〕悟性の概念を無際限に拡大し、想像力を悟性による強制から解放する。天才は〈賦活〉（«anime»）し、〈活性化〉（«vivifie»）するのだ」（ibid. p. 95）。この動きは、当然、そのまま、「発生」概念へとつながっていく。「天才は、メタ美学的原理として、想像力と悟性の審美的協律を、可能にし（rend possible）、創発させ（engendré）る。諸能力のおのおのをそれらの協律性において創発させ、想像力を自由に、悟性を無際限のものに、解放していくのだ。〔……〕天才は、芸術作品をめぐって〔も〕、すべての能力にひとつの発生論的原理（principe génétique）をもたらすのである」（ibid. p. 95）。「可能にする」（rendre possible）という先験哲学の概念が、「創発する」（engendré）という、先述の「誕生する」（naître）ほどではないが、とまれやはり経験科学（由来）の概念と、なんのわだかまりもなく、併記されているが、これも既述のように、「理性」の「メタ美学的な関心」が「自然界の産出欲動

(aptitude)」を「推定」(présumer)し、「究極的根源動」(ultime fondement)の「現前化」(présentation)に向けて「実践的な関心」(intérêt pratique. Cf. ID. p. 97)をもって関わっていく、その「超越論的発生論」のなかで統一される成果とみるべきであろう。

③ここでは〔1〕〔2〕ではまったく言及されなかった論点も提示される。「問題は、天才の独異性(28)(singularité)を不抜の前提にしているはずの創造行為〔genèse, 発生〕がひとつの普遍的(universelle)な射程をもちうるのは、どのようにしてか、ということである。外観上、天才には普遍的な主観性など見いだせず、せいぜい例外的な間‐主観性(intersubjectivité)しか見られないように思われる。実際、天才はつねに他の天才たちの誕生に向けてなされる呼びかけなのだ。そして、天才からの呼びかけに天才が応えるまでに、なんと多くの砂漠を越えわたらなければならないことか。」「とはいえ、この難題は、天才芸術家は二つの活動局面を持つということを考量すれば、氷解する。一方で、彼は、創造(crée)する。すなわち、作品の〔物象的〕素材を産出し〔例えば、女性像・幼児群像から女神像・天使群像を創出する〕、その想像力を自由で創造的な活動機能へといたらせるさまざまの理念〔例えば、聖なる慈愛と至福という理念〕に適合するもう一つ別の自然〔例えば、女神とその周囲を飛びまわる天使たちによって象徴されるようなひとつの豊かな全体連関〕を発明することによって。しかし、他方で、芸術家は、形成(forme)する〔例えば、これらの諸形象の相互連関を、比類なく完璧な調和性のうちで構成する〕。自分の自由になった想像力を未規定の悟性〔例えば、単なる幾何学的な正確さを超える、生き生きとした整序性、等〕へと接合させ、それによって趣味対象を快適なものとしてくれると同じような形態(forme)を自分の作品に与えることによって。〔……〕正確にいえば、天才において模倣不可能なもの、それは第一の局面、理念の法外さ、驚くべき素材産出、比類のないデフォルマシオン、である。しかし、第二の局面で、天才の作品はすべてのひとびとにとってひとつの範例(exemple)となりう

る。模倣者たちに霊感を与え、観客層を醸成し、想像力と悟性の自由で未規定〔右述〕な協律関係をいたるところに生み出すからである。」(ID. p. 96)「こうして、天才という独異態からはじまる創出行為〔genèse, 発生〕は、一個の普遍的価値を帯びるにいたる。」(ID. p. 97)「こうしてカント美学は、既述三種の発生(genèses)が相互に再合流するひとつの体系的全体を形成するのである」(ID. p. 101)。

カントの批判主義的-観念論は、伝統的形而上学の神的-悟性を批判し、後者(伝統的形而上学)が神の悟性的-直観が創造したと解するいわゆる直観領域を、神的悟性なきままに、人間悟性にとっての所与として前提し、同じく超越論的-哲学の立場に立って、ただしその直観領域を(所与ならぬ産出の観点から)新たな発生論的-合理性によって考究しようとするマイモンから、激しい批判を受けた。カントはこれ(マイモンからの批判)を伝統的形而上学の神的-悟性への逆戻りと反批判するに止まったが、ドゥルーズは、マイモンが踏まえることのなかったカント第三批判も含めて、カント哲学の全体を能力論の見地から再検討し、直観領域をも統合するひとつの超越論的-発生論として再構成する。……

ただし、マイモンも伝統的形而上学の神的-悟性へと逆戻りしていたわけではなく、新たに登場してきた数学上の微分学をもって、人間的-悟性の範域内で、直観領域の発生論的-再構成を目途《もくと》していたのであった。上記のところでは、問題がそこまでは及ばず、マイモン自身もその企図を完遂しえなかったわけだが、われわれは以下のところで、視野をドゥルーズ思想(注(4)参照)に絞って、この「差異と反覆」の哲学が、どのようにマイモン由来の微分論的-発生論を発展させながら、カントが主題化する「理念と実践」の問題を、ドゥルーズ的に再・新-構成していくか、その検討を試みる。

第三章　発生と展開

近代哲学史の過程に忘れられがちであったS・マイモンを他の現代哲学者たちとともに再発見したドゥルーズは、そのマイモンがカント哲学に発生論的思惟の欠如を批判するに抗して、カント哲学をほかならぬひとつの発生論的思惟として読みなおしつつ、自らの哲学思惟をはじめる。その最初期の主要著作『差異と反覆』(*Différence et répétition*, 1968) は、われわれの考察の主題である創造問題に、どう関わっていくのか、もはやカント哲学・マイモン哲学のおのおのにはこだわることなく、ドゥルーズ哲学としての展開を追っていこう。

第一節　「差異と反覆」

「差異」「反復」「差異と反復」という概念・発想(29)は、常識的にはおよそ創造行為とは関係せず、むしろ反立する。「差異」とはえてして散漫・分散・崩壊、「反復」とはおおむね惰性・守旧・模倣、であり、思惟統一・精神集中・独創志向の創造行為とは、相容れない。

哲学・哲学史的には、「差異」「反復」「差異と反復」は、同一性・自律性・自己原因・実体性・主体性、……要するに、西欧伝統的思惟が金科玉条としてきた「同一律」からの背反態・逸脱態・遺棄態……である。真理は唯一・永遠不変である、神は至高の一者である、人間人格は統一性を維持しなければならない、言表は主語と述語の無矛盾をもって正当性を自証しうる、多は一なるものからの派生であるか、一なるものに帰順するか、統一的な体系性のなかに整序されているはずである、……。ドゥルーズもこの「差異と反復」論の冒頭をヘーゲル流の「同一態（l'identique）と否定態」「同一性（identité）と矛盾」（DR. p. 1）との対決姿勢からはじめている。古代・中世哲学においては、おおむね、多は一からの派生であるとともに、それ以上に一へとあらかじめ回収されている「似像」（image）として、要するに一であり、「この堅牢・不抜の同一律をヘーゲル弁証法が揺るがすまでに西欧哲学史は二千年の歳月を要したのだ」[30]、とハイデガーが力説している。ここでのドゥルーズにとっては、ハイデガーにとっても結局は同様だが、そのヘーゲルにおける否定性と矛盾も、ライプニッツにおける無限小・微小知覚と同じく、やはり神的調和と絶対精神の同一律のなかに吸収・止揚されてしまう。この同一律からの執拗な反撃をようやくにして断ち切ったのは、どうやら、やはり、ハイデガーの根拠律批判と存在論的差異の思想であった。[31] ドゥルーズは「差異と反復」のこの不倶戴天の敵を「同一性と（その）表象（représentation）」と約言する（DR. p 79, 他、第一章全体を参照）。「表象」とは、仏語原綴にもどって確認しておけば、〈re（再）-présent（現前）-ation（化）〉、つまり、「(自己) 同一性をもつと思われているものをもういちど、似像（image）的に、（再-）現前化させる」である。「差異と反復」「差異の反復」とこの「同一態と（その）再-現前化」の異同は追って再論する。とりあえず、ここでは、右述のところを説明するドゥルーズ自身の一文を引用しておこう。

「現代思想は、同一性の消失（perte）と表象〔再-現前化〕の失効（faillite）から生まれる。同一性の表象の下（sous）に博動（agissent）しているさまざまの力（forcés）を発見する（découvertes〔dé-couvrir, 開披する〕）ことから、はじまるのだ。現代世界は〔なんらかの同一態の再現・似像（image）ではなく、同一態・オリジナルとその表象・コピーという関係からは独立した、差異の編み合わせから成る〕もろもろの擬像・異象・シミュラクル（simulacres〔以後、シミュラクルとのみ呼ぶことにする〕）態の世界なのである。そこでは、人間は、〔ひょっとするとすでに本当に死んでしまっている〕神より永生きするわけではなく、〔人間〕主体の〔自己〕同一性も〔伝統的哲学のいう永遠不変の〕実体のそれより永生きするわけでもない。どのような同一態も、より深い（plus profond）ところで織り成される差異と反復の戯れ（jeu）による、一個の光学的〈効果〉（effet）のような、〔たんなる差異の〕編み合わせの産物としての擬像（シミュラクル、simulées〔以後はカナ表記のみとする〕）なのである」（DR. p. 1）。

われわれの「差異と反復」の考察に戻ろう。

1　差異

「差異」については、ドゥルーズ著の主題中の主題であるから、多くの専門（家）的な定義も説明もなされているが[32]、ここでは煩雑化を避けて、四点確認するにとどめる。①「差異」とは、なによりも、伝統的哲学の思考（さらには存在論的・認識論的）原理である「同一律」の狭隘さ・硬直性を批判するために現代思想が高揚する発想[33]で、多義的であり、ここでは定義的な言表は控えなければならない。あえてドゥルーズ思想用に規定すれば、固定的な同一性にとどまることのない柔軟な「生成」性と、単一化はありえない「多様」性、つまり無尽多様の生成動を意味するものとでもいうほかないが、他の諸側面も伴うからこの程度の規定も危険で、ここでは、とりあえず、「非‐同一律、反‐同一律」的なもの・事態とでも約言して、あとはそのつどの文脈のなかでそのつど明示していくことにする。②この「差異」は、「同一律」によって規定可能な諸・全現象の右記引用文のいう「下」（sous）「深いところ」（profond）さらには「無‐底」（sans fond）（DR. p. 352, etc.）の域あるいはむしろ脱‐域（下記参照）に、遍在的あるいはむしろ脱‐在‐的（下記参照）に生動し、あれこれの同一態はすべてこの差異動のそのつどの編み合わせ・織り合わせ・組み合わせから、そのこれも右記引用文のいう「効果」（effet）として成り立っている。急いで付言しておけば、ここにいう〈effet〉（効果）は、原因（cause）にたいする結果（effet, résultat）ではない。原因・結果は科学レヴェルの概念で、おのおのそれと規定・定義可能な（自己）同一態であるが、差異動は原因のように（は）同一化できず、（原因として）同一化すれば、すでに差異動ではなくなってしまう。ために、同じ〈effet〉という原語に（「結果」ではなく、視覚効果、という場合と同じような）「効果」という訳語をあてる（cf. DR. p. 80, etc.）。このことは、別言すれば、さらに二つの事柄を含意する。上記の、同一律によって規定可能な諸・全事象、とは、われわれの周囲・内外の「これは～である」「あれは～である」と規定・同定可能ないわば可視的な経験世界のことであるが、その「下」「深いところ」としての差異動の領域もしくは脱‐領域（下記参照）は、もともといわば不可視的で、それが生じさせる（生起させる）「効果」（effet）から「推定」（présumer. 既述）するほかない事態であること。カントは、認識（erkennen）はできないが、思惟（denken）はできる、といい、ハイデガーは、あれこれの存在者・存在物（Seiende）は認識も規定もできるが、存在そのもの（Sein）は、存在者・存在物とは存在論的に「差異」する、いわば存在者・存在物では「無」い、それ以上の規定・認識はできない、ひとつの「無」「差異」とするほかない事態、それを自分の（存在論 Ontologie ならぬ）存在思惟（Seinsdenken）は思惟する[34]、と高言して、世間を唖然とさせた。カントとハイデガーを踏まえるドゥルーズも、哲学は、認識はできないが、思惟はしなければならないもの、認識できないがゆえにこそ、思惟するほかないもの、思惟もできないが、思惟すべきもの、その思惟である（DR. p. 249, 257. 後述詳論）とする。差異動は、そのような、思惟対象（objet）ではなく、思惟主題（sujet）なのだ。付言する約束のもうひとつの事柄。それは、同一態レヴェル・経験世界レヴェルの「下」「深み」とは、これは決して誤解してはならないが、同一態・経験世界に類するもう一つ別の同定可能な存在領域なのではなく、ハイデガーが「無」とまで高言したように、ドゥルーズにおいても、「脱-域」「脱-領域」「脱-在的」というほかない、「同一態」（「有-形態」（forme））そのものを貫き展開する、ひとつの「無-形象的」（informel）な機能態（agissent, 上記）（cf. DR. p. 80）なのだということである。カントからカッシーラーが受け継いだ文化形成の主体的-機能動ではなく、むしろ脱-主体的な（ただし、脱-客体的でもあるような）、ニーチェ流の、宇宙論的な、機能動、であるが。〈jeu〉（戯れ、遊び）という、ひとによっては目障り・耳障りな、しかし現代思想家たちが好む使用語は、ニーチェ流の〈Spielen〉の訳語として、矮小な人間的目的論と科学的原因論から自己解縛した「差異」の遍在的・脱-在-的な遊働性を含意している。

2　反覆

「反復」については、ここまでのわれわれはまったく触れなかったが、ドゥルーズ自身にとってはこれも主題中の主題であるから、言及・論及はきわめて多い。しかし、今回のわれわれにとっては重要だが付帯問題でもあり、二三の確認と指摘で済ませよう。

①われわれのいう通常の反復ニュアンス（惰性・守旧・模倣）との対比は、ドゥルーズ流に巧みに整理してある（DR. pp. 367~368, etc.）が、ここでは省く。西欧哲学史・精神史上、古代（ギリシャ）は反復といえば生

前の魂が純粋であった時期への過去（＝永遠）観照の気《け》が強いが、キリスト教の登場以来、とくに近代になってからは、いわゆる〈imitatio christi〉（キリストの倣《まね》び）の積極性が未来に向かっての反復を可能にするようになり、ドゥルーズもキェルケゴール、ニーチェ、ペギーを、「反復を未来性のカテゴリーとした」三大思想家（DR. pp. 125~126）と称揚する。このうち、キェルケゴールとペギーは、カントが「思弁レヴェルでの〔批判主義による〕〈神の死〉」と「人間における自我と自己（上記の、能作と所与）の分断」（DR. p. 127）を準備した後で、「信仰」によって「再び〈同一性・統一性・調和〉へと回帰」してしまったケースとして、評価を下げることになるが、ニーチェのみは、下記のように、顕揚されつづける。ここに見られる二種類の反復、一方は過去・同一性への回帰、他方は未来・差異性への勇断、われわれはこれを「反復」と「反覆」と表記し分け、今後、ドゥルーズ概念としては後者を当てることにしよう。

②さて、ここで、ドゥルーズは、後者の特色を、たとえば、たんなる例示だが、次のように解説する。（a）反覆とは、旧套墨守ではなく、なにごとか新しき事態の招来である。自然法則の不変の斉一性に対して、意志による変更を含意する。倫理法則の〔一般的妥当性（généralité）に対して〕、むしろ「善悪を超える」、〔〈キリストの倣び〉が例示するような〕、「独異なもの」（singulier）への、「単独者（solitaire）のロゴス」による〔むしろ〈愛〉による、というべきか〕、主体的範従とそこからの再出発（répartir）、である。古代的な「想起」（réminiscence）や近代的な「習慣」（habitus）「記憶」（mémoire）とは異なり、むしろ「ポジティブな力」（puissance positive）を持つ「忘失」（oubli）〔や〈飛躍〉（vol, saut）〕（既述、後述）を介しての、「未来への思惟」（pensée de l'avenir）である（DR. pp. 13~15）。（b）「反覆は差異を含む。偶々侵入してきた変数（une variante accidentale et extrinseque）としてではなく、自らの核（cœur）として、自ら〔反覆〕を構成する本質的変数（la variante essetielle）として、差異を含むのだ」（DR. p. 370）。……

③われわれはむしろ次の二文の発想に留意しよう。一方は、（a）反覆の「ポジティブな力」、「第三の、過剰（excès）による、反覆」としての産出性（productivité）についてであり、他方は（b）その産出力（puissance）の本質的な冪乗性（puissance）についてである。

（a）「反覆はなにごとか新しい事態が現実的に産出されてくる条件で〔も〕ある。ルターとパウロ、一七八九年のフランス革命と古代ローマ共和国成立、等の類似性は、歴史家の思惟のなかでの問題ではなく、なによりもまず、革命を起こしたものたちが、その自分たちが始めた行動を為しうるにいたった、その以前に、〈蘇ったローマ人たち〉のように生きる（se vivre）ことを余儀なくされていた（déterminés）からである。〔……〕反覆は、歴史的思考の概念である以前に、ひとつの行動条件なのだ。われわれはなにごとであれ新たなことがらを、反覆というかたちでしか産出しない。一度は過去を構成するかたちで、もう一度は姿を変えた現在のかたちで。そして、産出されてくる事態も、それ自体としては絶対的に新たなものであるとはいえ、これもこれでもうひとつの反覆以外のなにものでもない。第三の反復、今度は過剰としての反覆、未来のそれ、〔……〕。」（DR. pp. 121~122）「差異をつくる（fait）反覆というものがあるのだ」（DR. p. 374）。ひとつ、追って取りあげる予定で、これまでのところでは触れなかったドゥルーズ的発想を、急ぎ、説明のために、加えておくべきかもしれない。「フランス革命の遂行」が「古代ローマの共和制遂行」の「反覆」であると、歴史家たち（や一般人たちの良識）による判断以外の、どのような根拠をもって、語りうるのか、という問題である。「〜のように生きることを〈déterminés〉されていた」とあり、〈déterminés〉は「決定されていた、規定されていた」とも邦訳しうるが、ドゥルーズの場合には、歴史的決定論による理解はない（ので、やや別様に邦訳した）。むしろ、同じような状況においては、人間は、同じように行動する可能性を、人間として共有している、という、常識的理解のほうが、ここでの文意には近いだろう。しかし、これも上記のとおり、可能性という語は、とくにドゥルーズ（や現代思想家たち）の場合には、安易に使用できない。ということで、ここで、ドゥルーズ思想の重要語〈virtualité〉（潜勢動）を、とりあえず簡単に、持ち出さざるをえない。ドゥルーズ的には、人間は、同じような状況においては同じように行動する、そのような共有の「潜勢動」、その、むろん、そのつど多様な、「反覆」において、人間は行動する、と。上記の「下で」「より深いところで」機動している「差異動」も、これに類する。追って、再論する。

（b）「反覆するとは、行為によるものであるが、〔法に従い則る、ではなく、〈キリストに倣《まね》ぶ〉、に見られるように〕、なんらかの独自（unique）もしくは独異（singulier）なもの、つまり類似なものや同等のものなどもたないもの、とのかかわりにおいて行為することである。そして、この外的（externe）行為としての反復は、これはこれで、なんらかのより秘かな振動、自らを賦活（anime）してくれるような独異事態（singulier）の内（intérieure）なるより深い（profond）反覆への反響（écho）を成している。〔世にある〕祭りというものは、なんらかの〈〔もはや〕再開されえなくなっているもの〉（un irrecommençable）を反復する、という逆説以外のなにものでもない。最初の回に、第二の回、第三の回、を加算していくことにあるのではなく、最初の回を〈n乗〉の冪力（la ‹nième› puissance）へともたらすことにある。冪乗性（puissance）という関係比のもとで、反復は、自己内化（s'intériorisant）しながら、自己反転（se renverse）する。ペギーがいうように、共和国祭ががバスティーユ牢獄占拠を想起し再‐現前化するのではなく、バスティーユ牢獄占拠が〔その後の毎年の〕共和国祭をあらかじめ（à l'avance）開催させ反覆させ〔反覆し〕、モネの最初に描いた睡蓮の絵が、〔その後の彼の〕全ての睡蓮画を反復させ〔反覆す〕るのだ。それゆえ、われわれは、個々のもの（particulier）の一般性としての一般性（généralité）と、独異なもの（singulier）の普遍性（universalité）としての反復を、相対立するものとする。われわれは一個の芸術作品を〔一般的〕概念とは無縁の独異態（singulier）として反覆し、〔また〕一篇の詩は心（cœur）で覚えなければならない、という。頭は交換の器官であり、心が〔……〕反覆の器官なのである」（DR. pp. 7~8）。（ちなみに、これはドゥルーズは触れていないようだが、〈répétition〉には演劇活動のいう〈リハーサル〉、つまり〈過去の反復〉ではなく、これから上演さるべき（à venir）目下は潜勢的（virtuel）な上演予定作品のための何度でも成されうる仮上演、つまり〈未来（avenir）の反覆〉なるものも含意されうる。共和国祭で〈反復〉されるバスティーユ牢獄占拠と幾度となくあらかじめ〈リハーサル〉される演劇作品は、後述の「理念」（Idées）にも通ずる「反覆」対象ならぬ「反覆」主題として、同値といってよい。）

3　差異と反覆

「差異」がおおむねこのようなものであり、「反覆」もおおむねこのようなものであるとすれば、「差異と反復」のドゥルーズ的含意もおのずから明らかであろう。われわれの理解するところ、「差異と反覆」とは、伝統的哲学の金科玉条である「同一性とその表象（représentation）という再‐現前化（re-présentation）である反復、要するにこれも同一態化にすぎない、つまりは同一性と同一性、同一性は同一性である」に対抗する現代哲学としての現代哲学の標榜であり、「差異」は「同一性・表象」レヴェルの「下」「深いところ」に展開・律動している、同一態化・表‐象‐化・再‐現前化・静態化など不可能な、さながら宇宙最初の、その後の宇宙には一度も出来《しゅったい》しなかったあの「プランク期間」という一瞬、物質による引力出現に先立つ「10^{-43}秒間の「無‐引力＝汎‐斥力態」期間における原‐宇宙から現‐宇宙に向かっての「超巨大インフレーション」（super-infration）による一挙拡大、それを支えた宇宙論的・存在論的‐自己差異化動の痕跡ともいうべき、差異動であり、「反覆」とは、同一態の再‐現前化にすぎない反復ではなく、同一態・表象・再‐現前化がその

（「結果」ならぬ）「効果」（effet）である、その「効果」という作用を、同一態・表象・再‐現前化・反復レヴェルの「下」なる「深いところ」から投与してくる、表象化・同一態化・言表化‐不可能の、「産出（product）‐力（-ion）」「力」（puissance）、結局は「差異と反復」とは「差異とその力」「差異の差異動」「差異は差異である、〈差異と反復〉とは、〈同一態の反復、ならぬ〉、差異の差異、差異の二乗・自乗、さらに、差異とは差異の〈n〉乗としての冪乗力（puissance）である」、であった。ドゥルーズは例えば「差異が多様分岐（divergence）と脱‐中心化（décentrement）〔の動〕であるように、反覆は〔反復ならぬ〕置換（déplacement）と変容（déguisement）の冪乗力（puissance）である」（DR. p. 369）といっている。これを、差異は無限に多様な方向への自己差異化‐動であり、反覆はその自己差異化の自己差異化（という反復）として自己差異化‐動の冪乗動であると言い換えてもいいだろう。

この種の発想をドゥルーズはキェルケゴール・ペギーとは「別」のニーチェの「永遠回帰」思想に見出（découvrir）す、あるいは彼流の読解で開披（dé-couvrir）する。通常の理解では、永遠回帰とは、ニーチェの病いと孤独に重相する〈神死せる人間世界の有限性〉、その閉塞的な同一態の、「同じものの回帰」としての永続への、意志と力は前提されるとはいえ、とまれ忍苦・受諾・肯定の思想であった。ドゥルーズでは、しかし、これが「差異の永遠回帰」となる。もっとも、再考してみれば、人間にとっては「同一律」こそ、既定性への安穏な依拠を保障して幸福をもたらすもの、「差異律」こそ、そのつど新たな対応を要求して、人間的安楽の閉域の彼方への「超‐人」的な「超‐脱」を「定言命令」するもの、である。この前提に立てば、ドゥルーズ発想・解釈は、やはり不当ではない。『差異と反覆』でのニーチェ言及は、別著『ニーチェと哲学』があるにもかかわらず、膨大な数にのぼるが、ここでは二文のみ例示しよう。「永遠回帰とは、同一のもの（l'Identique）の回帰を〔……〕意味しない。回帰とは存在（l'être）の謂いである、ただし、もっぱら、生成するもの（le devenir）の存在（l'être）ということで。永遠回帰は〈同じもの〉（le même）を回帰させるのではなく、回帰が生成（するもの）（ce qui devient）の唯一の〈同〉（Même）性を構成（constitue）する。回帰（する）とは、生成（するもの）（devenir）自身の、同一態化〔の動き〕（le devenir-identique）なのである。回帰とはそれゆえ、唯一の同一性（identité）、ただし、二次的な力としての同一性、差異の同一性（l'identité de la différence）、差異（するもの）について語られる同一性、差異（するもの）の周囲を回る同一性の謂いである。このような同一性、差異によって産出される同一性（identité produite par la différence）は、〈反覆〉（répétition）として規定される。いずれにせよ永遠回帰における反覆は、同者を差異から出発して思惟する（penser le même à partir du différent）ことにある。」（DR. pp. 59~60）「ニーチェが永遠回帰を力への意志の直接の表現として提示するとき、力への意志とは、権力を欲する、などということではなく、反対に、〈なにを欲するのであれ、おのれの欲するものをn乗回（à la ‹nième› puissance）にわたって欲するにいたる、そのように欲せよ〉を意味する」（DR. pp. 16~17）。「力への意志」（volonté de la puisssance）は、ニーチェのドイツ原語〈Wille zur Macht〉と違って、ドゥルーズ・フランス訳語では、「力へ（de）の意志」「力の（de）意志」「力という（de）意志」「力から（de）の意志」、さらには平板な同一性レヴェルでの加算の意志ではなく、異質な「独異性」レヴェルへと突破・「超-脱」していく「冪乗力への、冪乗力の、冪乗力という、冪乗力からの」意志、いうことになるのかもしれない。「力への意志」と「永遠回帰」は、主体的能作と客観的事態などという古ぼけた二元対立論ではなく、永遠に回帰する冪乗力の生成と反覆という超-二元論的、むしろ超次元的-差異・協律-動態の事柄なのである。

　ドゥルーズは、ニーチェ以後の思想家たち、マラルメ、タルド、ベルクソン、フーコー等にも、共感をもって論及するが、ここでは多くの犠牲を覚悟で放念することにする。「差異と反覆」という基盤の基盤から、わわれわれの主題への道を可能なかぎり端的に開削していかなければならない。

第二節　拡散――マクロ・カオスモスへ

1　動態性

建築家たちが二次元‐平面設計図を見るだけでその三次元建築体を生きかつ両者を自らの頭脳に収めることができるように、われわれも名辞としての「差異と反覆」から、一方ではそれが同一律をも孕んで展開する方位であるいわばマクロ・カオスモス（同一律は一部として含まれるにすぎずカオスを支配するには至らないことから、いわゆるコスモスはドゥルーズ的にはカオス＋コスモス、つまりカオスモスとされる）（cf. DR. p. 257, etc.）、他方にはそれが同一律を支えて蠕動する方位ともいうべきミクロ・カオスモス、この双方にわれわれは想いをいたさなければならない。双方ともに、ドゥルーズ的には表象（représentation）・再‐現前化（re-présentation）・認識（同一律‐命題化）は不可能のはずだが、不可能で取り零されているところに純粋現前（présence, présentation pure）（DR. p. 79, 248, 251, etc.）は前提されているようであり、始源カオス的‐表象化（再‐現前化）（représentation orgique）（DR. p. 261）という肯定的表記もある。われわれは既述カント論のところで控えめに〈présumer〉（推定する）を利用したが、カント流の「認識」（erkennen, connaître）と「思惟」（denken, penser）の異同も確認し、今後はこのとくに後者（présumer）を重用する（後述再論）。〈差異と反覆〉は、このかぎりで、つまり（認識ではなく）「思惟」レヴェルで、マクロ・カオスモスとミクロ・カオスモスの双方に敷衍されていかなければならない。後者は次節の「理念」論議で扱い、ここでは前者における、既述「動態性」（dynamisme. cf. DR. p. 156, 277, 282, etc.）を踏まえての、「強度」概念を確認する。

まず、われわれはドゥルーズを含む現代思想家たちの「差異」問題を伝統的哲学の「同一律」中心主義に抗するかたちで位置づけ、そのかぎりで、「律」に法的‐定言性を含意させる伝統的思惟にたいして、「律」にむしろ「律動」の「動」を含意させ、上記のドゥルーズ引用においても、そのかぎりで「差異」の「差異律」「差異動」としての動態性を前景化しつつあったわけだが、ドゥルーズ自身は、むしろ、「差異」の、反‐同一律性よりも、同一性概念の含意しがちな静態性に抗して、この動態性（dynamisme）をこそ、現代思想の面目とする。「キェルケゴールとニーチェは哲学に新しい表現手段をもたらした思想家である。世は彼らを好んで哲学の克服者という。さて、彼らの全作品において主題化されたもの、それは動態性（*mouvement*, 原語イタ）である。彼らがヘーゲルを難ずるのは、〈媒介〉という偽りの運動、論理学上の抽象的な運動に止まっていることによる。彼らは形而上学を動態化し、能動（activité）化する。形而上学を行為（acte）へと移行させ、媒介なき直接行動（actes immediates）へといたらしめようとする。動態性についてのなんらかの新しい表象を提案するに満足するのではない。表象は〔再‐現前化として〕すでに媒介の所産なのであるから」（DR. p. 16）。キェルケゴールとニーチェについでベルクソンがドゥルーズへのもうひとつのステップをなすことはいうまでもない。

ここで、ひとつ、興味深い挿話というより笑話を取り上げておこう。関係全文（DR. p. 286, 292）を引用したいところだが長文は避けたいので、要約するにとどめる。こうである。神は世界創造にあたって、当時までの（!）神であるから当然、同一律に則って、あるいは同一律を駆使するかたちで、合‐理性的に、思惟し行為するわけだが、しかし、そのような神が創造のための計算をしているあいだに、実のところ、そのような完璧な世界など現実には存在しようもないわけだが、とにかく、神の御意・御業とは別に、別途、世界のほうは勝手に出来て（se fait）（DR. p. 286）しまった。つまり、世界は、神の嫡子などでなく、神の、か、誰のか、とにかく、要するに、「出来ちゃった」子だ、ということである。「世界はつねにある種の〈残余〉（un «reste»）

に擬しうる。世界の現実は〔……〕無理数（nombres incommensurables）〔非合理数、不通約数〕の言語でしか思惟できない」（ibid.)。

この下世話ばなしは、なにか深遠なものを孕んでいる。①世界は、神の子・神の似像（image）などではなく、オリジナル・原型・範型とコピー・模像・追従態というよくある関係の外に零れ落ち外《は》み出た、要するに、「父なし子」としての、ドゥルーズやフーコーのいう「シミュラクル」（simuracle, 擬像）なのだ、ということ。②別言すれば、同一性ならぬ差異性の産物であり、差異性の烙印を背負って存在し生きているのだ、ということ。③その差異性は、世界創造神によって創造されたものではなく、それ以前から存在・作働していたのか、少なくとも世界創造神の世界創造行為と相伴‐相反するかたちで存在・作働していたらしいが、とまれ、その出自・由来は不明であること。④また、差異性は、その差異性というみずからの本質規定からして、みずからからの差異性でもあり、別言すれば、その存在・作働そのものにおいて、自異的に自己増殖的、つまりは自異‐自乗の冪乗動であること。⑤なお、既述カント論をめぐって問題化した重要概念につきこれを好機に付言しておけば、「差異は所与ではなく、所与がそれによって与えられくるところのもの（ce par quoi le donné est donné）」（DR. p. 292）である。ドゥルーズは別処でフロイトの〈Es gibt〉（Ça donne）に触れるにいたるが、ハイデガーの〈Es gibt〉等とともに、多くの現代思想との通底点がここにもある。〈Es〉〈Ça〉そのものが「差異動」であるとして、だが。

ちなみに、われわれは、これも先のところで、説明に窮した窮余の一策というかたちで、差異動という本来は表象・イマージュ化不可能なものを、あえて、現代宇宙科学のいう原‐宇宙から現‐宇宙への、その発端の「10^{-43}」秒間における、いまだ物質・引力が現出する以前に出来《しゅったい》した、純粋斥力の発動による超巨大インフレーション、という発想に擬しておいた。この純粋斥力の弛緩によって物質が生じはじめ、やがて物質相互が相互の引力によって衝突していわゆる火の玉状のビッグバンとなり、以後、宇宙は斥力と引力の交錯態となっていくが、とまれ、その基本に留意すべきは、万有引力の同一化動ではなく、万有斥力の差異動だということになる。……

この差異動、差異の動性、その由来をめぐっては、いずれ第二部の〈événement〉（生起、出来）論議で再考することになるだろう。ただし、目下の時点でも、〈Es〉をフロイトが精神病理学的な欲動に縮退化させ、ハイデガーが独自の存在思惟によっていささか自然神学的に神秘化し[35]、デリダがすくなくともその晩年には驚いたことにメシア化するに対し[36]、ドゥルーズはより現代思惟に相応しい自称・内在論議に踏みとどまっているといえる。ここでは、差異動の自己冪乗性がそれであった。いずれ、マイモン論議から再出発しての微分数学的考察に入り、やがて〈événement〉論にいたる。いささか厄介ながら、その軸をフォローしなければならない。

2　強度、力

ドゥルーズの差異は、動的であるのみならず、力でもあり、さらに強度性を固有の尺度とする、ともされる。差異動は自己差異動として差異の差異という反覆つまり自己冪乗動（puissance）でもあったから、力（puissance）でもあることは容易に推定（présumer）可能だろう。強度性については、デカルトにまで戻って考え直せばよい。デカルトにとって、物象は延長（extensio）実体であった。延長態は、ドゥルーズ的には、静態的で、自己同一的で、表象・再-現前化可能であるが、それがドゥルーズ的な差異動によって果ての果てまで差異化されるケースを思惟によって推定してみよ。そこに出会われるのは、建前上・名義上はいまなお無限小という延長態かもしれないが、実質的にはもはや延長（extensio）態には属さない非-延長的（inextentif）な〈intensio〉（内包態、集中態、強度態）ということになるだろう（cf. DR. pp. 287~289）。ここに言葉の遊びなどない。デカルト的な先入観からドゥルーズ的な観方に移ってみればよい、というだけのことである。現代思想の多くは実在の動態性を自明の前提であるかのようにして語るが、なにをもってその根拠としているのかと問い直してみると、曖昧であることが多い。ダーウィン流の生物学モデルか、量子力学的なエネルギー論モデルか、歴史学や社会学の諸成果の混入か、はたまた、いまさらの（デリダにおけるように）太古のメシア信仰か、われわれとしては現代最先端の宇宙科学の宇宙発祥に伴う超巨大エネルギーを念頭に置いているのだが、……。哲学思惟であれば概念や語彙のパラダイム変換からはじめてみても悪くはないだろう。ドゥルーズの内在論的視座変換の妙がここでも実感される。「マイノングやラッセルは長さ（longueurs）の区別を明確にした。前二者は等量の諸部分に分割可能な延長的（extensive）な量であり、後二者は、相対的に分割不可能な、つまり、分割すれば性格を変質させることにならざるをえない、強度起源（origine intensive）の量である。距離を〈spatium〉〔空間的な広がりならぬ、深みとしての力・強度の作用範域、純粋力動‐潜勢空間〕に結びつけ、〈extensio〉（延長態）の大きさと対立させるかたちで、距離理論を樹立したのは、ライプニッツであった。」（DR. p. 306）「差異は強度態（intensive）である。差異は非‐延長的（inextensif）かつ非‐質料的（non qualifié）な〈spatium〉〔上記注参照〕としての、相互に不等なものや差異するもの（le différent）を包み込む母胎としての、〈深さ〉〔深度〕（profondeur）と一体化する。ただし、強度は感覚可能なものではない。強度は感覚可能なものの存在（l'être）を構成するのであり、そこで、相互に差異するものが相互に関係（se rapporte）しあう。差異を強度性において再活性化（restaurer）すること、……。」（DR. p. 342. cf. pp. 297~298）「強度は差異の形式〔形相〕（forme）である」（DR. p. 287）。既述の「発生」（genèse）も、ドゥルーズにおいてはこの〈intensio〉からの生起動である。カントの直観態よりより「深く」、マイモンの微分態よりも、カントにもマイモンにも差異律の考量などないから、おそらく、より「深く」、……。

申し遅れ、あるいは、確認し遅れていたかもしれないが、差異動とは、純粋斥力動イメージから速断されそうな関係破壊の分散動にとどまることなく、あのとき急ぎ引力動との交錯を付言したように、それなりの関係態である（DR. p. 220, 247, etc.）。というよりも、差異なくして関係はありえないのであるから、むしろ、立派な原-関係態である。ただし、これまた表象レヴェルで速断されそうな、同一平面上の協和関係などではなく、複数・無数の非-協和項を複数・無数の相互重相的な差異連関脈（セリー）に分散・差異化しつつ非-排除的に共存させる、ドゥルーズ語でいえば、たとえば〈synthèse dis-con-jonctive〉（離接的-相互連関-動）（cf. DR. Chap. 4, 5, etc.）、――これがやがて〈ノマドロジー広域〉や〈リゾーム連関網〉や〈CsO（器官なき身体）範域〉等に変容していくわけだが――においてである。われわれは目下のこの研究[37]の全体をカントの有名な（感性と悟性の、さらには理性と想像力の）〈Über-einstimmung〉（調和、協和、合致、一致）を、相互に刺激（stimulate）しあいながら高まっていく、そのむしろ離接的な、あるいは相反-相伴的な、協-律動の動態性（~ung）において捉え直す[38]ことから出発した。ドゥルーズがここにいう〈深み〉としての〈spatium〉（スパティウム）における差異と差異の「相関」（se rapporter）も、やがて、後述詳論するように、たんなる並列関係をこえるいわば分数表記（dy/dx）の相互交錯関係（rapport）を経て、いましがたの引用文中にも見た無理数表記（$\sqrt{n}$）の微分論的-動態性のなかに入っていくはずである。その前に、ここでわれわれが留意しておくべきは、ドゥルーズにおけるこの〈深み〉・この〈スパティウム〉が、伝統的形而上学の愛顧する究極の（永遠・不変の）基底（Ur-grund）ではなく、無尽の差異（différences）・騒乱（différends）を覆蔵・産出し続ける底無し（abgrund, tief）の、（もはやライプニッツならぬ）シェリングのいう、底無き（ungrundig）脱-底・無-底（Un- Grund）（cf. DR. pp. 246~247, p. 296）の強度態（intensité）だということであろう。ドゥルーズは、これを、伝統的哲学の愛顧する究極の一者・統一態ならぬ、根源的な、あるいはむしろ脱-・無-根源的な、〈Dispars〉

（多‐分裂‐動）（DR. p. 80, pp. 286~287, etc.）と呼称する。われわれの世界という先述の「父なし子」をめぐって、フーコーなら神ならぬマラン・ジェニ[39]に親権を譲るかもしれないが、ドゥルーズの場合は、とりあえず差異の発動（?）・駆動（?）態としての、〈Dispars〉（DR. p. 80）なる非‐人称的な自己幕乗動だということになる。

第三節　凝集――ミクロ・カオスモスへ　理念論（その一）

「差異と反覆」を、今度はマクロ・カオスモスの方向ではなく、ミクロ・カオスモスの方向に敷衍してみよう。マクロとミクロの異同は、たんなる規模・大きさのそれではなく、前者は多様・重相的に交錯しあう諸差異動の遠心的な拡散範域を意味するが、後者はその小規模態の謂いではなく、逆に、求心的な凝集（condensation）度、またそれゆえの強度（intensité, 集中性）の増大を含意する。ただし、ここでは、後者の一般論ではなく、後者の一典型というべき「理念」（Idée）問題のみを扱う。ドゥルーズは〈Idée〉と〈idées〉を書き分け、前者をひとつの集合態としての「アルファベット」、後者をそれを構成する二十六個の「（アルファベット）文字群」に擬する（DR. p. 235）が、内容的には大差あるわけではないので、訳出上は後者をしばしば「諸理念」と直訳するものの、両者の異同にはあまりこだわらないことにする。（なお、ドゥルーズ哲学はなによりも多様態の思想であって文字表現上も複数表記が圧倒的に多く、われわれの日本語のように単数・複数を簡便に書き分けるすべをもたない言語では、たとえば「諸～」といった無粋な形容語を頻用しなければならないケースが多い。読者諸賢の御寛恕をあらかじめ乞うておきたい。）

1　理念論の三様態──プラトン、カント、ドゥルーズ

さて、「理念」とは、プラトン的にであれ、カント的にであれ、現実・経験を超越する思念態であるが、伝統的思惟から脱離しようとするドゥルーズの内在論哲学ではどうなるか。カント哲学だとてプラトン哲学に比べれば内在論思惟ともされるから、ドゥルーズとカントという組み合わせから出発してもよい。

まず、導入として、上記もしたドゥルーズ研究者D・フォスの明快な指摘を引照する。

（i）「理念」という語の定義をめぐって。「ドゥルーズは、カントから、〈理念〉を〈問題〉（problems）と定義することを引き継ぐ。〈われわれは調査や探究をするにあたり、それにたいする解答がまさしく解決例となるような方式で進めていくが、そのようなわれわれの営みを方向づけ包摂するひとつの統一的かつ体系的な界域（à unitary and systematic field）〉、それを構成するものとして、である。なんらかの問題──すなわち、ひとつの統一的かつ体系的な界域、あるいは〈地平〉（*horizon*, 原文イタ）──を前提することなくしては、解決例など発見しえないはずである」（CTh. p. 148）。通常、「理念」とは、行為の究極目的や判断の究極基準を指し、むしろ解決・解答の側にあり、問題と定義することには（すくなくと筆者は）いささかの違和感を覚える。とはいえ、再考してみれば、われわれの目下の一連の研究作業（注（37）参照）の出発点（注（38）参照）も、旧来の基準で解決しえない問題を、新たな基準の創造によって解決する、そのための方途の一端をカントの反省的判断力に見出したところにあった。旧来の解決としての理念を超えて、新たな創造すべき理念という問題に向かって、である。解決に向かっての問題としての理念、といってもよい。

（ii）「理念」概念をめぐるドゥルーズとカントの異同は、大きくは次の点にある。「カントにとって理念あるいは問題は心内に生ずる。超越論的〈我〉とかたく結びついている。知の超越論的条件として統一性と体系性

をもたらす、ひとつの先験的な原理、主観的なものなのだ。客観的実在に関しては、超越論的理念は、カテゴリー以上に、遠い境位にある。〔……〕これにたいして、ドゥルーズは超越論的理念を主観への固着から解放し、客観的構造態として規定する。ドゥルーズにとって、理念とは、問題を課してくるもの、客観的構造態として思考の発生（genèse）への充足理由を供するものなのである」（CTh. p. 150. 簡略化のため、文章順、等、一部変更）。「理念」を主観の側から客観の側へとそのように簡単に移してしまってよいのか、実はそういう疑念と義憤が十五歳の筆者を苛立たせて哲学へと向かわせたといってもよいのであるが、いまは、読者諸賢と同じく多少の教養も身につけたおかげで、プラトン的「理念」を思い出し、しかるべき条件を踏まえれば、そのような移行もありうるのだとしなければならない。むろん、その場合には、「理念」と相即する「客観的実在」なるものが、プラトンとドゥルーズで同一のものであるはずがない、それを確認することが、これからの本稿の仕事となる。

（iii）もっとも、そのまえに、もうひとつ、踏まえておかなければならないことがある。「理念」概念をめぐるカント流の主観主義からドゥルーズ流の客観主義への転換は、たんなるいってみれば偶発的な異説主張なのではなく、複数の哲学の間、あるいは人類一般に共通の問題意識を踏まえての、相補的な視点の一方から他方への転換なのだということである。フォスがいう。「ドゥルーズの見るところ、カントは、ある意味では、すでに、ひとつの客観性の次元を指摘していた。実際、カントは、自然の体系的統一性というものは、超越論的原理として、〈客観的に必当然的〉〔［フォス記］CPR. A651/B671〕なものと前提されるのでなければならない、と要請している」（CTh. p. 150）。周知のとおり、カント哲学はプラトン哲学の人間主義的転回の（結果ならぬ）効果であり、ドゥルーズ哲学はカント哲学の存在論的転回の（結果ならぬ）効果である。三者の同一性（identité）ならぬ「差異と反覆」の相即-同異性（même）をつねに視野に入れておかなければならない。

(iv) 目下の時点で強調しておくべき最後の問題は、ドゥルーズ的‐理念の客観性が、カント的‐理念の主観性と同異するのみならず、プラトン的‐理念の客観性とも同異するのは、おもに、後者(プラトン)の客観性が永遠不変の叡智的実体性であるにたいし、前者(ドゥルーズ)の客観性が時間的(原‐時間的)要素もはらむ可変的・非(前・原)‐叡智的‐生起・生動性、さらには独自の自律性・自発性をもった自己形成態、自己構成‐動であるということ(たとえば、われわれの無意識界の自己蓄積的‐自己組織化‐動を考えよ)だろう。フォスがいう。「カントに反して、ドゥルーズは、超越論的理念が自己‐組織化(self-organising)(‐動)という、内在的・問題的な構造態として規定されなければならないと主張する」(CTh. p. 151)。なぜ、「〜なければならない」などといわば必当然性の言表をおこなうのか。マイモンの批判するカントのカテゴリーと形式が直観態をその外側から包摂するにたいし、また、プラトンのイデアが、生成界を、捨象するか、その外側から規定するにたいし、ドゥルーズの「理念」は、生成界・直観態を、マイモン流の発生論を承けて、その内的発生の側から支えるのでなければならないからである。

フォスは、このあと、むろんドゥルーズの、理念論詳述に入っていく。われわれもわれわれの問題意識に則ってもっと詳細な検討を試みなければならない。両者(フォスとわれわれ)は重なる部分もあるが、もともと別の問題意識によって推論されていくものであり、逐一、参照や対比考察はおこなわない。解釈史フォローは別の業務である。

2 ドゥルーズの理念論

ドゥルーズ理念論の哲学史的位置づけはほぼフォスの指摘のとおりであろうが、理念観念そのものについてはわれわれにはかなり慎重なアプローチを要するもののように思われ、まずはその外郭から少しづつ考察を進めていく。われわれはカント流の「認識」と「思考」の区別から出発したが、ドゥルーズ的には、「理念」とは、危険を承知で、追ってすぐ補説することを条件に、一言でいってしまえば、「認識はむろん、思惟もできない（l'impensable）が、しかし、思惟以外の途はない（ce qui ne peut être que pensé）ゆえ、思惟されるべきもの（ce qui doit être pensée. cogitanda, νοητέον）」（DR. p. 249, 257, 183）である。「為しうるがゆえに、為す」ではなく、「為しえぬがゆえに、為すべし」とカントはいった。「思惟しえぬがゆえに、思惟すべき」とドゥルーズはいい、そして、思惟する。

（1）「何か」と「如何に」

「（理念とは）何か」と問うことは、「何」（What, Was, Qu'est-ce que）が事態を固定化する危険がある以上、いわゆる本質（essentia）志向の思惟がそれではあるが、そうであるからこそ本質志向を佳しとする伝統的思惟に逆らって、ドゥルーズの動的思考は忌避する。ドゥルーズ的な問いは、「いかに（comment）、どれほど（combien）、どのような場合に（dans quel cas）？……」（DR. p. 243）である。われわれはこれを〈Wie-sein〉への問いとも略称し、むろん十分に尊重するが、ここでは研究者としての言葉の定義と説明が第一であるから、あえて〈Was-sein?〉風の問答を繰り返すことにする。

（2）直接的には規定しえないもの

ドゥルーズは、いう。「理念の対象は、カントにいわせれば、叡智的存在でもなければ、仮構的投企態でもなく、恣意的なフィクションでもない。所与（donné）されうるものでもなければ、認識（connu）されうるものでもない」（DR. p. 219. 主に哲学史に準じて、あえて意訳）。まず重要なのは、つぎの一見平凡な一行である。

「直接的には規定しえぬ（sans pouvoir être déterminé directement）ままに表象・再-現前化されなければならない（qui doit être représente）ものである」（ibid.）。ドゥルーズ的には、「表象・再-現前化」（représentation）されるのは――通常の思考・認識はこれによるが――「規定されているもの、規定されうるもの」であって、そうでないものを「表象・再-現前化」しようとすれば、いまの場合は、「規定しえぬもの」を歪めてしまう。この文章の後半は、したがって、前半を維持するとすれば――ここではそれが必要なのだが――、失効し、むしろ「非-表象・（非-）再-現前化（ドゥルーズ語では〈sub-représentation〉。後述・再論）的に思考されなければならない」としなければならない。前半「直接的には規定しえぬ」もののほうは、これがここでの主役であり、これから追究していく主題でもあり、したがって性急な規定は控えなければならないのだが、ただ、直前のやや別の文脈で、重要な規定がなされている。「表象・再-現前化」思考あるいは概念的思考をめぐって、それが向かう先を、「経験の外なるひとつの観念的収束点（un foyer idéal）」（DR. p. 219）とし、それを包む全体を、「それらすべてを包摂するひとつの上位地平（un horizon supérieur）」（ibid.）とする。これは、上記のフォスによる定義にも少しく顔を出していたが、理念というものについての伝統的哲学の二つの規定ではあるまいか。別言すれば、目下の文章における「直接的には規定しえぬ」ものをドゥルーズ的に規定することが、ドゥルーズにおける「理念」観念を捉える縁《よすが》となる。[40] ドゥルーズはこの「無（未）規定」（indéterminé）性、あるいは表象・再-現前化的-思考の「外」「上」「下」「非」なるものを、「理念の第一局面・第一契機」（DR. p. 220, etc.）と呼ぶ。

（3）間接的規定への途

つぎに進む前に、ここでカントによる有名なデカルト批判を思い起こそう（cf. DR. p. 116sq., p. 219sq.）。デカルトは「私は思考する、ゆえに私は存在する」(Cogito ergo sum) を哲学的思考の基礎としたが、「思考」(cogito) によって外的事象を対象的に規定し物理学的世界像を哲学的に構築することに専念するかたちになり、二十世紀の存在論からはデカルトと近代哲学一般は「存在」(sum) 問題を放置したと指摘され、それ以前のカントによっても「思考する私の存在」(sum) を「無規定」のまま放置していると批判される。たしかに、「思考」は「存在」というまったく異質のものを「直接的」(directement. 上記) には規定することはできないだろう。しかし、デカルトの「私は思考する、ゆえに私は存在する」はまったく無時間性のなかで発想されており、デカルトにおいては時間は神に預けられたままであった。だが、時間を人間側・哲学に奪回すれば、われわれはわれわれの「思考する私の存在」(sum) を、内的直観の形式としての時間性を介して、すくなくとも「間接的」(indirectement) (DR. p. 220) には規定 (理解。先述〈présumer〉(推定)) していくことができる。「無 (未) 規定」態が「規定可能」(déterminable) 態となる。「私の存在」のみならず、「世界」のそれも、厳密な意味では直接的には認識・規定不可能だが、われわれの諸々の経験事象を介して (DR. p. 220, etc.)、たとえば上記の「経験外の観念的収束点、すべての経験を包摂する上位地平」として、「間接的」には、思考可能・「規定可能」(déterminable)、さらには「第二の局面・契機」として、理念の実質を自証することになる。そして、その先には、規定作用 (détermination) の、未規定態・規定可能態ならぬ、いわば完了態・既定態、あるいは「理想態」(l'idéal) (DR. p. 221) として、カントの (「私・自我」、「世界」、に次ぐ) もうひとつの理念である「神」が位置づけられることになる。

(4) 理念の三契機：未規定態、規定可能態、規定遂行態

ドゥルーズにおける「理念」は、このカント発想と相似て、相異なり (後述)、未規定態、規定可能態、規

定態、のすべてを孕んで、上記フォスも触れていたように、力動的である。上記の大雑把な説明図式を補って、以下にドゥルーズ自身の論述を、いささか晦渋な長文ながら、取意訳部分も含めて、引用しよう。あらかじめ一点のみ予示しておけば、かってベルクソンが生命の流動性にたいして、その概念的な理解の努力は、たんに諸概念によるスナップ・ショットを撮り並べるだけのことにすぎない、といったように、ドゥルーズにおいても、実在（le réel）の、たんなる概念的・表象的・再現前化的な把握・理解・規定に収まらず、そこから過剰するところを、理念はその動態性において収めるのである。

「理念はこうして三契機を示す。対象における〔表象的・再現前化的‐思考に収まらない過剰という〕未規定性、〔われわれの経験の諸対象を方向づけたり、その全体を包摂したりすることができるという〕規定可能性、〔悟性の全ての概念を完全に意味づけていこうという〕規定理想性、〔……〕である。この点、理念が〔デカルトのいう〕Cogito（思考）の三局面を再論していることは明らかである。〈私は存在する〉という存在未規定性、〈時間〉というこの未規定存在がその下《もと》で規定可能となる形式、〈私は考える〉という不断の規定作用。諸理念（Idées）のおのおのはまさしくCogitoのおののの思考であり、思考の〔表象的・再現前化的‐思考が収めきれない諸細部に対応するための〕微分態（les différentielles. 後述・再論）である。そして、Cogitoが、それを貫く時間という形式によって〔思考・規定するものと規定されるもの、jeとmoi、自我と自己へと〕全面的に引き裂かれるその〈Je fêlé〉〔引き裂かれた自我、分裂自我〕を示唆する以上、それら諸理念については、それらはまさしくその裂け目のなかに蠢き溢れ（fourmillent）、その裂け目のあちこちの縁《へり》のうえに止むことなく現出（émergent）し、たえまなく去来（sortant et rentrant）し、何千もの様態で相互合成（se composent）をおこないつづけていると、いわなければならない。とはいえ、また、埋めつくせない裂け目を埋めつくすことなど問題にならない。しかし、差異化‐動（différence）がそれが区別（distingue）するものを即座（immédiatement）

に再結合・分節連関化（réunit et articure）し、裂け目（fêlure）がそれが裂く（fêle）ものを留保（retient）すると同じく、諸理念も自らの引き裂（déchirés）かれる諸契機を保持（contiennent）する。理念には裂け目とその住民たち、その蟻（fourmis）たちを、内化（intérioriser）する営みが帰属しているのだ。理念には、いかなる同一化‐動（identification）も混合動向（confusion）もなく、未規定、規定可能、規定作用の、ひとつの客観的（objective）で、〔回答を対応として求める〕問題提起的（problématique）で、内的（interne）な、統一（unité）があるのである」（DR. p. 220）。

重要な一文である。多くの原理的な諸問題・諸概念が整然と詰めこまれている。とりあえず、数点のみ確認しよう。

①理念といえば、一般には、（裸の）現実・実在（le réal）とのなんらかの対比・対立において受け取られるが、ここには対比項としては、せいぜい「埋め尽くしえないもの（裂け目）とその縁《へり》」（ce qui ne peut pas être comblé, fêlure, ses bords）くらいのものしかなく、しかもこれもおよそポジティブな主題にはなっていない。「裂け目」とは哲学史的にいえば、古代ギリシャの「カオス」であり、「カオス」は音声からしても今日のわれわれのいう混沌ではなく、世界（コスモス）がそこに浮いている虚ろな裂け空間であるが、ドゥルーズ的にはこれは既述のカオスモスに該当するものであるか、あるいは目下のテクストのいう未（無）規定態であって、はじめから理念のなかにふくまれている。ドゥルーズ世界は、すくなくとも目下の『差異と反覆』においては、ある種の汎‐理念態であって、やがて、理念は潜勢的（virtuel）で実在的（réel）、われわれの通常の経験世界はたしかに現実的（réal）、とされるが、要するに、すべては実在的（réel）でもある理念（Idée）界‐内部の差異の問題、ということになる。このことは、むろん、ドゥルーズ世界が絶対的観念論のそれ、などということではなく、——実際、諸理念（Idées）は Cogito の所産（上記引用文）であれ、それらは理念（Idée）

という「アルファベット」（先述。DR. p. 235）の各文字として、理念（Idée）・「アルファベット」を自ら構成しつつ、そのかぎりでそれら（理念・アルファベット）と別のもの・差異するものであるということであって、「理念」（Idée）そのものはなんらかの「上位」の Cogito によるものではない――、要するに、われわれがドゥルーズのいう理念なるものを旧来の先入観を脱ぎ捨ててドゥルーズ的に解さなければならないということにすぎない。いまいちどいえば、ドゥルーズのいう理念・諸理念・理念的なものは、実在・現実と二元対を成す事態ではなく、両者がそこから派生的に析出される、そのドゥルーズ流の〈orgique〉（DR. p. 61, etc.）という意味での根源的-統一態（unité objective problématique interne）（上記）といってよい。（下記（9）のいう、「存在からの定言命法」といった発想も参照されたい。）

②「差異・差異化-動」は、たんなる分散・散逸・消失に向かう動きではなく、差異あっての関係、とわれわれの常識もいうとおり、はじめから「再結合」（réunit）「分節連関-動」（articule）を含むものであることを、ここであらためて確認しておこう。ただし、ドゥルーズ的関係を、結局、カントもそこに落ち着いてしまうように調和・均衡-関係と早合点することなく、調和と対立とは別の、さまざまの差異・不均衡性が相互織成するそれゆえの動態性において理解するかぎりで、……。

③カントとの異同をここでもうひとつのみ確認しておけば、カントは調和を佳しとしながら、――もっとも、いわゆる第三批判の『判断力批判』では「不調和の調和」という発想も提示することをドゥルーズは強調するから、ここでは第一批判つまり『純粋理性批判』のカントと限定する必要もあるが、とまれ、そのカントは、――たとえば、ここにいう未規定態、規定可能態、完全規定態、に、おのおの、自我、世界、神、という相異なる理念を割り振ったまま、後のドイツ観念論も批判する通り、（それらの）然るべき内的統一をはかっていない。「ドイツ観念論が独断的に統一化を図るにたいし、カント批判哲学はいまなお経験論的な分離を残

す」（DR. p. 221）。ドゥルーズ哲学は、その先の、「差異を差異として再結合（réunir）する」（DR. p. 221）、「客観的（objective）で、問題提起的（problématique）で、内的（interne）な、統一（unité）」（DR. p. 220）の、「差異（différence）の哲学」を目途《もくと》する（DR. p. 221）。

（5）理念 vs 表象・再現前化・思考（re-présentation）

すべての哲学は基本の基本になんらかの二元論を前提している。哲学の誕生が古代ギリシャにおけるソフィストたちの世俗的な弁論に抗するものであった以上、当然であろう。近代哲学においては、物象界に対する思惟界の措定であった。現代哲学にあっては科学と日常言語にたいするそれを深みと高みにおいて補完する思惟・言語 - 次元の定立であるが、ドゥルーズはこの種の素朴な前提を尊重しながら、しかし、思惟（理念、Idée）と物象（実在、le réel）の二元論ではなく、「理念（Idée）vs〈représentation〉」のそれであるという（DR. p. 247）。〈représentation〉とは、現に経験世界に現前（présent）している事象を、思考のなかへと〈re-〉（再 - ）現前化（présentation）させることを意味し、このことから、表象化・再 - 現前化、と厄介な訳語をあてることになる。われわれは、これを、以下のところでは、とくにこの訳語を使う必要がある場合は別として、①簡略に、表象的、と表記するか、②他方、事象が現前（présent）しているとは、通常は、時間・空間的な次元、デカルト的には延長態（extensio）レヴェルのことで、ドゥルーズにおいては、これと対立・差異するはずの〈intensio〉（非 - 延長、強度、内包）次元が決定的に重要（cf. DR. pp. 287~288, etc.）であることから、〈représentation〉については、表象的・延長態レヴェル、といった簡略表現もおこなってしまう。さて、ドゥルーズは先の一文（本書七六頁）で、「理念は直接的には規定されえぬままに表象（représenté）されなければならない」（DR. p. 219）と、ある意味ではそれなりに含蓄の深い言表をしていたが[41]、われわれは必要上あえて簡略化して、理念は表象・延長態レヴェルのものではないのであるから、言表後半は不当・失効であるとして、ドゥルーズのいましがたの言表「理念vs表象的思考」を準備しておいた。さて、こうなると、今度は新たな問題、では理念にはどのように、どのような思考をもって、アプローチするか、すべきか、の問題となる。〈représentation orgique〉（根源的・始源的・起源的な表象・再-現前化-思考）なる語も一二度使われる（DR. p. 61）が、例外的で、一応放念しうる。その先で、いずれにせよ基礎問題であるが、基礎問題であるから、足踏みしながら慎重に策定していこう。

（6）経験（expérience）＝限界（peras）の外（ex）へと超える（perao）こと、白色光、潜勢態の現働化

〈représentation〉を批判する哲学は、おおむね〈présentation〉に向かう。前者が、現前（présent）しているものを思考のなかに再-現前化（re-présenter）して、つまり思考を媒介として、間接的に、提示することであるにたいして、後者は、媒介は歪曲する危険があるとして、現前態（présent）に直行し、それに直接的に接して（cf. DR. p. 61）、提示（présenter, présentation）しようとする。ドゥルーズの場合、先駆者のひとりであるベルクソンの直観主義がその傾向を強く示していたが、ドゥルーズ自身は直観という語はほとんど使用せず[42]、直観主義の立場は採らず、とはいえ、この問題をめぐって三様の姿勢を示す。（ⅰ）まず、A・アルトーの前衛演劇に、多くの現代思想家たちと同じく、「純粋-現前化」（présentation pure）（DR. p. 79, 248）の営みをみて協賛する。伝統的なフランス演劇は、いわゆる三単一の法則に則って、一定の場所、一定の日時、に、一定の人物たちが、起承転結よろしく秩序だったドラマを、日常生活の雑駁さの彼方に、美しい言語・台詞を媒体として、構成していく、そのような静態的で自己同一的な造型物の上演（représentation）であったが、アルトー演劇は、そのような作為的な秩序と造型性を廃嫡し、台詞以外の音声、音響、筋書き以外の動作、動き、当該作品の外

なる環境的諸事象の混入をも認め、人間的‐生の豊饒さ・雑駁さ・複雑さを表現・現前化（présentation）・「経験」（DR. p. 79）させるものであった。「経験」（expérience）とは、そこに止まらぬかぎり、デリダやハイデガーもいうように、〈ex-peras-perao〉（限界の外へと突破）させるものであり[43]、ドゥルーズの「超越論的経験主義」（empirisme transcendantal）の宗旨にも適う（cf. DR. p. 79, etc.）。（なお、カント論（ID, p. 94）のなかにも理念の現前化（présentation）という発想がそれなりの重要さをもって記されているが、いずれにせよカント発想としてであり、ドゥルーズの主著との使用言語の調整もなされていないようであるから、ここでは考量外とする。）（ii）〈présentation〉という語は直接には使わないが、追って重要化してくる〈actualisation〉（現実化・現勢化・現働化）観念を用いて、いう。「色彩の理念とは、いわゆる白光色（lumière blanche）に該当し、あらゆる色彩の発生にかかわるさまざまの構成要素・諸関係を内含・錯綜させているが、それらが個々の色彩とそのおのおのの空間へと現働化（s'actualise）していく。音声、社会、言語、の理念をめぐっても、白色の音、白色の社会、白色の言語、なるものを考えることができる」（DR. p. 267）。アルトーの前衛演劇舞台が、それ自体で、伝統的演劇の上演（représentation）を「突破」する〈présentation〉であるとすれば、白色光は諸色という現前（présent）にたいして、そこへと現働化（s'actualise）する以前は、現前・現勢的（actuel）ではないともいえるが、しかし、ドゥルーズ的には、白色光は諸色といわば表裏一体であり、つまり後者にたいする前者の以前・先行性は時間的なそれではなく論理的・存在論的なそれであり、もともと白色光は諸色なくしてはありえない。常識的には、諸色は肉眼にも現前的（présent）であるが、白色光も心眼にとってははじめから現前・現勢的（actuel）、その意味で、肉眼にとってもすくなくとも準‐現前的といえるだろう。考えてみれば、プラトン的イデア（Idée）（cf. DR. p. 83）も、カントの理念の現前化（既述、ID. p. 94）も、肉眼には非‐現前的、叡智や天才の心眼（idein）にこそ現前・現勢・顕勢的だったはずである。ドゥルーズの「超越論的経験主義」も、肉眼にとっての現前態の一般的な「可能性の条件」を求めるものではなく、そのつどの経験的・肉眼的な現前の（非・否-現前的ならぬ）準・異-現前的な「現働性〔現実性〕の条件」（cf. DR. p. 316）を求めるものである。（iii）この準・異-現前的な「現働〔実〕性の条件」を、ドゥルーズは「潜勢的・潜勢態」（virtuel, le virtuel, virtualité）と呼び、結局これが、〈s'actualiser〉（現働化する）への動態性も含んで、ドゥルーズ的・理念のありかたを示すいわば最終語・決定語となる。この語・観念が、「表象的・再-現前的・延長態レヴェル」（représentative）の思考に抗する〈sub-représentative〉（下-表象的、非-表象的、異-表象的）思考、「命題化される」（propositionnel）言表に抗する〈extra-propositionnel〉（脱-命題的）な思考・事態、それらの「下」（sous）・「深み」(44)（profond）……といった言表の、含意するところである。われわれの通常の常識的ないわば心理的-視感覚では、理念とは、プラトン流のそれであれ、カント流のそれであれ、なんらかのかたちで高みに位置づけられるが、ドゥルーズ流の内在論では、すでに白光論議でもそうであったが、むしろ諸事象の「下・裏」に位置づけられる。〈virtuel〉（潜勢）問題が、ときに、あるいは、しばしば、多くの現代思想家たちと共有する無意識-観念とオーヴァーラップするのも、そのためである。(45)もっとも、『差異と反復』以降すでに半世紀を閲した今日では、むしろ、ミクロ生命科学の摘出・提示する諸筆家への参照を慫慂するほうがよりよいかもしれないが(46)……。

（7）思考、反ドグマ的、パラ・サンス、思考されるべきもの、〈cogitanda〉〈νοητέον〉

理念が、現前的であるより、はるかに潜勢的であるとすれば、今度は思考が、あるいは積極的・能動的な思考が、潜勢態のなかにそれを索出しなければならない。「思考とは、潜勢態をその底まで開発する営みである」（DR. p. 284）。既述の重要な一文をもういちど取り上げれば、「思考しえないが、思考しえないがゆえに、思考しなければならない」。ここでも、通常の思考と、ここにいう積極的・能動的思考を、区別すれば、問題はそれなりに簡単になるだろう。前者は、既述の表象的・再-現前化的・延長態レヴェルのそれであり、おおむね経験的に現前的なすでに一定の規定性をもった事象を反映・反復するに止まり、かつ、合理性の名において主語と述語の一致・整合性、等、いわゆる同一律に則った命題化可能な言表をもって成立する。ドゥルーズが強調するところ、カント的思考も含んで、われわれの通常の思考、常識・良識・共通感覚（sens commom, bon sens）は、おおむねこのレヴェル・圏域に展開するにとどまる（DR. p. 249, etc.）。これにたいして、ドゥルーズは、デリダが「合理主義-理性」（raison rationnelle）と「合-理性的・異殊考量-理性」[47]（raison raisonnable）を区別すると同様、表象・延長態レヴェルの、同一律に則ることをむねとする思考に対して、「純粋思考」（pensée pure. DR. p. 257）「超越的思考」（pensée transcendante）（DR. p. 249, etc.）「多岐・多相態-理性」（raison multiple）（DR. p. 356）、つまり〔延長態 extensio レヴェルならぬ〕強度圏（intensio）に立脚し、〔表象的レヴェルのみならず〕潜勢圏をも考量しうる思考の可能性、あるいは、むしろ思考そのものへのその〔潜勢態の〕まさしく潜勢的内包を指摘して、いう。「思考は、それ自身のなか（en soi）に、〔つまり、その潜勢性・無意識において〕、自らには思考しえないなにものか（quelque chose qu'elle ne peut pas penser）、思考不可能（l'impensable）にして思考されるべきもの（ce qui doit être pensé）、思考不可能（l'impensable）にして思考されるしかありえぬもの（ce qui ne peut être que pensé）を、見出している。」（DR. p. 249）「〔理念という潜勢的ゆえに〕〈problématique〉（問題的、問題提起的）なものの独自さ（specificité）[48]と、〔われわれの〕有限な思考に無意識〔潜勢態〕が帰属しているということ、このことがいまだ〔世の良識・共通感覚には〕理解されていない。理念は、良識や共通感覚から解放されたなんらかの特別（particulière）[49]な能力の超越的（transcendant〔ドゥルーズは、頻用する〈transcendantal〉（超越論的）とは別に、ごく少数回、この語を使うが、意味内容は上記の「純粋な」とほぼ同じく、「強度」(intensio) 圏に立脚した、である」)な行使との関係において、理解されなければならない」(DR. p. 249)。付加注過剰で読みにくくなってしまったかもしれないが、ここにいうこの「良識や共通感覚から解放された特別な能力」(une faculté particulière liberée du sens commun) を、ドゥルーズは、「哲学」を良識や共通感覚の「思い込み」(doxe) に対して「パラドクス」(para-doxe. 逆説、というより、異(差異)説)(DR. p. 184, etc.) と自称するに準じて、〈para-sens〉(脱‐共通感覚、独異‐センス、差異‐感覚、パラ‐サンス) と呼ぶ。別論稿によると、あのランボーの「諸感覚の〔方法的な〕混交による脱‐認識」(l'inconnu par le dérèglement de tous les sens) (CC. p. 47)[50] が事例らしいが、――われわれが例挙したあの「白色光と諸色彩」ケース(白色光へと向かう諸色彩)を思い出すことも有効だろう、とまれ――、「このパラ‐サンスは諸理念 (idées) を基本要素として成立・機能する。〔……〕諸理念は微分的な微光からなる多様態であり、共通感覚を特徴づける〔理性という〕あの自然の光の均質性をもたず、狐火 (feux follets) のように、〈潜かな連鎖を形成しながら〉、ある能力から他の能力へと飛び移っていく」(DR. pp. 250~251)。要するに、「思惟しえないが、思惟するほかなく、思惟されるべきもの (cogitanda, νοητέον)」(DR. p. 249, 257, 183, 先出)、つまり「理念」も、同一律ならぬ差異律を駆使する「パラ・サンス」としての「純粋思惟」「特別な能力」の「超越的行使」によって、どうやら思惟可能となる。

(8) 感覚されるべきもの、想像されるべきもの、〈présumer〉(推定する)

理念が、潜勢的ゆえ、通常の表象・延長態‐思考では認識できず思考もできないとすれば、逆説的ながら、知性・悟性に背反する感覚や想像力の復権もありうる。ただし、たんに「思考されるもの」ではなく「思考されるべきもの」であると同じように、たんに「感覚されるもの」「想像されるもの」ではなく「諸感覚の方法的混交によって、超越的感覚によって、純粋想像力によって、感覚されるべきもの（sentiendum, DR. p. 251, αἰσθητέον, DR. p. 182）、想像されるべきもの（imaginandum, φανταστέον, DR. p. 186）」としてである。「想像力は、さまざまの領域、次元、位層、を横断し、世界に広がるさまざまの障害を打ち砕き、われわれの身体を導き、魂に霊感を吹き込み、自然と精神の一体性を感得させ、〔……〕科学から夢へ、夢から科学へ、たえず往還させる」（DR. p. 284）。われわれが、カントのいう認識はできないが思惟しうる領域に関して、ドゥルーズが使用する〈présumer〉（ID. p. 85.「推定する」と仮訳した）という語を、思惟のいわば原‐思惟態（原‐思惟動）の意で使用してきたのも、この種の了見からであった。

（9）存在論的‐定言命法

プラトン的理念（イデア）が形而上学的実体として不壊の自己同一態であり、カント的理念がこれまた同一律に則る理性的構成の統一態であるとすれば、ドゥルーズにおける理念の上記（7）のいう奇妙な「狐火」的な差異論的性格は、われわれ自身も多分にそこに立脚している現代哲学の存在論的転回によるものであると、ドゥルーズはいう（DR. p. 252）。かって、哲学思惟は、思弁的次元で問題が確認され、その思弁的次元での解決、「意識レヴェルの諸命題や知の諸表象への還元」（DR. p. 255）によって、処理されてきた。しかし、思弁レヴェルの外、存在や実存が主題になるとなれば、「問題と問い（と解決）」は後者（存在や実存）から発せられ、後者に向けて問われ、後者のなかで（おぼつかなくも）試みられなければならない。理念そのものが、上記のとおり、〈problématique〉とされるのは、理念が神的叡智や理性的叡智の相関態ではなく、「存在（l'être）やさまざまの偶有的な出来事（événements）[51]からの定言命法（impératifs）」（DR. p. 255, 257）に「帰属」（DR. p. 257）し、そこから「発出」（émanent）（DR. p. 255）してくるからである。「理念」は、かくて、その「起源」（origine des idées）（DR. p. 258）も確認され、「存在やその諸〈événements〉」ということになる。ただし、ここで「存在」（l'être）をドゥルーズ思惟の最終語のように見なすのは、至当ではないだろう。時代的に一九六〇年代の前中半であり、ハイデガー存在思惟が世界的盛名の裡にあった時期ゆえ、他の多くのフランス思想家たちの場合と同じく後者からのそれなりの影響はあったとみなければならないが、しかし、「理念」と「存在」を截然と分け、理念で無《な》い存在が理念に先行し、そのような存在から理念に「定言命法」が投与されてくるように解釈することは、既述のとおり、ドゥルーズ思想の基本の基本が「理念 vs 表象・再-現前化的-思考」なる二元論にあって、「理念 vs 存在」いわんや「存在 vs 理念」にはなく、なによりもドゥルーズには存在を主題とする論著がないということからして、――理念という語も『差異と反覆』以降は消える観があるが――、いかにも無理である。理念と存在は〈idéel/réel〉または〈réel/idéel〉として表裏一体であり、そのかぎりでの理念への存在からの作用は考えうるとしても、目下のこのテクストの外では放念されているところから、やはり、理念の主題性は維持されるとしてよいだろう。ちなみに、ハイデガーの「存在」（Sein）も、実は、世に連呼されているような存在ではなく、最終的には、むしろ存在と無を投与してくる〈Lichtung〉へと位相転換されていく。[52] ドゥルーズに関しても、存在（l'être）より「出来事・生起」（événement）を最終語とするほうが、ハイデガーとの相反-相伴関係は改めて別途再考することにして、より妥当であろうが、興味深いことに、〈événement〉はこの『差異と反覆』では主要問題ではなく、むしろ第二主要著作ともいうべき『意味の論理学』から華々しく登場してくる（後述「第二部」で扱う）。上記の「脱-命題的」（extra-propsitionnelle）なエレメントとして。ここでは、したがって、ドゥルーズ的-理念の広義存在論的性格を確認するにとどめる。[53]

(10)「骰子一擲」

この点、より興味深いのは、他の多くの現代フランス思想家たちも関与する、同じフランスの、ただし、哲学史上の存在論的転回にやや先立つ、あるいはむしろその先駆とも見なしうる、マラルメの「骰子一擲」(un coup de dés) 思想との関係であろう。上記にも確認したように、旧来の哲学思惟にとって問題・問い・解答は思弁レヴェルで展開し、しかも、あのときには記さずにおいたが、途中は同一律の「必然性」に則って、加えて、ライプニッツやカントに典型的に見られるように、おおむね「道徳的にも是認可能な最善律」(princip du meilleur) (DR. pp. 255~256) に向かって、であった。「骰子一擲」の世界は、これに対し、「偶有性」のそれであり、「問題含み」(problématiques) の「存在」と「理念」に向かっての、そこからの再出発としての、世の共通感覚や一般的妥当性とは無関係の、「独異」(singulier) な一点における、「独異」(singulier) な賭けであり、われわれ投擲者の、「必然性」とは別種の、「決断の力による〈fiat〉(為せ！)」(DR. p. 255) を含意する。ここから自由な決断の代償としての全面的な引責の問題がサルトル世代の思想家たちであれば前景化するはずであるが、ドゥルーズ世代ではおのずからそうでなくなるということか、ドゥルーズがここで主題化するのは「偶有性への全面的な肯定」(DR. p. 256) である。ただし、共通感覚も一般的妥当性も出てこないが、この「独異な一擲」が多様な「差異者・分散者」(disparates, divergence) たちのあいだに「相互共鳴」(résonance) (DR. p. 256) を生起させるであろうことは前提・期待されている。「理念」がハイデガーの「存在の真理」に対応するものであるとすれば、「理念」は、たしかに、カント的 - 定言命法の言語命題の「外」(extra) で、一般性 (DR. p. 236, etc.) ならぬ普遍性 (cf. DR. pp. 7~8, ID. p. 97, etc.) へとも敷衍可能な (ドゥルーズと親しい) バディウのいう「〔人〕類的 - 生起」(événement génétique) の〈forçage〉(強制)[54] 力なるもうひとつ別種の定言命法をもって、――ドゥルーズは別文脈でだが〈mouvement forcé〉（強制される動き）（DR. p. 322）ともいう――、差異者・分散者たちの「深み」に生起しくるはずである。

われわれは先のところで、〈extensio〉を差異化するその果てに、もはや差異化をも凌駕するかのような〈intensio〉、つまり強度（intensité）・力（puissance）に出くわした。いま、ここに、「表象・再-現前化」（re-présentation）可能な人間的・経験的-現実の差異化の果てに、広義-存在論的-定言命法のもと、「パラ・サンス」（para-sens）をもって受け止めなければならない〈cogitanda, νοητέον〉（思惟すべきもの）、つまり「理念」も、そのような強度・力の発動態である。そして、この「差異と反覆」のミクロ・カオスモスはそのマクロ・カオスモスへとも、凝集態から拡散態へと強度と力の増減を伴いながらも、「狐火」のように「協律」（résonance）の輪を広げていく。ただし、われわれはマクロ・カオスモス問題へと立ち戻るのではなく、理念としてのミクロ・カオスモスの内実構造へと歩を進めなければならない。

第四章　展開と成就　理念論（その二）

序　「理性の理念」と「悟性の理念」

「理念」論議は、プラトン型であれ、カント型であれ、伝統的哲学の中核・頂点であり、感覚的・準-感覚的・形而下的-次元での「認識」に長《た》ける科学にたいして、それを超える叡智的・形而上学的-次元にも「思惟」を展開して、存在論的にも、認識論的にも、行為（倫理・道徳）論的にも、積極的な規定を誇示しうるものであった。現代哲学、もしくは近・現代-哲学は、これにたいして、形而上学的-思惟の独断を警戒して、形而下的、というより人間的現実レヴェルの認識をも尊重し、「理念」論議も、これに応じて、カントにおいてさえも、悟性的-認識を規制する役割にあった「理性の理念」から、ほかならぬその悟性的-認識の極北を指示するものとしての、マイモンの「悟性の理念」へと、移行した。マイモン哲学そのものには多くの欠落があるし（存在論も、倫理学も、スタンド・ポイントを失う）、ドゥルーズ自身は「理性の理念」と「悟性の理念」を区別する必要はない（DR. p. 249）というが、すでに確認したとおり、ドゥルーズ思惟も現代哲学に通有の存在論的転回の一環であり、その理念論議も、本質的には、後者（「悟性の理念」）の系譜に属する。「理念」は、悟性によって認識されること不可能であるが、理性（という魂・世界・神の占有者）によってそれを思惟することすらも越権として取り押さえられることなく、悟性にとって認識不可能、しかし（悟性にとっても）思惟は可能として、悟性次元の極北に、新たな境位を獲得する。マイモンはそれを新たに登場してきた微分（数学）論議によって基礎づけ（後述）、やがて現代哲学の例えばデリダの理性論が、理性そのものを、同一律に則る伝統的な「合理主義的-理性」（raison rationnelle）と差異律をも考量しうる新たな「合-理性的・異殊考量-理性」（raison raisonnable）（既述）へと微分（！）することによって、「理性理念」と「悟性理念」の刷新・補塡に参入してくるはずである。

もっとも、いまは、この二元論にこだわる必要はない。確認しておくべきは、ドゥルーズの理念論議が、現代哲学・「悟性の理念」系譜の一として、（1）悟性レヴェルでの認識不可能のネガティビテから出発し、（2）ついで形式的なポジティブ規定を得て、（3）その果てに、それゆえに伝統的哲学のそれとは別の、積極的な規定を得ていく、ということである。前二件を、既述のところと重なることを覚悟のうえで、再整理し、第三件へと繋げていこう。

第一節　否定-理念論？　不可識別態

理念は、悟性（いまは理性も入れてよい）次元の極北に（認識されぬまま）思惟されるのであるから、プラトン的イデア（叡智的自己同一態）やカント的理念（理性的統一態）のように同一律に則る思考によっては、思惟されない。非思考、とはドゥルーズはいわないが、意識・認識の対象たりえず、無意識的な体現（incarnation）（DR. p. 236, etc.）、理念的有体性（corps idéal）（DR. p. 256, etc.）への受肉（incarnation）しかありえない（DR. p. 236）。さらに、ドゥルーズ語では、①表象・再現前化（représentation）されず、非・下‐表象・再現前的（sub-représentative）。②命題言表（proposition）化されず、命題言表‐外のもの（extra-propositionnelle）。③悟性（理性）次元の極北とは、極点の存在を前提するものではなく、極点など抜けていることを含意し、別言すれば、無極的、無底的、無‐根拠的、無‐根源的（sous-fond, sans-fond）、無‐起源的（sans-origine）な、カオス・カオスモス（もともと底無き裂け目のこと）（既述）。……こうした発想は、今日では否定神学・否定存在論的な発想として容易に理解可能となっているが、われわれは、ここで、後にドゥルーズの理解者となるバディウがライプニッツから引き継ぐ〈l'indiscernable〉（不可識別態）という言表、(55)——ドゥルーズも一二度は言及している（DR. p. 21, etc.）——を連想し、事を歪めぬかぎりで、活用していく。

第二節　肯定的‐呼称、〈S(♀)〉

さて、同じように形式的だが、もうすこしポジティブな規定もある。理念は同一律の彼方の事柄というのであれば、では差異律の範域の事柄か、とは簡単にいえるだろう。ドゥルーズ語では、①同一律による悟性・理性・良識・常識・共通感覚ではなく、〈パラ・サンス〉（para-sens. 差異感覚?）（DR. p. 250, etc.）によっては、アプローチ・思考可能、と。②後者は、おざなりにも〈raison surnaturelle〉（超自然的‐理性）（DR. p. 284）（キリスト教系‐思想の常套句である）とか、もうすこしましだが平凡な〈pensée pure〉（純粋思考）（DR. p. 257, etc.）〈pensée transcendante〉（超越思考）（DR. p. 249）、ようやっとドゥルーズ的な「多岐・多様‐思考」（pensée multiple）（DR. p. 356）（既述）、などともいわれる。これも先述した「純粋感覚」「純粋想像力」なども考量しうるかもしれない。③他方、理念思考ではなく、理念そのものについては、〈re-présentative〉（表象・再現前化）にいわば先立つ、〈présence pure, présentation pure〉（純粋現前、純粋現前化）（DR. p. 251, 318, etc.）なども、これも、直観主義思想などには常套句で、おざなりだが、いわれる。④より独創的なのは、この理念を、デカルトの〈cogito〉（思惟、思惟する、同一律に則って思惟する）にたいして、〈cogitanda, cogitandum〉（思惟されるべきもの）（DR. p. 183, 257, etc.）、さらに〈sentiendum〉（感覚されるべきもの）（DR. p. 183, 251, etc.）〈imaginandum〉（想像されるべきもの）（DR. p. 186）と、おのおのおそらく数回のみだが、他の現代思想家たちにはあまり見られない名辞で、呼称することだろう。⑤さらに、いまはこのほうが重要だが、理念が、デカルト的な分析悟性の関わる〈extensio〉（延長）の彼方の次元に属することから、そのまま〈intensio〉（強度、内展、内包）・「力」（puissane, 冪乗力）の域に位置づけられるということである。〈pouvoir〉（力）・〈potentia〉（潜勢力、勢位）と呼ばれることもあり、いずれにせよ後述再論する。⑥ちなみに、これも重要なことだが、理念は、時空を超える以上、いわゆる〈どこでも無い〉（no-where）ものであり、後者を〈エレフォン〉（erewhon）なるユートピアとするエピソードは有名であるが、ドゥルーズはこれをさらに〈now here〉（いま、ここ）と読み替える（DR. p. 365）。通常の知覚問題としては表象・延長態レヴェルのことがらゆえ否認もされるが、他方、同一律‐思考・理性・悟性・共通感覚の彼方・極北、差異、非‐、無‐、無‐底、無‐根拠、無‐起源、……は、〈いま、ここ〉なる、あれら・これらのおのおのと表裏一体、あるいは相反‐相伴的な、現実事態とも解しうるから、理念の〈erewhon = now-here〉性はそれなりに強調されなければならない。⑦また、この境域ならぬ境域を〈spatium〉（純粋‐潜勢‐力動空間）（DR. p. 296, etc.）と呼ぶこれも既述の一件も忘れてはならないだろう。⑧ちなみに、上記・第一節の末尾で引照したバディウ思想は、集合論のいう集合（Set, S）が、自らを構成する一定の規定性をもつ諸要素（元）の集合によって自らを構成するにあたって、その要素たりえないつまりその規定性をもたないものを〈l'indiscernable〉（不可識別態、記号♀で表示）として、排除（exclusion）する、のではなく、いわば内除・控除（soustraction）する、として、集合の実質を〈S(♀)〉と表記し、これをさまざまの事象・状況（Situation）・主体（Sujet）にも敷衍した。[56] ドゥルーズにおけるさまざまの同一態も、上記⑥も示すように、同様のかたちで、差異態を相反‐相伴しているといってよい。

第三節　自己発生‐、自己組織化‐、自己解体‐動

さて、今度は、これらの整理を踏まえて、ドゥルーズ的「理念」の内実規定をもっと具体的・積極的に進めていこう。

（i）まず、「理念」はプラトンやカントの場合のように「何であるか」（Qu'est-ce que?, What?, Was?）と規定可能な「本質」（essentia）のたぐいではなく、「どのように」（comment?, how?, Wie?）「どれくらい」（combien?）「どのような場合に」（dans quel cas?）と問われるべき筋合いのものである（DR. p. 243）。

（ii）別言すれば、「理念」は、「何」（Was）かである単一態・同一態・統一態ではなく、「多様態」（multiplicité）である（DR. p. 223, etc.）。

この（i）（ii）の規定の内実は追って詳述されるであろうが、ここでいくつかの約言的な説明文を引用しておけばこうである。「理念はさまざまの理念的連関（liaisons idéals〔idéels とするほうがよいのでは?〕）のシステム、すなわち相互に規定しあう発生論的エレメント（éléments génétiques）のあいだの微分論的‐関係（rapports différentiels）のシステムとして、立ち現れる（apparaît）。」（DR. p. 225）「諸理念は〔潜勢的‐力動界 spatium で〕相互に差異化しあうが、それらの受肉（incarnent）としての〔延長態レヴェルでの〕諸形態（formes）・諸事項（termes）の相互差異化とはまったく別様にである。諸理念は、自らの流動的な綜合連関

(synthèse fluente)を規定する諸条件にしたがって、客体的事象として(objectivement)、自己構成し(se font)、自己解体する(se défont)。」(DR. p. 242)「諸理念は、多様で相互に入り組みあった錯綜態としての諸オーダーのなかで共存(coexistant)しながら、微分的‐諸関係(rapports différentiels)のすべての変化(variétés)と諸々の特異点(points singuliers)のすべての配分(distributions)を総合的に維持する(contiennent)」(DR. p. 266)。三文とも複雑・難解であり、目下の時点では簡潔・完全な解説は不可能であるが、とまれ、ドゥルーズ的「理念」なるものが、もはや「表象」不可能な「不可識別態」の域に、「認識」はむろんされぬままに、「思惟」によって、しかし、主観的投企によってではなく、既述フォスも記していた〈self-organising〉(自己組織化‐動の「客観的・客体的」事象として(objectivement)、いわば「推定」(présumer)されるところのものであることを考えれば、この「何」(Was)論的・同一態論的ならぬ、「如何よう」(Wie)論的・差異論的ないわば内的構造連関‐記述も、それなりに可解的となるはずである。(危険を冒して現代哲学周辺の今日的知識状況からすれば、小はわれわれの無意識界やミクロ生命界の自生的な発生・生成・自己構造化・自己変容……から、大はわれわれの宇宙の拡大・展開を駆動していると推定されるが認識不可能のあのダークマター・エネルギーの自己発成的‐力動性、両者によって実存や存在の内外・縁暈に醸し出されるある種のアウラ(あの既述の白色光)、これらの現代哲学にとっての新たな事例を前提にして新たな理念概念が形成されてもとくに不思議なことはない。)

(iii)理念は、何(Was)と確定しうる永遠不変の本質でも単一態でもなく、表象・同一律の及ばぬ不可識別的(indiscernable)・カオスモス的(chaosmosmique)な次元・位相・圏域(spatium)に想定(présumer)されて、如何ように(Wie)、をそのつど問いつづけなければならない、いわば正体不明の、問題的(problématique)な、既述の無‐極・無‐根拠・無‐底(sans-fond)の、どうやら多様態・多様‐分岐‐綜合態(既述)としての強度態・力動態（intensio, puissance）、なのであるから、いわゆる表象的思惟のいう（堅固・永遠の）「存在」（être, Être）というより、偶有的な出来事（événement）、原因（cause, fond）定かならぬ出《しゅっ》-来《たい》-事《じ》（événement）に近い、「生起」（événement）の秩序に属する（DR. p. 244）。ある意味ではドゥルーズ思惟全体を「生起の哲学」と呼ぶことも不可能ではなく、この生起概念は重要であるが、ただし、目下の『差異と反覆』ではかならずしも主題化されておらず、次著の『意味の論理学』で前景化してくる問題であるので、ここではこれ以上の深入りは省く。理念が、伝統的哲学におけるように、神的叡智、永遠、実体、同一律、必然性、精神性、合理性、当為、至高善、……に結びつけられることなく、偶有性、不可識別性、問題性、差異律、生起性、……と結びつけられていることを、あらためて確認すれば目下はそれでよい。現代哲学の存在論的転回は、ハイデガーがプラトンの「善のイデア」に、存在や事象を在らしめる「佳き」（アガトス）[57]「第一の力」（das erste Vermögende）[58]を指摘したとき、カント的-至善律・定言命法をひとつの媒介として、それ（プラトン的イデア）を観照の対象から根源的な駆動力へと変容させたともいえるわけであるが。

第四節　差異（協争）-弁証法（vice-diction）、〈para-diction〉、「理念を抱く」

『差異と反覆』に独自なのは、（〈événement〉ではなく）、むしろ〈vice-diction〉観念[59]（DR. p. 66, 245）であろう。この著の邦訳者である財津理氏は、ドゥルーズ直々の説明に則ってこれを「副次的矛盾（の方法）[60]」とするが、われわれ（筆者）はやや別の対応をする。この語は、もともとヘーゲル弁証法の〈contradiction〉、つまり先立つ「言述」（-diction）に「反対（否定）」（contra-）する、としての「矛盾」、に対置・代置されたもので、「矛盾」を「差異」の一ケースにすぎないとして、先立つ「言述」（-diction）に「代置」（vice-）する、先立つ

「言述」(-diction) から「差異」させる、を意味する (cf. DR. p. 89)。われわれ (筆者) は、したがって、この〈vice-diction〉を、ヘーゲル弁証法は「矛盾」を媒介として「止揚」へと向かうが、ドゥルーズにとっては、ヘーゲルにおいて批判さるべきは「矛盾」というよりこの「止揚」という (安易な) 同一化作働なのであるから、ヘーゲル弁証法を止揚-弁証法もしくは同一化-弁証法と仮称するとともに、これに合わせて、ドゥルーズの〈vice-diction〉のほうは、ドゥルーズ語では〈para-doxe〉〈para-sens〉に準ずる別言・異言〈para-diction〉とでも解して、差異-弁証法、あるいは多様-弁証法、さらには、この差異・多様は、既述のように、相互関係は含むが、相互調和は含まず、不調和の調和 (accord discordant) に屈服するというより、逆にその肯定・顕揚において成立するのであるから、やや珍奇ながら、協争-弁証法、とでもしておこう。弁証法なる語そのものは、ドゥルーズは、ハイデガーやデリダと違って、後述のマイモン流の「微分の形而上学」にたいして「微分の弁証法」を主張するなど、理念と事象の動態性のために肯定している (cf. DR. p. 89)。

ところで、この〈vice-diction〉、理念を構成する差異・多様・協争-弁証法をめぐって、三点取り上げておく (cf. DR. 89)。

(i) 理念は、あるいは、すべてのドゥルーズ事象と同じく、理念も、蠕動的な多様態として、表象域の外・下に、基本的には、こう推定的に思考される。バディウにとって集合とは、なによりもまず、その集合がその集まりによって構成される複数の元の集まりであるが、ドゥルーズの場合は (も)、多様態は一定の準則項 (正則項、termes réguliers) の構成する系 (セリー) の錯綜態であり、ついで、バディウではこの種の指摘はないようであるが、ドゥルーズでは、そのセリー上への (非-準則態としての) 特異点 (points singuliers) の配置であり、さらに、それらの複数の特異点のあいだでの新たなセリーの形成による、それまでの諸セリー錯綜・蠕動-多様態の変化・刷新・(再・新-) 創成である。関係する一文。「理念は、自らのうちに多様性（multiplicité）または変化動（variété）を含むのみならず、その多様な変化動のおのおのにおいて特異態（singuralité）を孕む。さまざまの特異点（points singuliers）または傑出点（points remarquables）の配置作働（distribution）を理念は包摂しているのだ。理念の特別さ（distinction）のすべて、すなわち理念を性格づける〈卓抜さ〉（*distinct*〔原語イタ〕）は、まさしく、通常（ordinaire）のものと傑出（remarquable）したもの、特異（singulier）なものと準則的（régulier）なものとを、配分（répartir）し、そして、特異なものを諸準則点の上に展開させて他の特異点の近傍へと繋げていく（prolonger）ことにある」（DR. p. 228）。類似の文言表現は多々あるし、あるいはより適切なものもあるかもしれないが、これでも、一応、通用するだろう。（追って引照するはずだが、DR. V, pp. 314~316, など、大変佳い。）

（ii）この問題をめぐって、わが国での哲学常識からするとやや違和感あるものの、フランス唯心論系譜ではよくみられる語彙による、より具体的な説明もある。「おのおのの理念は二つの顔をもつ。愛と怒りである」（DR. p. 246）。「愛」とは、既述のところを利用すれば、特異点を内包する準則点セリーの形成と維持であり、「怒り」とは、内包されていた諸特異点の相互連繫セリーの炸裂による多様態セリーの転覆・刷新・（新）創成である。「すべての特異点を凝縮させ、周囲のすべてのエレメント、融合点、凝固点、凝集点を、ひとつの崇高な好機（sublime occasion）、カイロース（Kairos）へと、注ぎ込まなければならない。それが解決策を、なにか突然の、暴力的な、革命的なものとして、炸裂させるのだ。それがまた、理念をもつ（avoir une Idée）、ということなのである」（DR. p. 246）。ここでドゥルーズは珍しくも歴史上の事例を挙げる。「レーニンが理念をもったとは、この意味においてなのである。」（ibid.）「諸理念も諸問題も、たんにわれわれの頭（tête）のなかにあるのみならず、われわれの周囲の其処・此処（ici et là）に、歴史的世界の現実的な産出（production）のなかにある。愛、怒り、特異点、準則点、とは、たんなる比喩ではなく、弁証法的理念を構成する諸カテゴリーなのである」（ibid.）。事例はレーニンのみならず、他にも多々あるだろう。われわれのこの研究・考察がフォローするのも、それらの諸範例とそこからの未来に向かっての示唆・投企である。

（iii）われわれはドゥルーズ流の理念観念を積極的に規定するために、まず否定論的・差異論的に予備規定することから出発し、ここまで来たわけだが、「愛」「怒り」「レーニン」等の規定語が登場するようになると、やはり、否定論的・差異論的な批判・浄化作業の以前に後退して、ドゥルーズに相応しい否定論的とはいわずとも差異論的な積極性・肯定性を忘れ、安穏な（否定・差異なき）肯定性に逆戻りしてしまう危険をふたたび感ずることになる。それゆえ、ここで「無」観念との不抜の連繋を確認しておこう。ドゥルーズはシェリング哲学を引照し、ヘーゲルがシェリング哲学を「矛盾」の概念を知らぬ旧弊な同一性の哲学と冷笑したに抗し、シェリング哲学は「矛盾」よりも、より「繊細」（fins）で、より「可変性」（variétés）に富み、より「決定的」（terrifiants）なかたちで、「同一性の夜から差異を漸進的に脱離させる（faire sortir）」（DR. p. 246）のだという。ここで、「無」を二種類に分けておかなければならない。ギリシャ語では〈ウーク・オン、οὐχ ὄν〉と〈メー・オン、μὴ ὄν〉、フランス語では（ここでのドゥルーズは触れないが）おそらく〈néant〉と〈rien〉。サルトルの『存在と無』は〈L'Être et le Néant〉、ヘーゲルの「存在」と「矛盾」する「無」も〈Sein〉の反意語・対概念としての〈Nichts〉。バディウは多くのハイデガー読まずのハイデガー批判者たちと同じく、ハイデガーの「存在はこの無である、この無が存在である」なる言表を冷笑・峻拒するが、ハイデガーの「無」は、〈Nichts, néant〉（虚無）ではなく、さしあたり「存在」（Sein）は「存在者」（Seiende）では「無い」（nicht）なる「無」（nicht）であって、勝義的には「存在者」からの「差異」（Différenz）の謂いであり、最終的には、〈Es gibt Sein und Nichts〉つまり「存在」と「無」の「自己投与」の動たる〈Ereignis-Enteignis〉（生起‐脱去）〈Licht-ung〉（有無‐分開‐光与‐動）のなかに、バディウやドゥルーズの〈événement〉（生起）論さながら、吸収されてしまう。[61] われわれ（筆者）は、したがって、〈ウーク・オン、Nichts, néant〉を「虚無」と解し、〈メー・オン、rien〉は、「存在」でも「虚無」でもない、やむなく「殆んど無、殆無《たいむ》」とでも表記しておくが、このかぎりで、『差異と反復』の邦訳者である財津氏がおのおのに当てる「否‐存在」（存在の否定としての虚無）と「非‐存在」（虚無ではないが、存在とは差異する）に賛同する。さて、ここでのドゥルーズは、いう。「怒りと愛は理念の力（puissance）である。なんらかのネガティブなもの・否‐存在（ウーク・オン）からではなく、或るメー・オン、問題含みのものでありひとつの非‐存在[62]（un non-existant）であるが、存在者（existences）のなかに潜勢的に含まれて（implicite）いて、根拠づけ作働の彼方（au-delà du fondement）である、なんらかのメー・オンから出発する理念の力なのである」（DR. pp. 246~247）。理念を「持ち」「体現」「受肉」するものは、むろんその純粋態においては、「非‐存在者的」（non-existant）なのだ。となると、存在・存在者レヴェルの世界において非‐存在者的であるとは、あるいは非‐存在者として理念の力を発動・展開するとは、どういうかたちにおいてなのであるか、それが問題になる。最終的には「第二部」であつかう『意味の論理学』が応えてくれるはずである。

第五節　具体的普遍

理念はプラトン型でもカント型でも普遍的に妥当することをもって宗とするが、両者はいずれも生成界と多様界を超越することによって、その形式論的虚ろさが批判されてきた。ドゥルーズ型の理念は、いましがた確認したかぎりにおいても、「如何ように」の具体性をもって「多様性」と「生起・生成‐動」の世界を前提とし、「自己差異性」「自己変容‐動」「自己刷新・自己創成‐動」をすら、とりわけ自らの「非‐存在性」によって保証するのであるから、たんなる形式的・抽象的普遍にとどまることなく、いわゆる「具体的普遍」（universel concret）であることを主張する。「理念はひとつの具体的普遍である。そこでは延長（extension）と内包（compréhension〔「強度」にほぼ同じ。〈intensio〉は「内」（in）なる「緊張」（tension）、つまり「内包」でもある〕）が対を成し、自らの内に多様性と可変性を含むのみならず、その可変態のおのおののなかに特異性をも含む。さまざまの特異点や傑出点を包摂し、〔……〕通常のものと傑出したもの、特異なものと準則的なものを配分する。〔……〕個体的（l'individuel）なものの彼方（au-delà）〔深部 profond ？ 無底 sans-fond ？〕、個別的（le particulier）なものと一般的なもの（le général）の彼方〔深部？ 無底？〕には、抽象的普遍などない。〈前-個体的〉（‹pré-individuel›）であるものとは、〔具体的普遍へと通ずる〕特異態そのもの（singularité même）なのである。」（DR. p. 228）「具体的普遍（universel concret）としての理念は、悟性（entendement）の概念に対立し、その延長の大きさを上まわる内包力をもつ。関係の諸段階の相互依存性、そして最終的には諸関係そのもののあいだの相互依存性、普遍的綜合（synthèse universelle）を規定するものとはそれなのである」（DR. p. 224）。われわれ流に整理したところを補えば、多様・無尽の差異動が拡散・相互織成するマクロ・カオスモス、それを支えるこれまた多様・無尽の差異動が凝集・相互織成するミクロ・カオスモス、その無底（sans-fond）の深部（profond）であるスパティウム（spatium）に浮かびくる（ハイデガーなら脱去的-生起、バディウなら無原因からの控除-生起、デリダなら亡霊的・憑依的-回帰、とでもいうだろう）不可視（sub-représentative）の白色光（lumière blanche）としての理念が、抽象的ならぬ「具体的普遍」とされることはさして不思議なことではない。「超越論的-経験論」というドゥルーズ哲学の自己規定もこれにかかわる。

第六節　理念と主体、卵‐世界と胚‐主体、パラ・サンス‐主体

これまで、理念という下‐表象的（sub-représentative）な不可識別態（l'indiscernable）に蠕動するものを、あたかも見てきたかのように語る風を漂わせてきたかもしれないが、追ってさらに後述のところでこの路線をしかるべく進むことにして、このあたりで、いったん、この種の理念の相関項としての主体というものを考えてみよう。既述のところは、哲学者ドゥルーズの「純粋思惟」が「推定」（présumer）的に「思惟」する事態であって、「客観的事態」（objectivement）であるとドゥルーズは主張しているが、ドゥルーズ世界に生きるすべての存在者（existant）がドゥルーズと同様の哲学的思惟主体であるわけではない。最終的には両者は一致しなければ哲学的に考察したことにならないが、この同様性はあくまでも「どのように、どの程度」（comment, combien）の差異を前提としての等価性の謂いであり、一方が他方のヴァリエーション（variétés）であることもなく、なべてが皆、汎・相互‐ヴァリエーション的、そのかぎりでのリゾーム・ノマド的‐同様性を含意する。既述のところとの多少の重なり合いも補完作業として覚悟しながら、数点に整理しよう。

（ⅰ）ドゥルーズ世界は「卵」（DR. p. 279sq.）比喩で語られることもあり、生物学的観念は十分にドゥルーズ的である。後日のドゥルーズは、いわゆる有機体（organisme）にたいして「器官なき身体」（corps sans organes, CsO）なるものを語るが、その先駆観念として、『差異と反覆』は、諸器官発生以前の「胚」（embryon）や「幼虫」（larve）観念を用いる。理念が「非‐存在者」（non-existant）的‐生起態（événement）である以上、それに相応しい相関項としての主体も、同様である。「すべての理念はわれわれから自我（Je）のアイデンティティ〔自己同一性〕や自己(63)（moi）の〔自他〕類似性を取り壊して、われわれを幼虫〔幼生〕（larves）状態

にする。これを成長上の退行とか、膠着や停止といったところで正当な言述とはならない。われわれは一定の状態や一定の時点に固定されるのではなく、つねに、何らかの理念によって、なんらかの凝視の光線によってと同じく、ひとつの自己創成していく運動（un mouvement en train de se faire）のなかに、固定される。〔……〕固定は全面的なものでもなければ、既定のものでもない。われわれが胚（empryons）的な状態に止まるのであれ、再帰的にそう成るのであれ、どのような退行とも根本的に異なるのは、この〔自己創成的な〕純粋な反覆運動（ce movement pur de la répétition）〔引用者注：既述のように、反覆は、反復とちがって、創成と相反するものではない〕である。われわれが概念の表象・再‐現前化‐作働の域内に止まるときにも、幼生状態はその〔自らの〕肉（chair）のなかに理念を運びつづける。」（DR. p. 283）「〔われわれの〕自己（moi）は幼生的主体（sujets larvaires）である。」（DR. p. 107）「哲学者ですら、自ら自身のシステムの幼生主体（sujet larvaire）である」（DR. p. 156）。われわれは「自我」（Je）と「自己」（moi）の双方が「取り壊され」（mis à bas）るとき（あるいは未成熟のとき）「幼虫的主体」であるのか、「自己」（moi）が「幼虫的主体」であって、「自我」（je）あるいはそれが戻ってくるときは「成虫的・成熟的‐主体」になるのか、不分明のように思われるが、もともと他の現代思想家たちの場合と同じくデカルト的な「成熟（実体）‐主体」は、すぐ後述もするように、ありえない（DR. p. 146, etc.）はずであるから、ドゥルーズ的‐主体に関しても、最終的には、「幼生的以外の主体はありえない」（ni d'autre sujet que larvaire）（DR. p. 146）と解するのが穏当であろう。さて、そうなると、主体、あるいははか弱い「胚的・幼虫的‐主体」にとって、多様・無尽の差異動がカオスモス状に錯綜・織成するドゥルーズ的世界は「苛酷」（cruel）（DR. p. 282）であって、登場・活動の余地はないようにみえ、それゆえドゥルーズ著には主体論の章すら敷設されていないわけだが、しかし、他方、ドゥルーズは「胚の偉大さと使命は生き難き窮境をそのままに生き抜く（vivre l'inviable comme tel）ことにある」（DR. p. 277）ともいい、「幼生的主体」の「無力」(impuissance, impouvoir) から「(有) 力」(puissance, pouvoir) への展開・変容をも語る (DR. pp. 257~258)。この種の転換は西欧思想史上でも、恩寵・天恵論的にか、あるいはあのいわゆる〈Es〉論的にしか、語られておらず、——進化論も語っているか?——、それゆえたとえば「生起」論的なドゥルーズ思惟がどのような新たな回答を出すか、大変興味深いところであるが、しかし、目下のところは、どうやらやや平凡な二種の回答しか提示されていない。①ひとつは、既述した「存在からの定言命法」によるバディウ的にいえば〈forçage〉(強制)、ドゥルーズ的には〈mouvement forcé〉(強制される運動) (DR. p. 322) によるということであり、これは目下の文脈では、表象・再‐現前化論レヴェルからは「無力」ともみなしうるが、下‐表象・再‐現前化論レヴェルからは「(有) 力・超‐力」である「理念」の生起・発動力からの「強制」によるということでもあるが、さらにわれわれ流には、〈extensio〉(延長) 範域を統べるにすぎない表象・再‐現前化‐作働力の及ばぬ〈intensio〉(内包、緊張、強度、力) 範域 (spatium) からの作働力は、前者との異質さにおいて、また前者の「非‐intensio (力)」にたいする「正‐intensio (力)」性において、前者を圧倒する、そのことによる転換であるともいわなければならない。ここで、では、なぜ、そのような「正‐力・超‐力」がはじめから「extensio‐力」を圧倒し駆除していないのかという哲学史上繰り返される究極問題が提起されうるが、それはここで解決しうる問題ではない。②もうひとつは、ドゥルーズがニーチェに指摘する「精神の根底にはなにか還元不可能な不抜 (irréductible) のものがある。ひとつの確固として運命的なもの (un bloc monolithique de Fatum)、すべての問題についてすでに下されている決定のようなもの (decision déjà prise sur tous les problèmes)」(DR. p. 258)、それによる「強制」。ギリシャでは、主神ゼウスをも含む、すべての神々すらもが、「運命」には従わなければならなかった。判りやすい事例を挙げれば、ロゴス、理性、同一律、……に。むろん、ニーチェのテクストそのものも、とりわけ現代の古代ギリシャ思惟の研究成果は、もっと深甚な読解を要求している。しかし、いずれにせよ、この種の文言は、詩的示唆力に富むとはいえ、哲学的な厳密さや確定力に欠ける。最終回答は、今後に期そう。（極端にいえば、神の自己愛、魂の隠れた技倆、永遠回帰説、に準じて、理念動の自己創成的・自己反覆的-自己回帰による〈強制力〉を推測してみる必要すら出てくるかもしれない。）

（ii）ドゥルーズ的-主体をめぐっては、哲学史的な成立時点も確認しておかなければならない。常識的にはデカルトであろうが、ドゥルーズの場合は、カントの第一批判かもしれず、しかし、それと明確な指摘はない。むしろ、ここでも浮かび上がってくるのは、主体の「胚-幼生」さながらの脆弱さだと確認しなければならないかもしれない。こうである。デカルトによる近代主体哲学の出発点とされる「私は考える、ゆえに、私は存在する」（Cogito ergo sum）は、よくいわれるように、〈cogito〉（思考）のみ顕揚して、〈sum〉（存在）を放置した。〈sum〉を然るべく主題化する現代哲学の存在論的転回まで、三百年を要した、ともいいうる。この点、ドゥルーズ（DR. p. 117sq.）は、デカルトは、あるいはデカルト的〈cogito〉は、〈sum〉を自ら「規定」（déterminer）することなく、「未規定」（indéterminé）のままに、中世なみに、神による創造・規定に委ねてしまった、とする。カントの、デカルト哲学への不満も、これも有名なことながら、この点に関わる。〈cogito〉、カント流には〈Ich denke〉は、自ら、〈sum〉〈Ich bin〉を「規定」しなければならない。たしかに、「思考」と「存在」はまったく異質の事象ゆえ、「思惟」は「存在」を直接的に思考することはできない。これを、カント流の語彙で置き換えれば、「悟性」は、われわれの〈sum〉つまり経験レヴェル・感性的「直観」レヴェルでの「存在」を、そのままに把握することはできない。しかし、デカルトのように神による永遠性レヴェルでの、デカルトのいうそのつどそのつどのいわば瞬間的で連続的な創造からそのわれわれの〈sum〉を譲り受け、――ここで、この論稿の冒頭での、カント・マイモン論争にも立ち戻ることになるが、――それを「所与」

として、その〈sum〉へのしかるべきアプローチ法を再考してみるとき、われわれは「時間性」という直観の形式を媒介としてアプローチしてみることの妥当性に気づく。ここでのカント・マイモンのおのおのの是と非は、こうである。カントが〈sum〉・直観態という非合理域を「所与」として持ち込んだのは、マイモンからみれば、哲学的理性の破綻である。なんらかの合理性をもって「所与」を「構成」し直すのでなければならない。カントからすれば、それは、結局、かっての「神的悟性」を再導入することになり、コペルニクス的転回、人間主義的転回、マイモンも賛同しているはずの超越論的哲学の破綻である。実のところ、マイモンは、ここで、新しく登場してきた、われわれもすぐ後で扱う、微分法という数学的合理の導入による「所与」の「内的・発生論」的‐再構成を考えていた。しかし、カントはそれを十分に考量しえず、時間性という直観形式をもって、「所与」あるいはそれからの「触発」を、「外側」から包摂するにとどまった。だが、ドゥルーズがそれを、カント的‐能力論議によって、マイモンに抗して、あるいはむしろ、マイモンに準じて、「発生論」的に、捉え直す。そして、一方では、以下に示すように、マイモン流の微分論議をカント的‐発生論議に組み込むとともに、マイモンにも、さらにはカントにもなかった差異論議を、両者を補完する現代ドゥルーズ思惟として提示する。……いや、目下の直接の論題である主体観念、その成立とドゥルーズ的本質、に戻ろう。ドゥルーズ的には、こうして、主体は、どうやら、〈sum〉と「直観」域が神の永遠性の次元から人間と時間性の次元に移行し、〈cogito〉・悟性と〈sum〉・直観域が時間性を媒介にして連結され、しかも、それに先立って、両者が、結局は、「自我」（Je）と「自己」（moi）に分裂（fêlure）（cf. DR. pp. 120~121, 219~220, etc.）し、「自我」が「自己」からの孤独のなかで、分裂性を背負って〈Je fêlé〉として立つとき、そのときに成立する。「〔存在・理念の〕定言命法は、意識の命題としての〈cogito〉に帰されるどころか、思考の及ばぬ無意識域へと同じく〈Je fêlé〉に向かって発せられる（s'adressent）」（DR. p. 258）のだ。そして、「胚‐主体、幼生‐主体」と別様にして同様のこの「分裂‐主体」の脆弱さは、むろん、表象・再‐現前化レヴェルで対象一般に対して顕勢を誇った近代的主体に対する現代的・ドゥルーズ的‐主体の、下‐表象レヴェルの理念に裏打ちされた万象のなかでの謙虚さの一証示である。

（iii）いわゆる近代的主体が「知は力なり」の「すでに獲得した知の主体」であったとすれば、ドゥルーズ的‐主体は「つねに学んでいく主体」である。「理念は知（savoir）の構成要素ではなく、知とは本質的に異なるひとつの無限につづく〈学び〉（apprendre）のそれである。学びは、その全容においては、さまざまの問題をあるがままに理解し、さまざまの特異点を習得・凝縮させつつ、諸事象とさまざまの理念的生起の組み合わせのなかで、進歩していくことにある。水泳を学ぶ、外国語を学ぶとは、自分の身体や言語のさまざまの特異点を、ある他のもの、われわれの身体や言語をばらばら（démembre）にしてしまうような他のエレメントと合成することであり、それによってわれわれはそれまで知らず聞きもしなかった諸問題の世界へと浸透していくのだ。〔……〕表象・再現前化作業と知は全面的に意識命題によって形成されるが、〔……〕理念と〈学び〉はあの命題‐外的もしくは下‐表象的なプロブレマティック〔思惟すべき諸問題としての〕審級を示唆する。意識による表象・再現前化（représentation）ではなく、無意識による現前化（présentation）」（DR. p. 248）。〈démembre〉（われわれの四肢（membres）がバラバラ（dé）になる）という語が、なかなか活きている。主体が表象・再現前化レヴェルで八つ裂きにされ（ディオニュソス、オシリス、イエス・キリスト、等を考えよ）、理念レヴェルで多様態‐生起動として新生する、そして表象・再現前化レヴェルに霊的に復活する……？　あの人類史の往古から受け継がれている「無意識的‐現前」の物語り……？

（iv）とまれ、したがって、「無意識の主体」ともいえることになる。「胚主体」や「分裂主体」による「学習」は意識レヴェルでなされていくが、理念という到達点が「知」として意識されるわけではなく、理念は、むしろ、「学び」の営みのなかで、そのつどかつ漸進（先述、進歩）的にいわば「体得」「会得」（appréhension. PhCK. p. 73）されていく。いわんや、最終的には、……ということはありえないとすれば、準-最終的に理念の無限-差異動へと帰流・合流・起流するや意識など不要・不可能となる、その無窮の理念-動の函数における主体は、意識の漸減状態を生き・存在するという意味で、「脱-意識的・無意識的-主体」といえることになる。「自我（Je）は、〔意識を超える理念へとかかわるということで〕、ひとつの無意識への権利をもつ。この無意識なくしては自我は思考しないであろうし、とりわけかの純粋なる〈思惟さるべきもの〉（cogitandum）を思考することはないだろう。意識の平板な命題が言表するところと異なり、思考はひとつの無意識から出発してしか思考せず、また、その無意識を超越的〔既述〕行使において思考する」（DR. p. 258）。

（v）ドゥルーズ的-主体を考えるにあたってこれらのネガティブ規定は重要だが、しかし、最終的には、先の「理念」論のところでも理念の側から触れた「パラ・サンス」観念を、ここでは主体論の側から捉えなおして、「パラ・サンスの主体」なるものを措定してみることがより妥当であろう。近代的主体が世界を対象・客体としてそれに対して自らを主体として定立したに反し、ドゥルーズ的-主体は、ドゥルーズにとっては哲学思惟そのものが世間的-先入観（doxe）に抗する〈para-doxe〉（パラ・ドクス。逆説、異説）（DR. p. 184）であり、たんなる世間的-言述（diction）に対する〈contra-diction〉（対抗・否認・矛盾-言述）（DR. p. 66）に止まることのない、〈vice-diction〉（対抗・矛盾をも含む、差異-言述（DR. p. 66, 245）であるが、〈パラ・サンス〉（para-sens）も、所詮は同一律に帰する「ボン・サンス」（bon sens. 世間的-良識）・「サンス・コモン、コモン・センス」（sens commun, common sens. 世間的-常識、-共通感覚）に対して・抗して・反して・矛盾して、というより、既述のような、より深い意味で、差異して、ランボー的な「諸感覚の方法的-混交をもって」（既述）、世界と理念の自己差異的-多様態-生起動に、呼応・共鳴（répondre, résonance）（DR. p. 256, etc.）していく独異（singulier）‐感性（sentiendum, DR. p. 251, etc.）的‐思考（cogitandum, DR. p. 183, etc.）の謂いであり（本書八六頁）、要するに、ドゥルーズ的‐主体は、なによりも、このような思惟‐活動態である（cf. DR. pp. 250~251）。なお、上記（ⅰ）～（ⅳ）の諸様相もここに含まれ、この「パラ・サンス‐主体」の、「主体」というより「脱‐主体的」な「パラ・サンス」性が、これらの諸様相を提示すると付言してもよい。

第七節　客観態・客体‐動としての理念の原‐構造

われわれはドゥルーズのいう理念と世界の大概を推定的に思考し、ついでそれらに対応する人間主体を考察した。下‐表象的・非‐再現前化的レヴェルの事態と、その超越的・純粋‐体現・現前化・現働化（présentation-actualisation, incarnation pures et transcendantes）（既述、八二～八四頁）ともいえる事象の問題であるから、決定的な言表化などできるはずもないが、そのかぎりでは、前者はいわば純粋強度空間（spatium）での自己差異的‐多様態‐生起動であり、後者はパラ・サンス的‐脱主体‐動といえるものであった。今度は、もう一歩進めて、両者の相互関係の力動性、とくに前者から後者への力線、結局は「産出‐動」を、後者の立ち位置でもある表象的・再現前的レヴェルで、より具体的に見届けなければならない。具体的にとはいえ、むろん、基本線をである。とりあえず三局面ある。

1　微分（différentielle）動

下‐表象・非‐再現化レヴェルに推定によって思考される事態を（むろんわれわれの表象・再現前化レヴェルから）語るにあたり、ドゥルーズはしばしば、あるいは時折、微分数学を思考モデルとして引照する。不可視の不可識別態の可視化・識別化の方策としてである。現代思想家たちの科学語彙の安易な頻用を批判するあのA・ソーカルは、ドゥルーズについてはこの部分を「科学史的に解決済みの問題を蒸し返し、無意味で混迷した思考[64]」等と、批判・嘲弄する。われわれはソーカルに反駁するつもりはないが、十七世紀に微分積分が数学史上に登場して以来、その哲学的意味を見定めようとして既述のS・マイモンその他がおこなった一般的には「秘教的」(ésotérique. DR. p. 222, etc.) とやや貶価的に形容される解釈を、われわれはドゥルーズに関しては、既述のところにつながるそれなりに「存在論的」な解釈として、積極的に理解しよう。ここでの論述の主旨をあらかじめ記してしまえば、延長態 (extensio) を徹底的に微分化し差異化していけばそこには強度態 (intensio) が発出・発生することになるはずであり、微分化・微分動は発生・産出動となるということである。

ソーカルの批判的に引用するドゥルーズ・テクストは、こうである。(挿入文言「〔後注①、②、……〕等」は、引用後にわれわれが付す強調・確認のためのもの。)

「われわれは *dx*〔後注①〕を非‐Aに対置する。〔弁証法のいう〕矛盾のシンボル〔後注②〕に対する差異哲学 (*Differenzphilosophie*)〔後注③〕の象徴として。〔矛盾弁証法のいう〕否定性〔後注④〕に対する差異そのものとして。たしかに、〔ライプニッツのいう〕微分論が無限小の深淵に落ちこむ危険にあったのに対して、〔ヘーゲル弁証法の〕矛盾概念は最大差異〔後注⑤〕の側に理念を求める。しかし、問題をこのかたちで提起するのは正しくない〔後注⑥〕。*dx* のシンボル価値を微分論の無限小の存在に結びつけるのは誤り (un tort) であり、後者を忌避してその存在論的あるいは認識形而上学的 (ontologique ou gnoséologique)〔後注⑦〕‐価値を全面的に否認するのもまた誤り (un tort) である。〔……〕〔後注⑧〕微分哲学一般の原理はより厳密な考究の対象になるべきであり、無限小などというものに依拠していてはならない。シンボル *dx* は、未規定 (indéterminé)

態、規定可能（déterminable）態、規定作用（détermination）態〔後注⑨〕と、同時に三者一体で立ち現れる。この三つの側面（aspets）に、充足理由律を形成する三つの原理が対応（correspondent）する。未規定態（dx, dy）としての未規定態には、規定可能性（déterminabilité）の原理が、実在的（réelment）に規定可能（dy/dx）〔後注⑩〕な規定可能態には相互的規定作用（détermination réciproque）の原理が、実際（effectivement）に規定（déterminé）された（dy/dx 価値〔としての〕）〔既・被-〕規定態（déterminé）には、十全規定作用（détermination compléte）〔後注⑨参照〕の原理が、対応（correspond）する〔後注⑪〕。要するに、dx とは、理念なのである。プラトン的-理念、ライプニッツ的-理念、あるいはカント的-理念〔後注⑫〕、〈問題〉とその存在〔後注⑬〕（DR. pp. 221~222）。

予告した「後注」を試みる。

〔後注①〕 d とは〈la différentielle〉（微分法）の略記号。dx は、S・マイモンや現代の優れたドゥルーズ研究者であるD・フォスによれば、「‹*omni dabili minora*›（いかなる所与よりも小さい）」（D. Voss, 既掲著、CTh., p. 110）「任意の変数 x の微分論的（infinitésimal. 極微・無限小の）変数」（ibid., p. 192）。われわれ流に言い換えれば、ゼロ以上であるが、すべての小よりも小さい……。あるいは、パラフレーズして、下-表象的な不可識別態レヴェルにおける、任意の、（むろん、〈extensio〉（延長空間）論的な対応点ならぬ）、〈intensio〉（強度）〈spatium〉（強度空間）論的な（対応点ならぬ、対応点なき）対応点、とでも、いうべきか。さらにいえば、dx は、それ自体では意味をもたず、同様の dy との関係性においてのみ、有意味的となる（ライプニッツ『悟性新論』序文等、参照）。

〔後注②〕 いわゆる弁証法のいう矛盾とは contradiction であり、先立つ言述（diction）に「対立」（contra）

する言述ということで、「矛盾のシンボル」を（先立つ言表Aに対する）「非‐A」としている。本件は、④等とともに、既述した。

［後注③］ ドイツ語表記になっているのは、ヘーゲルがシェリングの同一性哲学（Identitätsphilosphie）に対して自らの弁証法哲学を自己差異という矛盾を介して動的に展開していく、その意味での差異哲学、と自称しうることを前提にしている。むろん、それを踏まえての、それとは異なる、ドゥルーズ自身の差異哲学を含意する。

［後注④］ 先行言述に「反対」するとは、別言すれば先行言述を「否定」する、であるから、「矛盾」の弁証法は「否定性」の弁証法ともいえる。なお、われわれ自身は、ヘーゲル弁証法を、矛盾弁証法、否定弁証法、というより、矛盾や否定を乗り越えて自己同一性を恢復・奪回・獲得していく弁証法として、「止揚弁証法」と呼び、最終的には「同一律‐思惟」の一として、ドゥルーズ思惟に対置している。「dx をA＝Aに対置する」ということになる。既述のところでは、「差異弁証法（vice-diction）を同一化‐止揚弁証法（contra-diction）に対置する」とも記した。ドゥルーズがここでいっている「対置」（opposer）するは、うるさくいえば、これもドゥルーズ自身が既述していたように、「差異・代置」（différer, vice-）させる、である。

［後注⑤］ 「最大差異の側」ではなく、「止揚の側」に、であろう。

［後注⑥］ つまり、ソーカルが時代錯誤と批判しているところを、ドゥルーズははじめから度外視するかたちで、論じていることになる。つまり、ソーカルが非と指摘するからとて、ドゥルーズに非があるとはいえない。

［後注⑦］ われわれが先に、ドゥルーズは（数学レヴェルではなく）存在論的な立脚点から論じている、としたところを、ドゥルーズ自身が「存在論的あるいは認識形而上学的」としている。ただし、ドゥルーズ思想

それでよい。

をこの二つの旧式の形容・分類語のみで性格づけることはできない。あくまで便宜上の規定であり、ここでは

［後注⑧］　ソーカル自身がこの部分、ドゥルーズ・テクストの約十五～十六行を省略している。

［後注⑨］　秋保論文[65]は、無規定性、規定可能性、完足規定、(p. 8, etc.) としている。〈détermination〉を「完足規定」と訳出して、他の二概念と判っきり区別するのはよい。もっとも、下記部分で、筆者も〈détermination complète〉は「十全規定」と訳出している。

［後注⑩］　これは微分学の常識だが、*dy/dx* は分数含意ではなく、*dy* と *dx* が相互関係することを含意するにすぎない。また、ここにいう *dy* は、*dx* と等価的なもうひとつ別の *dx* にすぎないが、ライプニッツがすでに、ひとつの微小知覚はそれ自体ではその作用は知覚されないが、他の微小知覚と連動すると作用力を発動しはじめる（『悟性新論・序文』）としていたように、微分学でも *dx* は *dy* と相互関係するとき規定可能性の域に入る。なお、これは目下のところ私見だが、筆者は、下記［後注⑪］のケースと絡み合わせて、*dy* を、〈spatium〉（下‐表象的な強度空間）における、*dx* を意味づける座標ならぬ座標、上記のカントのいっていた直観態への対応をおこなう直観の形式としての時間のようなものと解してもよいのではないかとも、思いはじめている。ただし、この目下の私解を乱用することはなく、以下の処で、上記の処でも、ドゥルーズ思想を勝手に歪めることはない。

［後注⑪］　このあたりのドゥルーズ発想を説明するに、既述のところは十分準備してこなかった。ただし、上記のところで、直観態という未（無）規定態を直観の形式としての時間を介して規定可能態とし、……と、説明しておいた。これに悟性のカテゴリーの展開を加えれば、一応、超越論的統覚の作業は「十全化」「完足化」することになる。そのことを、ここでの抽象的言辞は、語っている。〈*dx/dy*〉と〈*dx/dy* 価値〉の異同は、

前者が規定のための関係を示しているとすれば、後者は（そのつどの）規定の完遂・完了を意味する。なお、理念を構成する未規定態・規定可能態・完全規定態という三面一体性をここではカント発想をもって再整理したとはいえ、その中軸をマイモン由来の微分法・発生論と、哲学が現代にいたってついに獲得した差異律・差異動が、ドゥルーズに固有の相貌をもって貫いていることを忘れてはならない。

［後注⑫］　この部分は、ドゥルーズ的「理念」観念とプラトン・ライプニッツ・カントのそれの総括、ドゥルーズ自身がその（総括の）完了を宣言しているようにも聞こえるし、われわれ読者にそれを要請している一文であるようにも聞こえる。そして、いずれも極めて重要な作業といわなければならない。しかし、再考してみると、ここでは、上記［後注⑧］に記したソーカルが引用省略した約十五〜十六行中に含まれている、「このdxを真面目に問題にするには、大いなる哲学的素朴さと熱意が必要である。カントとライプニッツはそれを放棄した。」との指摘に続いて、われわれも上記した微分学やdxへの「秘教的」な、ドゥルーズ自身のいう「存在論的・認識形而上学的」な、解釈をおこなった学者・思想家たち、S・マイモン、B・ドゥムーラン、H・ウロンスキ、彼らにおける微分学やdxへの関心とプラトン・ライプニッツ・カント哲学との関係を簡述しただけのことのようにも思われる。マイモンは、これは上記したとおり、カントの直観態をも微分学をもって合理哲学的に再構成すべきことを主張し、カントからライプニッツ流の「神的悟性」への逆戻りと誤解されたが、とまれ微分態の哲学的（内在的）位置を確定し、ドゥムーランは、表象・延長・個別・変化……レヴェルのxやyと何の関係もない微分量のdxやdyが、dy/dxとして、「変化するものがそこで無と化し、無と化しながらその彼方に、変化しないものを見させる」、そういうプラトン的イデアの数学的地平を開拓し（DR. pp. 221~222）、ウロンスキは、ドゥルーズによればカント的解釈（DR. p. 221）をもって、「微分学を理念的差異」（DR. p. 227）の思想とし、「微分態を純粋冪乗力（pure puissance）」、ポテンシャリティの純粋構成要素」（DR.

p. 227）とした。マイモンが持ち出した微分思惟は、通例の哲学史の大道から表面的には離れた諸家によって「二十一世紀の思想家」とされるドゥルーズへと受け継がれてきたことになる。われわれとしては、いま、ドゥルーズ的「理念」観念を基準にして、プラトン、ライプニッツ、カントのそれを、しかるべく再規定してみる必要を感ずるが、しかし、既述のところでそのつどそれなりに言及してきたところにとどめて、ここでは大事をとって、控えておきたい。

［後注⑬］「〈問題〉とその存在」とは、「理念とその存在」という哲学史上の枢要問題として四者の思想を解し分けよということになるが、とにかく、ここでは控えておく。

ソーカルが批判・嘲笑したドゥルーズ・テクストをわれわれ（筆者）はこのように読んだが、ここでもうひとつ加えておくべきは、われわれにとって重要なドゥルーズ的‐理念の自己差異的‐多様態‐生起動としての「産出力」は、この微分論議によってもそれなりに説明できるということである。既述のところの補完ということも含めて、D・フォスの簡明な解説文を引用しよう。

「ドゥルーズは微分学をたんなる数学技術にとどめることを非とする。無限を考察することを不可能にし、動力学的なコンセプト（流率法と流動性、極限への移行、vanishing différences, etc.）を廃嫡することになるからである。〔微分数学は〕無限小を曖昧で問題含みの形而上学的概念として排除してしまうのだ。ドゥルーズは、かくて、微分学の、いわゆる〈野蛮〉で、〈前‐科学的〉で、〈秘教的〉な解釈へと立ち戻ることを提唱する（DR. p. 123）。〔……〕ライプニッツの初期の幾何学算にすでに予示されていたと彼のいう〈微分関係の論理的先行性とその産出的力倆（générative power）〉という発想を賦活するために、〔である〕。

〔……〕

数学的コンテクストから解放されれば、微分態は、意識的知覚（conscious perceptions）よりたんに微小（smaller）というのではなく、種類において差異（différent）する〔ライプニッツのいう〕微小知覚（minute perceptions）と解されうることになる。〔そして〕複数の微分態のあいだの相互関係〔先の *dy/dx* とその〔後注⑩〕を参照〕は、原始関数の曲線と解しうることになり、〔ついには〕世界の意識的経験を産出（produce）することになる。このように、ドゥルーズは微《かす》かな昏《くら》い〔微小〕知覚からの意識的知覚の発生（génération）過程を想い描くのだ。

〈ひとつの意識的知覚はすくなくとも二つの異質の部分〔*dy* と *dx*〕が一つの特異点を規定するような微分関係〔*dy/dx*〕のなかに入っていくとき産出（produced）されるということを、われわれは文字通りに、すなわち数学的に、理解しなければならない。〔……〕例えば、海の〔波の〕音を考えよ。少なくとも二つの波音が微かに聞こえはじめ相互に異質なままに関係しあい、それが第三の波音として最初の二つの波音を凌駕し、かくて意識のなかに入ってきてこそ、波の音の知覚というものが成立する。〉（フォス記、*Pli*, p. 117）

大海の響きは、この意味で、その微分的規則は意識されぬままに止まっている産出（productive）過程の結果なのである。数学モデルは知覚の心理学のひとつの超越論的（発生論的かつ微分論的）説明に寄与する、そしてそれが、カントの諸概念が直観に与えられるなんらかの事象に適用されるという〔あの〕たんなる外的な条件づけの発想に取って代わるのである。

〔……〕

ライプニッツとマイモンを通過して、ドゥルーズは超越論的なものについての観念をより豊かなものにする。超越論的なものとは、内在的で、発生的で、微分的で、無意識的なものなのである。このことは、無意識的な微分メカニズムが現実的な意識現象を発生させるという意味で、発生についての超越論的モデルをもたらしてくれる」（CTh. pp. 123~125)。

フォスが引用するドゥルーズ・テクスト *Pli*（『皺――ライプニッツとバロック』）は一九八八年刊行のもので、われわれのこの稿、まずドゥルーズの初期論稿に創造観念の始源・基底部を探ろうという本著においては、視野に入れていない。いまは別の論者からの引用ということで、とりあえず例外とする。また、この引用文を含むフォスの *Conditions of Thought*, 2013 は、この部分以後のところでもこの "The Genetic Power of Ideas" につき、充実した考察を展開している。

2 c／t (différenciation / différentiation) 動

不可視の無意識的な「理念」からわれわれの通常の意識的・表象的レヴェルへの「産出動」を語るにあたって、まずは微分論的なアプローチをフォローしたが、具体的局面としては、「微分態 dy/dx が導関数の曲線を産出し、それが世界の意識的経験を産出する」……程度のことしか記しえなかった。ドゥルーズ・テクスト『差異と反覆』のあちこちにはこの産出過程についての精細な記述があり、本来はそれらを精細にフォローすべきともいえるが、われわれの本稿のここに収めるには紙幅上も構成上も無理があり、すでに類書による研究もなされている[66]ことから、ここでは、既述のところを踏まえて、こう（筆者流に）簡述しておくにとどめよう。すなわち、①「理念」は（延長空間ではない）強度空間（spatium, potentialité）として自己差異的‐多様態‐生起動であり、②自らの構成要素 *dx*, *dy*, ... をもって、おそらく強度空間に固有のなんらかの規則（いましがたの既出引用文にも、「その微分的規則は意識されぬままに止まっている産出過程〔……〕」とあった）に則って、一方では諸構成要素の準則（régulier, 正則）連関（セリー）を構成し、他方ではそのあちこちに、これもある種の偶発的生起（événement）としかいいようのない特異点（singulier, points siguliers）を配置し、③前者（諸構成要素）には自らの〈potentialité〉（潜勢的‐冪乗力）をもって相互共鳴（résonances）を生じさせるとともに、後者（諸特異点）のあいだには新たな連結セリーを構成し、④ついで、なんらかの強制‐力動（mouvements forcés. ID. p. 13, DR. pp. 154~155, etc. Ａ・バディウならコーエン集合論流の〈forçage〉（強制）と呼称するはずのもの）によって、その新たな特異点連関を軸にそれまでの諸要素連関セリーを強度論的に変換させ、この種の変換動の積み重ねのうえに、⑤後述の特異化動（singularisation）、個体化動（individuation）、ドラマ化動（dramatisation）、等を通じて、⑥ようやく、われわれの通常の知覚・表象レヴェルでの諸有体事象の産出にいたる。……

微分態レヴェルから知覚態・表象態レヴェルへの力線のフォローはこれだけにとどめて、代わりに、ここでは、もうひとつ別のアプローチ法を補おう。

ドゥルーズ哲学は「差異（差異動）（différence）の哲学」であり、その重要な立脚点のひとつは「微分（微分学、微分態、微分動）」（la différentielle）である。さて、ドゥルーズはこれに加えて、〈différence〉をさらに二つに分ける。〈différentiation〉と〈différenciation〉である。われわれは、これを、簡略化のためには、〈-ation〉に作用的動態性を読みつつ、「ｔ動態」と「ｃ動態」とも表記しよう。邦訳は、通常は、前者は「微分化」、後者は「分化」である。われわれはこの邦訳も尊重するが、他方、両者をもっと判っきり区別表示するために、多少の変更も加えよう。その前に、両語の意味内容の異同である。

「ｔ動態」は、これまでの既述どおり、不可視・不可識別態レヴェル、下‐表象的・非‐再現前化レヴェル、強度（intencio）域、スパチウム、深み、自己差異的‐多様態‐生起動レヴェル、……での、微分化動である。

他方、いまや、かつて「理念」のために放棄した表象的・再現前化レヴェルが、ふたたび主題的に復帰しつつある。判りやすくするために確認すれば、（強度（intensio）ならぬ）延長（extensio）レヴェルがであり、これを簡便さのために、表象的・延長態レヴェルとも言い替えておこう。

さて、「c動態」とは、この表象・延長態レヴェル、われわれの通常の知覚・認識レヴェル、可識別態レヴェルでの、識別、分化、分析、分類、多様化、要するに、このレヴェルでの差異化・自己差異化的‐多様態‐生起・産出動、……の展開である。

ただし、このレヴェルでの差異化・自己差異化‐動は、そのもっとも基礎的なレヴェルでは、「延長（étendues）と質（qualités）、部分（parties）と種類（especes）」（ID. p. 131, etc.）のそれとされているものの、実際には、経験的実在のさまざまの層と規模にわたって、さまざまの段階にわたって、ほとんど無数になされていくはずであり、実際、ドゥルーズは、いわゆる「積分」（intégration）もその一とする（DR. p. 270）。したがって、筆者としては、t動態とc動態を、たんに「微分化」と「分化」とに分けるのみでなく、c動態には幾つかの段階を想定し、まさしく「延長・広（拡）がり」（extensio）レヴェルに合わせて、いわば微拡動や拡分動の発生あたりから出発したい気持ちになる。とりわけ、この表象・延長態レヴェルの分化動が、微分化動の強度・緊張度・ポテンシャリティ（intensité, potentialité）をしだいに失って惰性化（dépotentialisation, dégradation, dédifférer）（DR. p. 247, 226, etc. 後述）しうることを考えれば、たとえ、ドゥルーズが全的肯定の思想家であるにしても、延長態（extensio）に対して強度態（intensio）を「思考さるべき理念」の場とする以上、この種のそれこそプラトン流の価値評定は含有されている（cf. DR. pp. 84~85, etc.）わけであるから、その種の（段階）想定も謬見とはいえないはずである。

実際、ドゥルーズは、このc動態のいわば初期・最基層を先にも触れた諸段階に分けて考察し、これはこれでG・シモンドン思想等を踏まえて重要であるが、要するに、われわれのいま記した微拡動・拡分動‐段階の内部の問題である。ここでも簡単に一瞥するにとどめるが（cf. DR. p. 323, 354sq, etc.）、まず、①t動態は（前‐個体的（pré-individuant）（DR. p. 317））な特異態（singuliers）の成立を契機に、その先、c動態‐段階に入って、世界を「卵」とする発生学（embryologie）モデル（DR. p. 276sq, etc.）に準じて、②個体化‐動（individuation）（DR. p. 322, etc.）を成立させ、③それをドラマ化‐動（dramatisation）（TD. pp. 131~143, DR. pp. 279~284）を通じて、先述の「何？」（Was-sein）に向かってではなく、「いかに」（comment?）「どれくらいに」（combien?）「いつ、どこで」（où? quand?）……等、われわれのいう具体的な〈Wie-sein〉に向かって展開させていき、その果てにようやく、④人格化‐動（人間化、人称化、personnalisation）（DR. p. 330sq.）段階にいたって「自我」（Je）と「自己」（moi）を分化させ、いわゆる「コギト」（Cogito, 思考能力）の成立となる。⑤その後は、いま述べてきた発生論的でもあるがいささか進化論的でもある方位の順展である文化・文明に向かってのみならず、逆に、「自己・身体」なき「自我」の孤独な「抽象的時間」（既述）を背負っての行脚という現代思想の良く知る「悲劇」にもいたる（DR. p. 81, 118）はずで、これは『差異と反覆』の範域を超えてその後の『アンチ・オイディプス』等の問題になるはずだが、しかし、それ以前に、『差異と反覆』の範囲内あるいは射程内で、「t動態」からの（に対する）「c動態」への転換が、「なぜ？」（Warum-sein）はともかくドゥルーズ的に「いかに？」（comment? Wie-sein）生じた（る）のか、その問いと解答が明示されていないが、それは思考することすら不可能なのか、それとも両次元は初めから別々の所与事態としなければならないのか、だとすると、「表象的・再現前化的‐思考」に抗して「下‐表象的・（非‐）再現前的‐思考」によって「理念」界を「思考」するとは、それもまた、要するに、所与からその可能性の条件へと思弁的に遡行しただけと批判されるカント思惟の別ヴァージョンを提出しているにすぎないことになるのではないか、いや、いまいちどいうが、発生論的な捉え直しなのだ、と再主張するのであれば、では、t動態レヴェルから（に対して）のc動態レヴェルの発生とは、カントならそういうであろうように、悟性カテゴリーとしての原因・理由‐概念など適用されえない、要するに「生起」（événement）なのだ、ということなのであろうか、それとも、ドゥルーズ自身がいう（DR. p. 318）ようにその後に成立する個体化‐動が逆説的にも先行的にc動態を呼び起こすことによるのであろうか。筆者は、この種の問題についての対応は、ベルクソンにも精神分析学にもハイデガーにも、あの〈Es gibt...〉論議程度のものしか見い出せず、せいぜい既述した現代宇宙科学の宇宙発生論（10^{-43}という超微小プランク期間における純粋斥力（自己差異化動）の発動による超巨大インフレーションとしての膨張と、そのエネルギーの限界による収縮開始、それによる物質と重力の現出、……）に一参照系を見る程度であるが、とまれ、ドゥルーズにもこの点に関する然るべき対応は見い出せないように思われる。

　もっとも、目下はこの種の問題は放念してもよい。われわれの関心事は、ドゥルーズと同じくあるいはやや違って、つぎの二点のみである。

（i）ドゥルーズは「理念」レヴェルから先述の「意識的な世界経験」つまり「表象・延長態」レヴェルへの関わりの力線構造、さらにはわれわれが後者レヴェルで経験するすべての事象の形成構造を、「t/c」、あるいは〈différent/ciation〉と記号表記する。すでに上記の微分モデルでの表記も、「dy/dx」であった。「dy/dx」と同じく「t/c」も、分数を意味するものではなく、たんに、dyとdx、tとcの、相互関係を含意するのみである。ただし、であれば、「c/t」と表記することも可能であろうということで、われわれは経験世界「c」とその深みの領域「t」、ということから、「c/t」（c／t）と表記しよう。〈différent/ciation〉の意味は、もはや明らかである。「世界」は、「表象・延長態」レヴェルとその「深み」から成り立っており、別言すれば、「世界」は〈différence〉（差異化・自己差異化‐動）の遍在・遍勢するマクロ・カオスモスとして、さまざまのミクロ・カオスモス的な〈différentiations〉（微分・差異化‐動）とこれまたさまざまのミクロ・マクロ・カオスモス的な

〈différenciations〉（微拡・拡分・差異分化‐動）の多様・無尽の生起‐動、両者の相反‐相伴的な重相性において成り立っている、ということである。

（ii）ドゥルーズ思想とわれわれの解釈のいささかの違い、というより、ドゥルーズはそのことを明確に言表していないが、われわれ流に言表化するほうが、よりドゥルーズ思想に相応しい理解となるのではないか、ということでの、いささかのずれ、とはこうである。ドゥルーズは、〈différentiation〉から〈différenciation〉への「移行」（cf. DR. pp. 237~238）を、発生論の名において連続的に考えているのか、それとも生起論の発想をも組み入れて飛躍を介するものと考えているのか、それとも、両者ははじめから異質で別レヴェルの事象だが、これもドゥルーズ思想には相応しいように、異質の共存として、併存していると考えているのか。さらに、〈différenciation〉は、上記のとおり、特異化‐動から、個体化‐動、ドラマ化‐動、人格化‐動、……へと、進化・成長論的ニュアンスを帯びて展開するが、〈différentiation〉はそれを準備する動きとして、同じ方位で成されているのか、それとも方位なしで自己反復もしくは自己反覆的になされているのか、……。われわれには、つぎのように解するのがよいように思われる。すなわち、〈différentiation〉と〈différenciation〉は同じ〈différence〉のうちなる初めから相異なる二つの動きであり、しかも、〈différenciation〉が進化論的な方向で自己展開していくにたいし、〈différentiation〉は別の、むしろ、――これは〈contra-〉を好まぬドゥルーズには最適の言表とはいえないかもしれないが、であれば〈para-〉の含意で――、逆、反対の方位、無限微分化の方向へとまさしく（自己反復ならぬ）自己反覆していく動き、と考えるべきではないか。そして、そのかぎりで、両者が相反‐相伴的に〈c／t〉として重相するケース、つまりひとつの表象・延長態（たとえば、芸術作品、人間人格、等）が素晴らしく理念の深み（profondeur, 強度、産出‐生起動）を相伴しているケース――ドゥルーズは巧みにも「ロゴスの下のドラマの動き」（cf. DR. pp. 281~285, 236, 256sq.）ともいっている――と、そうでない（既述、平板で頽落的な）諸ケースを、区別する準備も整えておくべきではないか、ということである。後は、以下のところで再論する。

（iii）ドゥルーズは記す。「〈différentier〉と〈différencier〉から成る〈Différence〉のシンボルとして、t／cなる〈示差的特徴〉に最大限の重要性を認めることにしよう。理念、その〔表象・延長態レヴェルへの〕有体化（incarnation）と現実化（actualisation〔後述再論〕）、それを発動（met en jeu）させるシステムの全体については、これを〈(indi)-différen-t/c-iation〉なる複雑な観念をもって表記しなければならない〔(indi)は上記〈individuation〉の略記〕。どのような事象・事物も、このシンボルを構成する二つの半（分）態（moitiés）、相互に対をなさず（impaires）、非対称（dissymétriques）で、非類似・非相似（dissemblables）な、この二つの半態から成り立っている」（**DR.** p. 358. cf. **DR.** pp. 270~271, etc.）。われわれもこの〈c／t〉事態・表記をドゥルーズ思想を特徴づける一として重視する。ただし、ドゥルーズは、これを、〈emboîtement〉（相互嵌合、入れ子状態。**DR.** p. 271, etc.）、〈double〉（二重性）、〈réciprocité〉（相互性）、〈accord discordant〉（不合致的-合致）……等と、説明的に語るにとどまる。実のところ、われわれは、この種のわれわれのいう相反-相伴・重相態（Zweifältigkeit）を、現代哲学の共通の枢要概念として、たとえば、ハイデガーにおいては、存在と無、エルアイクニス（Ereignis）とエントアイクニス（Enteignis）を、分開・投与しながら担いつづける〈リヒトゥング〉（Licht-ung）として、デリダにおいては、デリダが問い詰めるアポリア（aporia）態、フランス語では〈non-passage〉（袋小路）、ギリシャ語では〈a-poria〉（道-無し）態を、人間的な歩み（pas）によっては通過（passage）できない（non-pas）が、到来するべき（à venir）もの・帰来するべき（revenant. 亡霊、等）ものの「来」（venir）という「出《しゅつ》-来《らい》-事《じ》」（événement. 生起・開起）によっては通過不可能ではない（non pas）、かくて、〈méta-aporia〉は〈méta-a-poria〉から〈méta-poria〉（もう一つの別の途）へと通じうる、その意味での〈メタポリア〉(méta-(a)poria) 概念として、索出・賦活・前景化させた[67]。ドゥルーズの場合にも、やがて「リゾーム」「ノマド」「皺」(pli) ……といったドゥルーズ固有の復相 (zweifältig) 語・観念が創出される。いまは、「不一致(的)‐一致」「相反的‐離接的‐綜合」「内折‐外展(的)‐複相化‐動」(ドゥルーズの意を汲んで造語すれば〈dis-ac-cordance〉〈dis-con-jonction〉(im-ex-com-plication) ?) 等、既存語のぎこちない組み合わせレヴェルにとどまっている。

3 a/v (actualisation / virtualisation) 動

理念から表象・延長態への力線・移行・関わりは、微分論・差異概念レヴェルにおいてのみならず、もっとわれわれの実際の経験レヴェルに近い語彙によっても語られる。

理念は、その諸局面において、下‐表象的・非現前的、不可視的・不可識別的、であり、表象・延長態はいうまでもなく現前的・再‐現前化可能、可視的・識別化可能レヴェルであった。

われわれの通常の語彙では、これは潜勢的・潜在的 (virtuel) と顕勢的・顕在的 (actuel) に該当し、後者は現実的・現勢的と邦訳することも可能であり、われわれはM・レヴィの場合にはむろんその意を汲んで、現働的、とし、この場合、前者はこれもその意を汲んで、実働的、と、通常の邦訳語とはやや別様の語を当てた[68]。通常の日本語では、現実的 (réal)、に対語をなすのは可能的 (possible) であるが、ドゥルーズを含む現代哲学では、この論稿の冒頭でも確認したとおり、後者 (possible) は前者 (réal) がその制約を受けて限界づけられるその観念的に表象される一般態にすぎないとされ(既述。cf. DR. p. 232sq. etc.)、前者 (réal) を可能にする、というより現実的 (réal) にする、そのある種の作用力は、これを潜勢態・潜勢動(・実働態) (virtuel) 等と呼ぶようになった。われわれは、ここでは、便宜上、つまり例外的考量はいくらも必要であるが、それは断念して、現実的（réal）‐可能的（possible）、は（狭義）先験哲学の二元論、現代のドゥルーズを含むいわゆる存在論的転回を経たあとの実在論では、〈réel〉（現実的・実在的）‐〈virtuel〉（潜勢的）、と、一応の区分をしておこう（あとで、〈actuel〉‐〈virtuel = réel〉ともなる）。目下のこの論稿は、ドゥルーズがカント先験哲学に実在論的な発生論を指摘するところから始まっているのであるから、事態は簡単ではないが、いまは一般論レヴェルでの単語・対語問題に単純化しておく。

もっとも、ドゥルーズ思惟に関しては、やはり、すくなくとももう一言、加えておかなければならない。ドゥルーズは、自分のいう〈virtuel〉は、観念的・虚構的なものではないことを強調するために、「〈virtuel〉は〈réel〉なものである」というが、この場合の〈réel〉は、現実的、でないことはないが、勝義的には、実在的、であり、他方、ごくごく稀に〈réalisation〉という語も使い（PhCK. pp. 104~105, etc.）、これは訳語としては「現実化」とするほかないが、最終的には内容的に〈possible〉の対語レヴェルでの先述ネガティブ含意のものであり、また、それでいて、〈réalité〉という単語を〈réel〉の名詞形としてポジティブつまりドゥルーズ語として用いることもある（DR. p. 273, 274）。前者（réalisation）のポジティブ語は（後述詳論する）〈actualisation〉だということかもしれないが、〈actualisation〉は〈virtuel〉から離れていけばネガティブな〈réalisation〉に近づくし、〈réalité〉も語形からして〈réalisation〉と類を同じうするわけであるから、いっそのこと、〈réel〉の名詞形は〈réelité〉、〈réalisation〉に対しては〈réelisation〉とでも、いささか悪趣味だとしても、造語してもらいたいほどである。〈idéal〉と〈idéel〉についても、同様なことがいえるだろう。それが存在論的転回を経た今日の実在論の共通了解のはずである。

とまれ、われわれ（筆者）は、ここでは、潜勢態・潜勢動（virtuel）は実在的（réel）であることは前提として、表象・延長態は常識語で現実的・現実態（réal）とし、ドゥルーズのいう〈actuel〉は、「現働的」、と訳そう。表象・延長態レヴェルの人間活動を、ドゥルーズは〈réalisation〉のほか〈effectuation〉ともいい、後者は以下の「第二部」で扱う『意味の論理学』では、物象的レヴェルの原因（cause）は結果（résultat）を生ずるに対し、意味論的レヴェルでは「準‐原因」（quasi-cause）が「結果・成果」（effet）を生ずると解さなければならないとして、〈effectuation〉はポジティブにあつかうかと見えるに反し、結局、潜勢態・潜勢動に根を下ろす活動は〈contre-effectuation〉などと表記することになる。他方、研究者によっては〈actualisation〉も〈réalisation〉〈effectuation〉と同様として、ポジティブ含意ではこれも〈contre-actualisation〉とする場合もあるが、われわれはすでに既述の「白色光⇅有色光」の移行をめぐってこの〈actualisation〉のポジティブな使用を見たが、以下にもほぼ同様の引用文を扱うことになるので、この〈actualisation〉をもって〈virtuel〉の「現働化」に当てることにする。

　つまり、ここにいう、これまでも控えめに記してきた、理念の表象・延長態レヴェルへの力線・移行・関わりとは、常識のいう、理念の現実化、にほぼ該当する、ただし、観念的な理想（idéal）・理念ではなく、実在的（réel）なドゥルーズ的‐理念だが、とにかく、その、理念（Idée）の、現実界（réal！・）への、実働的（réel！・）な、現働化（actuel, actualisaton）の謂いである。現働化、の代わりに、〈production〉（産出）、〈incarnation〉（有体化、具動化、受肉、具現）、〈génération〉（生成、発生、産殖）、〈émergence〉（流出、射出）、〈émanation〉（発出）、……等が使われることもあるが、さほど重要な違いがあるわけではないので、ここでは省き、現働化（actualization）に限定する。現働化が、既述〈c〉動態あるいは〈c／t〉動態の人格化‐動の先の巨大な現実（！）世界にまで及び広がることを考えれば、当然、〈dépotentialisation〉〈falsification〉〈dédifférenciation〉等の頽落（dégradations）局面も考量しなければならず、現代思惟にとってはそれこそ喫緊の問題、その窮境のなかでこそドゥルーズ思惟の実効性を問わなければならない、ともいえるが、とまれ、目下は、一言でいえば、人間的‐創造行為をミクロ実在論レヴェルから追考することを主眼としているので、放念する。

第八節　現働化‐動（actualisation）

少し、ドゥルーズ・テクストを検討しよう。

（ⅰ）「ひとつの理念は、多様で相互に錯綜しあう諸次元に共存しているあらゆる種類の微分関係とそれらへのあらゆるかたちでの特異点の配置から成っている。理念の潜勢的（virtuel）内容が現働化（s'actualise）するとき、〔含まれていた〕諸微分関係はさまざまの種の区別へと有体化（s'incarnent）し、それに応じておのおのの微分関係のさまざまの微分値〔c/t 価値〕に対応するさまざまの特異点が、あれこれの相互に区別可能な特徴をもった種へと有体化（s'incarnent）していく。たとえば、色彩の理念は、いわば白色光であり、白色光は自らのなかにあらゆる色彩の発生にかかわる構成諸要素とそれらの相互関係を錯綜させているが、それらは個々の色彩とそれらおのおのの空間へと現働化（s'actualise）していく。音についても、白色音のようなものを考えうる。なんらかの白色社会、白色言語といったものすら、考えうるだろう〔……〕。現働化（actualisation）とともに、ひとつの新しいタイプ（un nouveau type）の、種と部の区分が現れ、流動的であった理念上の区分に取って代わることになる。われわれは理念の潜勢的（virtuel）な内容を規定する区分を〈différentiation〉〔微分（化）動〕と呼び、この潜勢態（virtualité）の相互に区分可能な種と部分への現働化（actualisation）を〈différenciation〉（分化動、微拡動）と呼ぶ」（DR. pp. 266~267）。内容的にはおおむね既述のところの新たな語彙による整理であるから、追加説明の必要はないだろう。ただ、この確認のための引用文から、とりあえず、さらにつぎの二点を取り出して強調しておく。

（ii）ひとつは、理念が潜勢態（le virtuel）として、ひとつの実在態（le réel）として、自発的・自成的・自律的に、現働化・自己現働化、産出動、を行なうということである。従来の哲学教科書によれば、プラトンにおける理念（イデア）は叡智的実体として観照のいわば対象であり、カントにおける理念は悟性の限界における理性的表象であるか道徳行為における目的表象であり、それ自体の産出力は問題外であった。しかし、現代哲学のハイデガーは前者に認識や実在態をして在らしめる「第一の力」（das erste Vermögende）（既述）を指摘し、われわれ（筆者）も後者の「第一批判」における限界概念としての物自体を、「第二批判」を介してこれまた定言命法を発する「第一動態」（der erste Beweger）（既述）というある種の原因概念として捉えなおした。ドゥルーズにおける理念のこのいわば存在論的な発動・起動・駆動性も、この系譜においてみれば、既述D・フォスの〈self-organising〉論議もそうだが、別に不思議なことはない。ドゥルーズはいう。「潜勢性（le virtuel）は実在性（le réel）と対立するものではない。それ自身で十全な実在性（réalité）をもっている。その動的過程（processus）が、現働化-動（actualisation）なのである。」（DR. p. 273）「潜在性は〔……〕理念の特質であり、その実在性（réalité）から出発して実在物・実在者（l'existence）が産出（produite）される。理念に内在的なそのつど一定の時間と空間に一致するかたちで、産出されるのである」（DR. p. 273）。この第二文末尾はカント流の時間・空間と異同して、ドゥルーズ思想の特色を如実に示すものだが、追って再論できるだろう。

（iii）もうひとつは、ドゥルーズは理念と表象・延長態の異質さを強調するが、微分態（la différentielle）レヴェルの〈dy/dx〉と〈dy/dx 価値〉（dy/dx valeur）や、差異動（la différence）レヴェルの〈différentiation〉（t動態）と〈différenciation〉（c動態）（まで）の場合には、それ（その相互異質さ）がかならずしも判っきりせず、われわれは現代思想一般の観点から、その異同（異と同）、不連続と連続、を試論的に憶測しておいたわけだが、この〈actualisation〉レヴェルにいたって、理念を潜勢的に構成する諸構成要素〔準則点・正則点ならびに特異点〕とそれらの諸連関関係セリーのうち、この表象・延長態レヴェルでは、諸連関関係セリー（relations, rapports, séries）は潜勢的なままに止まるが、諸構成要素（éléments）のほうは、たんにこの引用文のいう「種」や「部分」にとどまらず、われわれの日常的な事実経験も示すように、ほぼ無数の顕在的・現前的な事象・物象でありうる、その両レヴェルの重合性と非‐類似性を、このこと（actualisation 観念）は語っているように思われる。たとえば、こう、記す。「〔自己〕現働化する（s'actualiser）とは、ひとつの潜勢態・ポテンシャルにとって、つねに、さまざまの多様分岐線を〔新たに〕創出するということであり、それらの多様分岐線は、〔先立つ〕潜勢的多様性（multiplicité virtuelle）と、類似（ressemblance）しあうことなく、対応（correspondent）しあう。潜勢態は、解決すべき問題の実在性（réalité）であると同時に、成就すべき任務の実在性（réalité）である。それはさまざまの解決策を方向づけ、条件づけ、創出する問題であり、〔ただし〕、それらの解決態は問題の諸条件と類似（ressemblent）であるわけではない。ベルクソンは、分化動（différenciation）の観点から見れば、多岐にわたる進化線のうえに生じる諸事象が、たとえ類似性（ressemblances）を示していても、〔それらを、〕まず、産出メカニズムにおける相互異質性（hétérogénéité）へと帰《き》さなければならないといったが、正しかった。差異性の同一性への従属を反転させなければならないとは、差異性の類似性（similitude）への従属を反転させなければならないということでもある。〔……〕差異と反覆は、潜勢態（le virtuel）において〔すでに〕、現働化‐動（actualisation）、創造としての〔c〕分化動（différenciation comme création）〔創造概念については後述する〕を、起動・始動（fondent〔根拠づけ、等と訳出するのは、ベルクソンやドゥルーズに相応しくない〕）させており、かくて、〔……〕同一性と類似性に取って代わっている」(DR. p. 274)。類似ではない対応、飛躍や異質を前提しうる対応、われわれのいう相反‐相伴・重相性に次第に近づいて……。

(iv) 現働化‐動は、十八世紀のマイモン以来の微分学モデルで語られるのみならず、その後の、ダーウィン以後の、というより今日の生命科学の功と特色をなす胚生学 (embryologie) の観点からも、発生論的に説明される。「胚生論者たちは、ひとつの卵がさまざまの部分に分かれていく工程は、別の意味をもつさまざまの形態発生動 (mouvements morphogénétiques) 〔……〕に比して、二次的なものであると指摘する。〔……〕卵の諸形態は、なんらかの〔潜勢的な〕構造が現働化 (actualisation) していくさいの最初のファクターとしてのさまざまの方向付けや、さまざまの成長軸や、微分的 (différentiels) な速度やリズムによって、区分される。そのことが自己現働化していく〔当の〕もの (ce qui s'actualise) に固有の空間と時間を創出することになる」(DR. pp. 276~277)。このような引用・言及では今日の生命科学にもドゥルーズ思想にも内容的にはおよそ十分なものではないが、いまはやむをえない。説明・論証モデルの複数性を示唆しておくにとどめる。

(v) ひとつの総括文。既述のところの補完のためにも。「現働化は、〔①〕空間において、時間において、また意識において、〔つまり〕三種のセリー〔構成要素連関〕にしたがって成される。〔……〕〔②〕〔現象学のように〕意識はなにものかの意識である、というだけでは十分でない。意識はそのなにものかの分身 (double) なのだ。おのおののものが、自らよりはるかに遠い異質のものであれ、なんらかの分身をもつ以上、おのおののものは意識なのである。〔……〕〔③〕理念とその現働化‐動のなかに、われわれは、同時に、概念の凍結態としての〔デカルト以来の〕自然的理性 (raison naturelle) と、凍結した概念が包摂している反復 (celle) に勝る〔ドゥルーズ的〕反覆 (répétition) の超自然的理性 (raison surnaturelle) を、見出す。〔④〕概念の外 (extérieur au concept) に止まるものは、より深いところで、理念に内的 (intérieur à l'Idée) なものに送り返す。理念の全体が〈la différent/ciation〉（差異化‐動）〔微分化動と分化（微拡化）動の相反‐相伴・重相動〕という数学的・生物学的システムに収め（prise）られているのだ。ただし、ここにいう数学・生物学とは、差異化‐動の二つの半態〔半身〕である、〔……〕潜勢態の探索（exploration〔この語の使用はドゥルーズには極めて珍しいが、事態には合っている〕）と現働化のプロセスを説明するための技術的モデルであるにすぎない」（DR. pp. 284~285）。

第一文（①）のいう時間・空間については、上記引用の「理念に内在的なそのつど一定の時間と空間」（DR. p. 273）「自己現働化していく〔当の〕もの（ce qui s'actualise）に固有の空間と時間」（DR. p. 277）とともに、追ってもういちど触れよう。

第三文（③）の、〈raison surnaturelle〉という呼称は、フランス・ヨーロッパ精神史伝統からすればいかにも陳腐でおざなりで、デリダは〈raison rationnelle〉と〈raison raisonnable〉と巧く差異化した（既述）が、ドゥルーズ的にもせめて〈raison para-doxale, raison para-sensorielle, raison différent/cielle, raison para-dictionnelle, ...〉（既述）等くらい、あるいはドゥルーズ御得意の「概念の創造」をおこなってもらいたいものだが、いずれにせよ、ここで、哲学史の伝統とドゥルーズの目途《もくと》する「新たな思考」への出発点、そのわれわれのいう構造的な相反‐相伴・重相性をフォーカスしてくれていることになる。既述の「類似」と「対応」の問題もここに含まれうるだろう。

第二文（②）は、ドゥルーズ的な「理念」（Idée）が、「思考されるべきもの」（cogitanda）つまりいわゆる観念的（idéel）なものでありながら、プラトンの叡智的実体やカントの理性的構成体と（一見？）異なり、プラトン的には生成界・カオス界の貌を呈したり、カント的には（限界概念でありながら）原因概念ともされがちな（物自体という語は避ければ）原‐現象（原象）の貌を呈したり、要するに非‐叡智的・非‐理性的な実在（réel）性と重合している観を与えることの説明となっている。むろん、意識とその対象（物象）の同一性などではなく、両者の相反-相伴・重相性（Zweifältigkeit）の、ということになるが。また、〈cogitanda〉も〈pensée〉も、もともと、すくなくともドゥルーズ的には、〈idéel〉のみに偏るものではない、といえば、ここでの問題もあらかた消えることになるが。だが、それならば、はじめから、「理念」（Idée）などというあまりにも伝統哲学的な語は使用すべきではなかったのではないか、とも反論しうるだろう。実のところ、われわれ（筆者）も、本著（『差異と反覆』）に最初に接したときには、〈Idée〉とは、ハイデガー由来の、（「存在者」Seiende にたいする、あるいは、「存在者」の）「存在了覚内容」（Seins-Verständnis）系譜の発想かと思い、デカルト・カント系譜の〈cogitanda〉論にいたってようやく邦訳語「理念」を尊重するにいたった。

第四文（④）は、ドゥルーズ思想を佳く要約している。ただし、「理念の全体は〈la différent/ciation〉という数学的・生物学的システムのなかに（dans）〈est prise〉（prise されている）」の〈prise〉つまり〈prendre〉（の過去分詞・受動態）を、われわれ（筆者）はやや理解に窮してハイデガーの〈brauchen〉を想いながら[69]「収め（られ）」などと訳したが、訳語の適否はともかく、「理念の全体」が何ものかの「なかに」〈prendre〉されている、とはどういうことか。「なかに」が言表上は「〈la différent/ciation〉という数学的・生物学的システム」の「なかに」となっていることからして、「理念の全体」は、別様のかたちを取る（prendre）こともありうるが、ここ（人間的思考）では〈la différenti/ciation〉というシステム（のなか）に捕縛（prendre, prise）されて、ということなのか、となると、「理念の全体」すらもがそれに則らなければならないア・プリオリな座標のようなものがある、ということになるのか、むしろ、「理念の全体」のほうがわれわれの約言したように「差異的・自己差異的-多様態・多岐線-生起・産出動」として、そのような「システム」をも生起・産出させているはず、ともいえるのではないか。ただし、もうひとつの解もありえ、これは上記のところでドゥルーズ自身が肯定的に言及していたはずだが、古代ギリシャでは神々すらも運命・ロゴスに従う、則る、それと同義で、人間的「理念の全体」は「〈la différent/ciation〉の数学的・生物学的システム（の〈なか〉）に〈prise〉されている」ということなのか。しかし、その場合にも、やはり、「理念の全体は〈la différent/citation〉〔……〕のなかに〈prise〉される」ではなく、むしろ、「理念の全体は〈la différent/ciation〉〔……〕へと〈se réeliser〉する」とも（むろん、辞書にはない造語だが）いえるし、そのほうがドゥルーズ発想には似つかわしいともいえるのであるから、とまれこの〈prise〉は問題含みであると思われる。

第九節　時間‐空間、〈時‐空〉力動と〈魂の技倆〉

そろそろ、〈actualisation〉観念の説明そのものからは一歩離れて、この第八節さらには既述部分全体への、ひとつ・ふたつの付記と、われわれ流の総括を試みておこう。

（1）時間‐空間と〈時‐空〉力動

われわれはこの論稿を、ドゥルーズが、マイモンからのカント批判に抗して、あるいはむしろ準じて、カント先験哲学を発生論的に捉えなおすところから出発して、以後はもっぱらドゥルーズ流の発生論をわれわれの創造論に向けてフォローしてきた。ドゥルーズ哲学とカント哲学の対比という問題は、それじたい大きな主題たりうる問題であり、実のところ、筆者の五十年前の彼地（パリ大学）での論稿主題も、ドゥルーズ哲学の一先駆といえるベルクソン存在論とカント道徳論・実践論の（哲学史上の、かつ筆者自身の内なる）葛藤の遂行と解決のためのものであったが、今回のこの論稿では（ドゥルーズとカントの）直接の対比考察は主題ではなかった。しかし、論考対象が〈actualisation〉観念までくると、さきにも確認したとおり、すくなくともひとつの基本問題をめぐって、カント発想との直接対比の必要性が浮かび上がってくる。ドゥルーズは、「現働化は三つのセリーにしたがってなされる（se fait〔自己遂行する〕）。空間において、時間において、意識において」（DR. p. 284）という。他の文脈で繰り返し語られていたのは、まずは「種と部分」への「分化（微拡化）」であったが、ここでは「空間、時間、意識」である。さて、「意識」については、まがりなりにも、必要な考察はおこなった。ここで、「空間と時間」の問題を処理しなければならない。ドゥルーズは、また、「理念に内在的なそのつど一定の時間と空間」（DR. p. 273）とか、「自己現働化していく〔当の〕もの（ce qui s'actualise）に固有の空間と時間」（DR. p. 277）ともいっていた。「空間と時間」は〈actuel〉レヴェルの基本事態のはずだが、「virtuel であるはずの理念に内在的（immanents）な一定（un）の時間と空間」や「〈virtuel〉レヴェルから〈actuel〉レヴェルへと〈s'actualise〉（自己現働化）していくいわば過程態に固有の空間と時間」というものもある（といういいかたが相応しくないというのであれば、生動している）ことになる。ドゥルーズ自身が別文脈で語る「時-空・動態」（dynamisme spatio-temporels）（DR. pp. 281~282）には、これらも含まれるらしい。「〈actuelles〉レヴェルの質と延長、〈actuelles〉レヴェルの種と部分より、より深い（plus profonds）レヴェルの、さまざまの時-空・動態（dynamismes spatio-temporel）があり（il y a〔生起・生動しており〕）、それらが現働態を現働化（actualisants）させ、分化動を分化動-化（différenciants）させている」（DR. p. 276）。さて、ここで周知のカント発想を思い出そう。カントにとって「空間・時間」はなによりもまず直観の「形式」であった。そして、このかぎりでは、いわば直観（あるいはパラ・サンス的思考）の「内実」のほうを主題とするドゥルーズ発想と相見《あいまみ》えることはない。しかし、——これはドゥルーズ自身は直接指摘はおこなっていないようであるので、とりあえず筆者の私解であるが、——カントにとって、「時間・空間」は、また、いわゆる「悟性（概念）の図式」でもあり、前者（直観の形式としての空間・時間）も後者（悟性（概念）の図式）に含まれる(70)（enthalten）。そして、このことを前提すると、ドゥルーズ自身の、カント発想との異同を語る言述が、きわめて明快に理解可能となる。「〔私（ドゥルーズ）のいう、時空〕動態（dynamismes）なるものを、もはや概念の図式（schèmes de concepts）としてではなく、理念のドラマ（drames d'Idées）として措定するとき、一切が変わる。〔時-空〕動態は概念の外（extérieur）、その意味で図式の外だが、理念の内部（intérieur）であり、その意味でドラマであり夢でもある。〔……〕〔時-空〕動態は、理念に内在的なさまざまの微分関係、特異態、進化性を、直接的に具働化（incarne immédiatement）しているのであるから、空間・時間を規定（déterminer）する自らに独自の力能（sa propre puissance）をも含んでいる。〈最短〉とは、たんに、直線についての概念の図式ではなく、直線と曲線の分岐動をめぐる、夢、ドラマ、要するに、理念のドラマを表現しているのである」（DR. pp. 281~282）。焦点をひとつに絞って約言すれば、時間と空間は、表象・延長態レヴェルの直観・悟性の形式・図式に止まるものではなく、潜勢態レヴェルに実働する「時-空・動態」の「自己現働化」の「動」において表象・延長態レヴェルの「時間と空間」を産出し、規定する、まさしく〈c／t〉なる理念・現働化的-差異化動の重相態だということになる。両次元の連続・非連続、等については、さきに試考した。

（2）〈時-空〉力動と〈魂の技倆〉

ちなみに、ドゥルーズはこのすぐ後で、「概念は、自力で自己分化・自己種別化することはできない。概念の下（sous lui）でさまざまの時-空・動態（dynamismes spatio-temporels）が、あたかも一個の隠れた技倆（un art caché）のように、分化動の動因（un agent de différenciation）のように、作働（agit）しているからこそ、〔そうなるのだ〕」（DR. p. 281）と記している。先のところでは、「概念の下なる理念のドラマ」であった。〈un agent〉は、「ある種の主体」とすら解しうるだろう。ただし、いま重要なのは、「一個の隠れた技倆」という言表である。カントは既述もした「悟性（概念）の図式」をめぐって、「われわれの悟性における図式展開は、〔……〕その真の操作法（deren wahre Handgriffe）は自然から知る（abraten）こと困難な、人間の魂の深奥における、ひとつの隠れた技倆（eine verborgene Kunst in der Tiefen der menschlichen Seele）」（KRV. B180~181）なのであるといった。筆者は学生時代からカント自身によるこの発言・発想に、カント的なもの（「自然」ではなく、「魂」の）と、あまりカント的でない、カント哲学をその外に向けて開く裂け目のようなもの（「深奥」、「隠れた」）を感じ、中心主題とする機会なきままに諸家のテクストに尋ね、ときに自分でも自己流に（利-?、誤-?、悪-?）用してきたが、今回ドゥルーズ研究に取りかかった中心動機の一も、ここにあった。実際、（ドゥルーズのいう）表象・延長態レヴェルの「時間・空間-展開」に潜勢態レヴェルから接する（離接的重合?）かの「時-空・動態」「概念の下の理念のドラマ」とは、（カントのいう）「人間の魂の深奥に作働する、ひとつの隠れた技倆」に「対応」（既述）するものではあるまいか。（ドゥルーズの）『カントの批判哲学』（PhCK.）は、第一批判・第二批判では「隠れた」（caché）ものであった「魂の深奥の技倆」が第三批判においては「顕在化」（manifeste）する（pp. 86~87）というが、いずれにせよ「魂の技術」であり、とまれ、ドゥルーズの「時-空・動態」「ロゴスの下のドラマ」とカントの「魂の技術」は、同一でも、類似でもないが（既述）、対応する発想だといわざるをえない。であるから、ドゥルーズ自身も、カント・テクストの引用・参照指示もなきままに、〈un art caché〉（PhCK. p. 86）と記したのではあるまいか。対応であって、差異もある。カントの「悟性（概念）の図式」は上記のとおり「直観の形式」をも含みこむ（enthalten）が、どうやら「理念」までは考量しえていない。ドゥルーズの「理念」は、カントの「理念」と同一でも類似でもないが、それでもやはり〈Idée〉として対応はするのであり、そして概念の図式と直観の形式は共に「理念のドラマ」の展開に含まれ、その先鋭となる。むしろ、概念の図式と直観の形式を共に含み（implication）展‐開（explication）させるためにこそ、ドゥルーズの「理念」はカントの「理念」とは別のものになったのである。そして、われわれ（筆者）のカント[71]は、想像力が悟性と直観を包摂することによって理念と協律し、ドゥルーズを含む現代諸哲学と轡をならべることになったが[72]、とまれ、「われわれの魂の深奥に作働する隠れた技倆」は、悟性と直観のみならず、また、両者を包摂する想像力のみならず、三者を含む「理念のドラマ」をも規定・構成して、われわれのいうテクノ・プラクシオロジーの最基層への一アプローチをなす。プラトンのデミウルゴスも、ライプニッツの神も、このテクノロジー最基層へと系譜づけられることになるはずである。

第十節　いかに為すべきか　個体化と胚‐世界‐主体の現働化‐動

理念の現働化ということになれば、理念の自己現働化について、潜勢的な微分化‐動（différentiation）を〈différenciation〉、つまりまずは微拡化‐動からはじまり、次第に意識的な拡分化‐動から通常の分化‐動へと展開させていく動きと営みということになる。先に「分化‐動」（différenciation）の「ある種の動因」（un agent）をあえて「ひとつの主体」とも予示しておいたが、人間主体の介入・関与の問題となってくる。ドゥルーズ思想に「主体」問題を読み込むのはお門違いになりかねないが、とまれわれわれは既述のところでいわば可能的・潜勢的なドゥルーズ的主体を、「幼生・胚‐主体」（larvaire）「無意識的‐主体」「分裂主体」（Je fêlé）「パラ・サンス‐主体」等と試論し、いまのこの段階においても、カント流の「魂の深奥に作働する隠れた技倆」やドゥルーズのいう「潜勢態レヴェルの時‐空・動態」の「真の操作法」（wahre Handgriffe）を知らずして済むか、それを「知る」(abraten) べく努めつつ分化‐動と現働化‐動を推進・展開させていくなんらかの主体のようなものを新たに考量することこそ、今日・今後のテクノ・プラクシオロジーの基本の一歩ではないか、と問わざるをえない境位にいる。

通常のドゥルーズ研究徒にとっては、これはまず「個体化」(individuation. 個態化・個成化) の問題であろう。[73] 個体化とは、既述にも一言ふれたが、目下の現働化・c動態の最初の局面、現働化‐動・c動態と微分化‐動・t動態が、権利上 (en droit. カント語だが、すぐ後に見られるように、ドゥルーズの脳裡にもうずいている発想である) は相互に異質でありながら、事実上 (en fait) はあやめも分たぬ絡み合い (perplexe, complíqué) 状態にある、われわれのいう微拡動の時期――宇宙科学のいうプランク・汎‐斥力期間のように超‐短期間ともいえるが――に、最初に潜勢態におけるそれに対応 (既述) するかのように生起してくる「特異化‐動」(singularisation) (既述)、それを「前‐個体化‐動」(pré-individuation) (DR. p. 321, etc.) として、これを踏まえて生起してくる事態である。ドゥルーズ流にいえば、「潜勢エネルギーを現働化させ」「諸セリーに配布されている諸特異点を、それらに内的共鳴・情報流通を生起させることによって、それらの差異ゆえの動的な不安定性を準‐安定態へともたらし、新たな次元での統合と全体連関――これも (既述のように) 可変的であるが――へといたらしめる」[74] 事態であるが、さて、ドゥルーズは、これを、かの理念が「どのように? どれくらい?……」(Wie-sein?) の問い (既述) に呼応するものであるとすれば、こちらは「誰が?・」(Qui? Wer-sein?) に呼応するそれであるという (DR. p. 317)。主体への問いとも解されうる臨界点だといってもよい。しかし、ドゥルーズは、G・シモンドンとともに、これは「自我の回復」のための途ではなく、むしろ「自我の厄介払い」のためのものであるといい、[75] やはり主体論ごときは遠ざける。とはいえ、他方、これもカント的発想で厄介ながら、「個体化‐動」は現働化‐動・〈c〉動態の一局面であるが、前者は後者を前提する (suppose)

ものではなく、前者が後者を「呼び起こす」(provoque)(DR. p. 318)のだという。この問題をここで詳論している余裕はない。というよりも、ここでわれわれにはもっと喫緊の問題が立ち上がってくる。それは「現働化-動を主導するのは個体化-動である」(DR. p. 323)が、ここにいう「個体」(individu, 個態)とは、個人や主体のことなどではなく、また、これも既述のうちに含まれていた「種」や「部分」でもなく、それらに「権利上(en droit)先立つ(précédent)」(DR. p. 322)ところの「胚」(embryon)(ibid.)の謂いだということである。

「胚・幼生-主体」(embryon, larve, sujet larvaire.〈larvé〉には「潜在的」という意味もある)については、われわれもすでに触れておいた。主体や個人・人間をこの種の発生学(génétics. embryologie)的-基層(ébauches)から捉え直すことはドゥルーズ的であり、ここでのわれわれのドゥルーズ研究の意にも適う。そして、ドゥルーズは目下の問題についても、こう記す。「幼虫たちは、われわれが概念の表象・再-現前態レヴェルにとどまるとしても、その肉(chair)のなかに、諸理念(Idées)を運んで(portent)いる。幼虫たちは、〔……〕潜勢態(virtuel)の直近(toutes proches)のところに生息し、みずからの選択において、初期段階の現働化-動(les premières actualisations)を運んでいるのである」(DR. p. 283)。「胚・幼虫-人間」などと、嗤うなかれ。「胚」とは「個態」(上記)であり、「個態」がわれわれの表象・延長態としての世界の「現働化」を「呼び起こし」「主導する」(上記)のであり、「さまざまの質と延長、形相と質料、種と部分」(DR. p. 318)は「個態」のなかに「水晶体のなかに」のように「閉じ込められて」(ibid.)いて、その「強度のさまざまに異なる個体化あるいは分化の実働する深み(profondeur mouvante)のなか」(ibid.)に、「世界の全体」(le monde entier)は「読みとられる」(se lit)(ibid.)のである。ドゥルーズの好むニーチェの「宇宙児」も、われわれがもう一方に踏まえるハイデガーの「牧人」も、ドストエーフスキイ等の「イエス・キリスト」も、ひょっとするとデリダのいう「普遍的マラーノ」[76]すらも、結局、この種の「世界としての胚‐人間」であった。ドゥルーズにおける理念の現働化・分化動も、潜勢態・微分化‐動の「真の操作法」(wahre Handgriff)を「知り」(abraten)「読みとる」(lire)はずの「幼生・胚・世界‐主体」・〈c/t〉動を通じて、潜勢的・微分化‐動を継承しつつ、特異化・個体化‐動から離陸し、微拡化・拡分化・積分化‐動、ドラマ化・人格化‐動、その先へと、大審問官か、ディオニュソスへの、途を歩むことになる。人間的・当‐為は存在論的・原‐為との協争‐弁証法(vice-diction, para-diction)を通じて、いかようにか、〈réalisation〉へか、〈réelisation〉へか、現働化‐動を成就していく。

第十一節　なぜ「理念」なのか——充足理由律

「理念」……と、ドゥルーズあるいは『差異と反覆』はいい、われわれはドゥルーズの指示にしたがうかたちで、その「何か」(Was-sein)というより、その「如何に」(Wie-sein)を追ってきた。その「何か」もここからそれなりに導出できるはずであるが、もうひとつその「何故に」(Warum-sein)、つまり、ドゥルーズあるいは『差異と反覆』は、なぜ、「理念」問題を、このように、かなり執拗に、問うのか、プラトン・カント・伝統的哲学の枢要の問題をドゥルーズ的に捉え直すためということよりほかに、ドゥルーズ哲学内部の動因はなにか、それも一考してみるに値する。ドゥルーズ自身は直接には答え・説明していない。われわれ(筆者)からの試論のかたちで対応するほかない。

いわゆる理由律・根拠律・充足理由律・充足根拠律……は、たとえば或る事象の正当性を立証してその事象をその事象として、つまりその事象の自己同一性を認定・確定・保証する作働であるから、同一律に抗して差異律を主題化するドゥルーズ思惟のものではない。しかし、差異律に立脚するたとえば充足理由律などまったく不可能なのであろうか。プラトンにおいては或る事象は叡智の心眼によって認識しうる永遠不変〈同一性〉の〈特に正義の〉「理念」に適うときにその存在の根拠の正当性を認定され、カントにおいては或る行為は理性的投企によって構成される〈自律的人格の協働体なる〉普遍妥当的〈同一性〉な「理念」に適うときその遂行の正当性を認定されるが、ドゥルーズにおいては、「理念」は、或る事象、全ての事象、私の存在、それらおのおのに固有の〈相互差異的な〉、つまり千差万別の、それらに相反‐相伴する〈表象的・再‐現前化的‐思考には見えない〉「潜勢態」の生動であり、それらを産出する、〈可能性の一般的条件ならぬ〉、多岐・多様な「現実性の条件」、根源的なというより〈表象的思惟が規定する根源などではなく、その規定から過剰する〉脱‐根源的な、「発生」の微分動であり、それが理念と呼ばれるのは、〈表象的‐思惟によっては〉思惟不可能であるが、それでもなんらかのかたちで思惟するほかなく、そのかぎりでの〈非‐表象的な〉「純粋‐思惟」の〈対象ならぬ〉主題でしかありえないからであった。だが、〈正義の〉概念や〈道徳的〉理想といった表象に一般化しえないこのような微分態の生成動こそが、在りとし在るものものすべてを、概念や理想への「類比性」においてではなく、その現に在ることの「同義性・一義性」(univocité)において、認定・保証する唯一の〈脱‐根拠的な〉根拠なのではあるまいか。『差異と反覆』の末尾より四十頁も先立つ部分ゆえ最終結論とするにはいささかの躊躇いがあるが、とはいえ、同じ「結論」章で、ドゥルーズは記している。

「理念の〈同一性〉(identité) ならぬ〉《同異性》(même)〔後注①〕の下では、あらゆる多様性が唸っている〔後注②〕。理念を、同一性〔後注③〕や一者性〔後注④〕には還元不可能なひとつの実体的な多様性として論ずることによって、つぎのことが明らかになったように思われる。すなわち、表象的思考から強制されるさまざまの要請からは独立に、多様性としての多様性を経めぐり歩きながら、理念を構成するさまざまの要素、諸関係、もろもろの特異点を規定しつつ、規定可能性、相互規定性、十全規定性〔後注⑤〕という三原理のもとに、いかにして、充足理由律（raison suffisante）〔後注⑥〕なるものがおのずから自己創成（s'engendrer elle-même）〔後注⑦〕しうるにいたるかということが」（DR. p. 352）。

〔後注①〕この〈même〉は、ハイデガーらのいう〈Identität〉に対する〈Selbigkeit〉(77) に近いものであろうし、「自同性」とも訳出可能であるが、既述のところを踏まえて「同異性」と訳出しておく。「同一性」が自らの内に多様性・差異性を含まぬままの自己単一体もしくは他の自己単一体との自他同一態、を含意するとすれば、「同異態」は自らの内に多様性・差異性を孕んでいる豊かな自己同一態の謂いである

〔後注②〕既述の「概念の下にドラマが蠢いている」を参照。いずれもいかにもドゥルーズ的な言い回しである。

〔後注③〕ここの原語は〈même〉であるが、内容的に、上記の〈même〉ではなく、〈identité〉であるから、文中挿入で混乱を生じさせないよう、付記注とする。

〔後注④〕〔後注③〕に合わせて原語の文中挿入は省くが、〈l'Un〉である。内容的には説明するまでもない。

〔後注⑤〕この三概念は、おのおの、既述の、〈dx, dy〉、〈dx/dy〉、〈dx/dy 価値〉、に当たる。

〔後注⑥〕直訳すれば「充足理由」「十分な理由」で、「律」（principe）の語は含まれないが、ここでは普通名詞ではなく哲学概念としての充足理由律であり、また（筆者は）「律」に（法規性より）「律動」性を読み込むので、こう訳す。

〔後注⑦〕「法規」が「自ずから自己創成してくる」というこの発想は、この稿では十分な説明の機会がなかったが、いわゆるカント的‐先験論にたいするドゥルーズ的‐発生論・生起論の特色を示す象徴的な一例と思われる。もっとも、この稿でのドゥルーズは、マイモン由来の微分論とカント自身の能力論と自らの差異論を

もって三者の通底をはかっているわけだが。……

原テクストに戻れば、この健やかな生成論は、現代思想家に相応しい厳しい問題意識によってすぐに制約される。

「〔とはいえ〕〈充足理由律、それによる根拠づけ作働は、奇怪なかたちで折れ曲げ（coudé）〔後注①〕られる〉〔山括弧内、原文イタ〕〔後注②〕。一方で、それはそれが根拠づけるもの、表象的思考の諸形態のほうに傾く。他方で、それはあらゆる形態化に抵抗し、おのれを表象化されるにまかせず、根拠（fondement）づけ作働の彼方、ひとつの無根拠（un sans fond）のほうへと曲がり、そのなかへと沈み込んでいく。差異-動を婚約者アリアドネー〔後注③〕に譬えれば、彼女はテーセウス〔後注④〕からディオニュソス〔後注⑤〕へ、根拠づけの原理から、普遍的な《無根拠としての根拠》（effondement）〔後注⑥〕へと、移行していくのだ。／根拠づけるとは、無規定態を規定することである。だが、この操作は単純でない。規定作用なるもの、それがなされるときには、なんらかの形態を与えること、諸カテゴリーの制約のもとで質料に形相を与えることで、終わりはしない。なにものかが奥底から表層へと浮かび上がってきて、そこで形態を得ぬまま漂い、むしろさまざまの形態のあいだでくねまがり、表情なき自動態として、無形態のままに寝そべる〔後注⑦〕。このいまや表層（surface）に広がる根底（fond）をわれわれは深み（profond）あるいは無-底（sans-fond）と呼ぶ〔後注⑧〕。逆に、諸形態のほうは〔根拠づけられて？〕自らの内部で自らへと反射して解体し、すべての造型態は崩壊し、すべての顔貌も死に、残るはただまさしく無規定態に応分（adéquate）な規定性としての抽象線〔後注⑨〕のみとなる。夜にも同じ明るみ、基剤と同じ酸敗味、全面的な暗みに同じ区別、（無規定態に対立せぬ規定作用、無規定態を限定することなき規定作用としての）怪物（monstre）〔後注⑩〕。〔……〕規定作用のメカニズムを記述するに質料と形相（matière-forme〔材料と形、内容と形式〕）という対概念は十分でない。質料（matière）〔材料、素材〕

はすでに形相〔形、形式〕づけられ（informée）ているのだ〔後注⑪〕。〔……〕この無規定態、この無底、これはまた思惟に固有の動物性〔ともいうべき原始性・原初性〕、思惟の発生態（génitalité〔genèse〕）でもあるのだ〔後注⑫〕」（DR. pp. 352~353）。

［後注①］　カントは『市民的見地から見たひとつの世界史のための理念』のなかで「人間がそこから造られた曲がった小枝（so krummen Holze）からは、真っ直ぐなものはなにも造られない」と記し、I・バーリンはこれを踏まえて論稿「曲げられた小枝（The crooked Timber）――ナショナリズムの勃興について」と論文集『人間性という曲がった小枝――思想史論集』[78]を執筆・刊行した。ドゥルーズがここでいう〈coudé〉が両者の〈krummen〉〈crooked〉を踏まえ、それを示唆・暗示しているとはとても思えないが、なにか内容的にも相通ずるものがあるような気もする。（むろん、これは別記の「ザルツブルクの小枝」は関係ない。）

［後注②］　この一文・一行がイタリック体になっているのは、なんらかの有名なあらためて題名を注記する必要もない書物からの引用だからであろうが、上記のカント書やJ・ド・メーストル書でないとすれば、目下の当方には不案内である。

［後注③］　アリアドネーはテーセウスの婚約者であったが、やがてディオニュソスと結婚する。その程度のことを、ここで「差異」（différence）と呼んでいるとは思えないが。ちなみに、アリアドネーの母パシパエはクレタ王ミノスの妃でありながら海神ポセイドンから贈られた美牛との間にあの怪物ミノタウロスを生み、アリアドネーは後者（自分の異父弟？）を征伐に来たテーセウスと婚約するが、やがてディオニュソスと結婚するにいたる。要するに、ここにはドゥルーズ好みの〈たとえば人間と動物のあいだの――〈動物性〉観念は次頁にも出てくる――、また人間と人間のあいだの〉中間性・移行性・差異性が出没している。

［後注④］　テーセウスは都市国家アテネの創建者（fondateur. 根拠づけ者、理性 raison・根拠 ratio の体現者）

であり、それゆれ正当な存在根拠なきミノタウロスを抹殺・廃嫡すべくミノア（クレタ）島にやってきた。ミノタウロスもむろん中間・外《は》み出し存在である。

［後注⑤］　ディオニュソスは、キリストが十字架で四つ裂きにされたと相似て、またエジプトのオシリス神の受難死にも相似て、八つ裂きにされて種子のように大地に撒かれ、それによって人間に恵みをもたらす、ドゥルーズ的な分散・多様態である。アドリアネーは、テーセウスという根拠づけ・同一性体から、ディオニュソスという脱‐根拠・分散態へと「移行」して、彼女自身が中間態・差異態・移行態である。

［後注⑥］　別の諸頁に散見される〈effondement〉なる語をめぐって、筆者はこの『差異と反覆』の訳者である財津氏に、〈effondrement〉の誤字・誤植の可能性はないのかと問い合わせた。誤字・誤植ではなく、ドゥルーズによる造語であろうというのが、同氏の回答であった。ここではこの語がわざわざギュメで強調されているので、誤植ではなく（誤字の可能性はなお残る?）造語であることがよく判る。内容的には、たんなる〈fondement〉（根拠づけ）ではなく、上記シェリング流の「無底」（Un-grund）概念を踏まえての、「無根拠という根拠づけ作働」と解してよい。もともと、根拠づけ・理由づけ作業とは、その根拠づけ・理由づけ作業そのものの正当性の根拠づけ作業を要求し、これはいわゆる悪‐無限の遡行作働を強制することになる。それゆえ、どこかで、これ以上の根拠づけ作業は放念する根拠づけ作用というものがあることになり、これを「無根拠という（つまり自ら自身は然るべき根拠をもたない）根拠づけ」作働とここでは仮称した。

［後注⑦］　この長い引用文のわれわれにとっての核心はここにある。つまり、（a）根拠づけ・理由づけ作業は、必然的に無‐根拠づけ・無‐理由づけ作業を伴う。（b）無‐根拠づけ・無‐理由づけ作業のままに放置されるものは、廃嫡されながらも無化することなく、無規定・不気味・のっぺらぼう態として、せいぜい「抽象的な線賦与」を得るくらいのままで残存するか、そのような無表情・不気味な・のっぺらぼう態として、根拠づ

け・理由づけ作業の次元に憑依・さまよいつづける。（c）充足理由（raison suffisante）律も、それゆえ、理性（raison）を充足させつつ、同時に非理性（déraison）の脅威にも曝す、パラ・ドクス（para-doxe）動である。表象的・延長態レヴェルの思惟はそれを知らず（看過し）、パラ・サンス（para-sens）思惟はそれを認め・受諾する。……

［後注⑧］　深み（profond）は通常そう理解されるように有底のそれでなく、無底（sand-fond）態として表層（surface）に広がり、両者は高低・上下・超越‐内在の区別を失ってたんに差異するのみとなり、やがてドゥルーズ特有の内在一元論となる。以下の「第二部」で「深さ」が「表面」に完全転換する。

［後注⑨］　下記［後注⑩⑪⑫］を参照されたい。

［後注⑩］　この「怪物」は、上記［後注③④⑤］の「ミノタウロス」に当たると見てもけっして牽強付会ではない。合理主義的・同一律的・根拠づけ者であるテーセウスは、それゆえミノタウロスを殺した。そして、それに同調して殺害に加わった婚約者アリアドネーは、ドゥルーズとともにこの「怪物」の重要さに気づき、やがてディオニュソス・ニーチェ・ピカソ・ドゥルーズ・オシリス・キリストのもとに走ることになる。（古代エーゲ文明のうち、今日のギリシャ本土は人口も少なく北欧等（東部もある）からの来入者民族に早めに征服されたが、クレタ島にはいわゆる「前‐ギリシャ先住民族文化」が長期にわたり残存し、本土民族からの攻撃にもさらされながら、やがて現代女権思想の開祖とされるG・G・バッハオーフェンの『母権制』論にも見られるように、女神中心の密儀宗教文化が栄えた。現代思想家たちはここに着目する場合が少なくない。[79]

［後注⑪］　物質という思惟なき物体が、すでに思惟的な情報（information）を吹き込まれている（informée）とも解しうる。いつ吹き込まれたのか、ではない。はじめから内含しているということである。筆者は、かって、M・セールが「宇宙の塵は、塵ではない。宇宙の情報である」と記しているのを見て、「情報」概念の重

要さを得心した。

［後注⑫］上記の「抽象線」は、したがって、思惟が未規定態・無底に外から与えるものではなく、後者の内側？内外の区別なき未規定性から？発生してくるものである。ただし、むろん、（まだ）表象思考レヴェルの幾何学的な線ではなく、その「発生態」である「原‐線」とでもいうべきかもしれないが。なお、テクスト文言からやや離れていえば、この［後注⑨⑩⑪⑫］の問題は、結局、ドゥルーズにおける〈Idée, idéel = réel〉の問題である。〈idéel〉は〈idéal〉とも〈réal〉とも〈identique〉ではなく、〈réel〉も〈réal〉とも〈idéal〉とも〈identique〉ではないが、〈idéel〉と〈réel〉は〈même〉（上記一四三頁の［後注①］参照）であり、このかぎりで「思惟」（pensée）と「実在」（réel）と「理念」（idéel）は〈même〉である。「無規定態（indéterminé）、この無底（sans fond）、へと絶対的に適合（absolument adéquate）している規定作用（détermination）としての抽象線（ligne abstraite）」（DR. p. 352, 353. 上記に引用）とは、このことを端的に象徴する言表の一である。

第十二節　なぜ「理念」なのか——充足理由律の十全・不全・未全

ドゥルーズが、あるいは『差異と反覆』が、あるいはわれわれが、前二者における「理念」観念を重視するのは、結局、つぎの理由による。

1　プラトンの「イデア」が正当な認識（と存在）の根拠であり、カントの「理念」（Idée）が正当な行為（と認識）の根拠であったように、ドゥルーズの「理念」（Idée, idéel）は存在（と認識と行為）の正当性の根拠、存在の「充足理由」（raison suffisant）がそこから「自成」（s’engendrer. 既述引用）してくる生起・生成動としての根拠である。プラトンの「イデア」が叡智の心眼（idein）にとっては可視的であり、カントの「理念」

が良心の胸眼（Ehrfurcht）にとっては可解的であったにたいして、ドゥルーズの「理念」は、その対象としての生起・生成動は、通常の表象的思考にとっては不可視・不可解な「潜勢的（virtuel）‐実在態（réel）」であり、それゆえにこそ「理念」と仮称[80]されたのであるが、とはいえ、その生起・生成動は、すべての事象がその事象へと到来[81]するにいたる、その事象とは不可分の、その事象の唯一の、存在根拠、つまり「充足理由」あるいはその産出（produire, engendrer）を成す「発生動」（genèse, generatio, intensio）であり、それゆえ「思惟不可能にして、思惟さるべきもの」（cogitandum）、表象的思考には思考不可能であるが、「無底・無規定態とも絶対的に適合する抽象線としての規定作用」でありうる「パラ・ドクサル」な「純粋思惟」に向かっては、「思惟不可能ゆえ、思惟すべし」の「定言命法[82]」（既述）を発する、要するに、まさしく「理念」とも実称しうる実働態であった。ドゥルーズとわれわれがこの「潜勢態」（virtuel）として不可視・不可解・不可識別的・無意識事象であるはずの生起・生成・発生‐動を、無底、生起、無意識、intensio（強度、力動）、生成、スパティウム、自己差異化、構成諸要素、諸要素連関、諸連関交錯、特異点の生起・配与、特異点を基軸としての要素連関の変換、潜勢的な微分動（différentiation）から、特異態（singularité）の成立を介しての、ようやく多少とも意識可能的となる、微拡動（différenciation）・積分動（intégration）・分化動（différence）等の現働化‐動（actualisaton）への転換、……なるドゥルーズ的（カテゴリーならぬ）基礎観念（notions）（DR. p. 364）をもって試論的に整序しえたのも、この「理念」と「純粋思惟」の「権利」（既述）によるものであった。目下の直接の文脈に戻れば、『差異と反覆』の「理念」観念は、次著『意味の論理学』の「意味」観念へと変成したあと、ドゥルーズ哲学から姿を消す観があるが、その経緯の実相は別途再検討することにして、ここでは、ドゥルーズ思惟は伝統的哲学の中核である「理念」観念のもとに、後者の「ミノタウロス」にすぎなかった生起・生成動を、伝統的「理念」への「類比」化によってではなく、それに独自・独異な「独義性・一義性」において、すべての存在者の存在の権利を保証するための「充足理由の律動」へと、はぐくみ育てていたのだということを確認しておこう。

2　もっとも、この根拠づけで事が済むわけではない。根拠づけ・理由づけ作業は、その根拠づけ・理由づけ作業の正当性を証明するための新たな根拠づけ・理由づけを要請され、既述のとおり、無限に遡行していく。ドゥルーズ文（上記）でいえば、充足理由律は、一方・一端では表象・延長態レヴェルに傾いて理由づけ・根拠づけをなすが、他方・他端は無底・無根拠（sans fond）に足を踏み入れて、ずぶずぶと沈んで（plonge）いく。充足理由律はそのように「ひん曲がった」（coudé）「怪物的な」（monstre）不-充足理由律でもあるのだ。事象は、われわれは、いまの存在へと到来させてくれている生起・生成動のみで、自らの存在の正当性を保証されるわけではない。事象・自らの存在の正当性をより充足的なものにするためには、……――ドゥルーズはいわゆる反-人間主義・思想家でもあるので、この種の発想を進展させていくことはないが、とまれ、ドゥルーズ的な進行方向を探れば――、それが、「潜勢的-微分動」（différentiation virtuelle）ならぬ、意識レヴェルでの諸種・多様な「現働的-差異（・関係）化-動」（différenciation actuelle）の方位でもあることは、もはや指摘するにもおよばぬところであろう。「現働化-動」（actualisations）は、自らの遂行によってのみでなく、また、ハイデガー思惟のように「潜勢態-動」への帰入（Seins-denken）によってのみでなく、あの異次元-重相的な〈c／t（différenciation / différentiation）価値-動〉の「自己差異化的-反覆-動」によってこそ事を進めていく。ただし、これはもはや『差異と反覆』の主題ではなく、以後の諸著作に委ねられる問題である。

結章　現働化‐動と「創造」観念

ドゥルーズ哲学は常識的にも生成思想であり、産出（produire）や創造（création）の観念と不仲ではない。ただし、創造観念はあちこちで肯定的に使用するにしても、旧来のすべての哲学と同じく、主題的に扱った主要論稿はない[83]。古代ギリシャ哲学が北方由来の新興支配民族による反‐神話主義[84]によって創世神話を棄却し、中世哲学が世界創造の問題を宗教と神学に委託し、近代哲学がデカルトやカントの「ボン・サンス」や「批判的知性（悟性）」をもって創造問題を既定通俗観念や超越論的幻影として廃嫡したとすれば、現代哲学は、現代科学や現代芸術の発生・生成‐事象領域への進出に対応するかのように、ドゥルーズたちが代弁する「パラ・サンス」や「差異律・差延動」によってようやく（「存在」と「無」から、つまり「存在と無」や「存在か、無か」から、「無から存在へ」という、）創発・創成・創造の問題へ矛先を向けつつあるが、いまだ十分ではない。われわれは現代諸哲学の綿密な検討を心掛けつつこの動向の継承と進展をはかっているわけだが、ドゥルーズ思想についても以上の準備考察を踏まえてもう一歩踏み出してみよう。

まず、(1) ドゥルーズが直接言及しているテクスト・文言を精査し、(2) ついで、関連諸テクスト・諸問題を考察し、(3) 以下「第二部」への展開を準備するとともに、(4) より一般的な問題地平へと広げていく。

第一節 『差異と反復』語彙群のなかの創造観念

ドゥルーズは、いう。

もっとも、あらかじめ少なくとも二三点、前提として既述のところを確認しておかなければならない。

ドゥルーズは、もっとも簡略に言表化してしまえば、「創造 (création)」とは、潜勢態 (virtuel)・微分動 (différentiation)・理念 (Idée, idéel) を、現働化 (actualisation)・微拡化・拡分化・(微積) 分化 (différenciation) することにある」とする。この場合、

(i) 現働化 (actualisation) とは、通常の常識のいう「可能性」(possible) の「現実化」(réalisation) とは区別しなければならない。ドゥルーズや現代思想家たちが指摘するところ、いわゆる「可能と現実」における「可能」とはすでに「現実」化されているものから観念的に遡行してその「現実」事象の一般態を想定し、後者つまりその事象の一般態からの「限定」としてその「現実」を理解する、極めて観念的で狭義・貧弱な表象思考の落とし子にすぎない。ドゥルーズ的には、事象は、表象的思考には収まりきれないところから発生 (genèse) してくるのであって、かつまた、これも大変重要なことだが、その現にある事象も表象的思考には収まりきれないものを包摂するとともにそのようなものによって包摂されている。このような事態を、ドゥルーズは、無底、生起、無意識、生成、「潜勢態・潜勢動」(virtuel)、「微分態・微分動」(différentiation)、実在的 (réel)、理念的・準-理念的 (idéel)、さらには「現働化」(actualisation) ……といった語彙で言表して

いるのである。われわれとしては、さらに、どのような微小な構成要素もがみずからの内外に漂わせ、それによって大きな事象を構成しつつその内外にも漂わせる、この「潜勢的なもの・微分的なもの、思考しなければならない理念的なもの」を、一言で、事象の存在論的‐縁暈（auréole ontologique）とも呼んでおこう。また、〈réalisation〉〈actualisation〉系譜の類語（réal, actuel, réaliser, actualiser, réel, effectuation, ...）の使用には細心を心掛けるとともに、〈réalisation〉〈effectuation〉に抗（contre-effectuation）する〈actualisation〉の内実を示すために、あるいは〈actualisation〉そのものの表象的・延長態レヴェルゆえのいわば劣化（dégradation, dédifférenciation）（DR. p. 328, 320）に抗して、〈réelisation〉（実働性・実働化……）なる造語使用もあえておこなう。ただし、ごく一般的にいわば説明用のメタ言語として「理念の現実化」という場合には、〈réalisation〉の語も使用する。

（ii）〈différenciation〉は通常「分化」と邦訳されているようでそれは尊重するが、筆者の理解では、差異化‐動（différence）は、潜勢態・強度（intensio）域ではひたすら微分化‐動（différentiation）を自乗・冪乗（puissance）化していくに対し、〈actualisation〉は延長（extensio）レヴェルで成立し、遠からず積分（intégration）段階にも達し、果ては十分に可視的・可識別的レヴェルの時間‐空間・関係‐地平を開展させていくのであるから、当初から、「分」より「拡」への動向を発動しはじめているように思われ、あえて段階的に「微拡」「拡分」「積分」……と試訳する。既述略記した〈c動態〉と〈t動態〉を、（相互）異次元のみならず（相互）異方向とするのも、両者の差異‐関係の一環とみなしうる。この差異‐関係の密度の如何、あるいは異次元‐重相性の如何によって、〈actualisation〉の緊張・弛緩、つまりそのいわば本来性と頽落態（劣化態）の区別も評定しうることになる。

（iii）潜勢態（virtuel）・微分動（différentiation）レヴェルと現働化（actualisation）・微拡‐分化動（différenciation）

レヴェルの違いをドゥルーズは強調するが、なぜ両者がそれほど相異なるのか、二十世紀思想界に通有の「無意識」観念と近代的「意識」との共存・葛藤によるものか、ライプニッツ流の「微小知覚」からバディウ的「不可識別態」観念への系譜と伝統的「意識」概念の異同の現代的前景化によるものか、それともいっそのことわれわれが付言するようにデカルト以来の「物質・延長」(extensio) レヴェルと「思惟・精神・強度」(intensio) レヴェルの対立以来の二元論ゆえのものであるのか、ドゥルーズによる判っきりした理由説明はないように思われる。ただ、ドゥルーズのいう両レヴェル間の「対応」(correspondance) と非-「類似」(analogie) なる指摘は、われわれも受け容れ、こう記述した。すなわち、潜勢態レヴェルにおける諸構成要素、それらの相互連関、それら相互連関のあいだの諸連関、また特異点の成立と、それによる諸要素連関の変換、……は、現働態レヴェルにおいては、まったく別の（たとえば知覚可能な）諸要素、それらの構成連関、諸特異点によって成されるのであるから、おのずから「対応」しあいつつも「非-類似」となるほかないのである、と。両レヴェルの間にある種の存在論的-飛躍 (vol) が介入するのではないかとはドゥルーズ的にも指摘しうる (cf. DR. p. 258) ところであるが、他方、ドゥルーズは、これも先述した現働化・分化 (différenciation) レヴェルの「個体化」(individuation) 動は、現働化-動が産出するというよりも、「個体化」動そのものが現働化-動を主導することによる (DR. p. 318, 323) と、ある種のカント的（?）な先験主義の風も示しており、結局、両レヴェルは、差異哲学に相応しく、はじめから異次元-重相性を成していると見なすほうが無難かもしれない。ともあれ、いずれにしても、こうして、〈t 動態〉とは別個に〈c 動態〉が展開する位相が開かれ、前者が無意識的な生動と蓄積の結果であるとすれば、後者は意識的な進展をもって、個体化-動や、これまた既述のドラマ化-動、その他の諸段階を経て、やがてはわれわれのよく識るこの世界の構成等、その後の諸結果を産出していくことになる。

(iv) その後の諸結（効）果の一であるはずの「創造」(création) 営為については、やや性急の感あるも、こう見通しをたてておいてはどうか。すなわち、ドゥルーズのいう「理念の現働化によって創造は成る」とは、潜勢動としての存在論的‐縁暈（auréole ontologique）を現働化‐営為を通じて表象的・延長態レヴェルへと然るべく実働化（réelisation）していくとき、そこに創造は成る、ということであろう、と。

ドゥルーズ・テクストにあたって、こうした解釈の正否を検討しよう。

引用例文1

「潜勢態の現働化（actualisation）は、つねに、差異化、多岐化、あるいは拡分化（différenciation）〔後注①〕によってなされる。現働化は、原理としての同一性からと同じく、プロセスとしての類似性からも、絶縁する〔後注②〕。現働化‐動の構成諸項はそれらが現働化（actualisent）する潜勢態（virtualité）に類似（ressemblent）していない。さまざまの〔拡分化レヴェルの〕質と種は、それらが有体化（incarnent）する〔潜勢態レヴェルの〕微分的（différentiels）諸関係に類似しておらず、〔拡分化レヴェルの〕諸部分もそれらが有体化する〔潜勢動レヴェルの〕諸特異点には類似していないのだ。現働化‐動、拡分化‐動は、この意味で〔つまり類似化ではないという意味で〕、つねにひとつの真の創造‐動（une véritable création）である〔後注③〕。現働化・拡分化‐動は、なんらかの先在的な可能性（une possibilité préexistante）の限定（limitation）によってなされるのではない。〈ポテンシャル〉（潜勢力）なるものを一部の生物学者たちが語るように〔たんなる一定の在庫量のように？〕語るのは矛盾であり、拡分化‐動をなんらかの全体力の限定作業のように定義することも、矛盾である。それではこの〈ポテンシャル〉（潜勢力）を〔たんなる〕論理的可能性と混同してしまうことになる。ポテンシャルあるいは潜勢動にとって、〔自己〕現働化する（s'actualiser）とは、つねに、潜勢的‐多様性（multiplicité virtuelle）に、類似（ressemblance）することなく、対応（correspondent）する、さまざまの諸〔抽象〕線〔先述〕を創造（créer）することにある。潜勢態は、ひとつの問題が解決を求めるように、〔自己〕成就（remplir）〔後注④〕の現実的（réalité）任務（tâche）を担っており、潜勢態・問題は、さまざまの解決策を創出（engendré）し、条件（conditionne）づけ、方向（oriente）づけるが、ただし、それらの解決策は問題を出来させた諸条件に類似ではないのだ。〔……〕とはいえ、ここにいう類似性なき対応（correpondance sans ressemblance）、あるいは創造的－拡分化（différenciation créatrice）とは、何のことか〔後注⑤〕。〔……〕〔ベルクソン的－記憶論に準拠していえば〕記憶における潜勢態の現働化は、多様な〔抽象〕線（lignes）〔先述〕の創造（création）として現われ、それら諸線のおのおのは、なんらかの潜勢的部位に対応し、問題解決方策を示唆するが、しかし、当該〔潜勢態、virtuel, différentiel〕部位に固有の諸関係や諸特異点配置のオーダーを拡分化－動（différenciées）レヴェルのさまざまの種や部分に有体化することによってであるという、〔そのような間－異次元的－変換を通じて、潜勢態レヴェルと現働態レヴェルの「差異」（非－類似）と「対応」は成されるということである〕」（DR. pp. 273~274）。

〔後注①〕現働化が延長態レヴェルで時間的－空間的、とくに空間的に、分節－連関（差異－関係）網を開展しはじめ、われわれのこの多様世界の形成に向かっていることに注意。

〔後注②〕久しぶりに同一性概念の否認がなされ、類似性もその派生態であることが示されている。「正義のイデア」と「ソクラテス」が原型（オリジナル）と摸像（コピー）として、「神」と「人間」が範型（オリジナル）と似像（コピー）として、「同一・類似」性の関係にあるとすれば、ドゥルーズにおいては、「イデア・神・オリジナル」のない、摸像・似像・コピーならぬ、非－摸像・（非－）似像・（非－）コピーとしての「シミュラクル」（擬像、異象）、というより、潜勢態・カオスモスからはじめて立ち上がる独異－個体（individuation singulière）としての、ソクラテスと（キリストならぬ）イエスと人間の差異－関係が成立・展開していく。

〔後注③〕「創造」はここでは「類似でない」のネガティブ・ニュアンスがあるが、「真の」(véritable)なる形容詞が特別に付加される名詞型であることからしても、これからの新たな創出の営みをも含んでいると解して大過はない。以下の文、参照。潜勢態がなによりも無意識-動による蓄積態であるとすれば、現働化-動は、なんといっても、つまり頽落態への劣化はありうるとしても、意識的な、後述もする自己産出的・自己創造的な思惟の展開なのである。

〔後注④〕上記「充足理由」論、参照。

〔後注⑤〕先にドゥルーズは、何(Was)?、と問うのではなく、如何に(Wie)?、と問い答えよ、といっていたが、ここでは「何」(qu'est-ce que)?、と問うている。しかし、もはや、内容的に差異・反立であるわけではない。

引用例文2

「自己現働化(s'actualise)する理念(Idée)〔後注①〕については、われわれは(拡)分化(différenciation)〔後注②〕という語を使う。自己発展(se «développe»)し、まさしく、それによって現働化の動き(mouvement)を決定する強度(intensité)〔後注③〕に関しては、外展化-動(explication)〔後注④〕といおう。強度は自らがそこへと外展(s'explique)していくさまざまの質と延長態(étendues)〔後注⑤〕を創造(crée)するということが〔強度という潜勢動が延長態レヴェルへと外展化・変容してしまうにも関わらず〕文言上は依然として真であるとすれば、それはそれらの質と延長態が、それらのなかに現働化してきている理念的な諸関係に、〔対応はしているが〕、類似していない、まったく類似していない、そのかぎりにおいてである。(拡)分化-動は自らの展開を主導する諸〔抽象〕線の創造-動を〔自らなりに、自らの内に〕内含しているのであるから〔後注⑥］」（DR. p. 316）。

［後注①］「理念」観念のドゥルーズ的内実については既述詳説した。「理念」が「自己現働化する」（s'actualiser）という表現も、この段階では自然に受け取れるだろう。

［後注②］「理念」は潜勢的‐微分態（différentiel）に当てる語だが、「理念」が現働化してくるのは微拡・拡分・分化‐動（différenciation）レヴェルである。

［後注③］われわれがデカルト二元論から借り出した〈intensio〉が、ここでは立派に活躍している。

［後注④］〈explication〉の辞書的な基本訳語は「説明」等だが、もともと「判りやすくなるように外へと開く」であり、ドゥルーズ晩年に重要になる〈pli〉（皺）観念に通底させるべく、やや異様ながら〈ex-pli-cation〉（外に向かって皺を伸ばし開く動き）と取意して、こう訳す。他に、上記にも一二度言及したが、〈com-pli-cation〉（複雑化）〈im-pli-cation〉（内包化）等もドゥルーズ的観念である。

［後注⑤］上記［後注③］にデカルト概念〈intensio〉が顔を出していたとすれば、その対概念〈extensio〉もここで顔を出していることになる。

［後注⑥］微分化‐動も（拡）分化‐動もおのおの自律的に主導しうる諸（抽象）線の創造‐動を有しているという異次元‐重相性を前提にする発想だが、この（拡）分化‐動は、微分化‐動から遊離して、劣化することもありうる、これも既述したが、以下の引用文にもそれがうかがえる。

引用例文3

「創造する（créer）とは、つねに、微拡化・拡分化‐動（différenciation）の諸線・諸象を産出（produire）するということである［後注①］。しかし、強度が自己外展化（s'expliquer）するときには、自らが創出（crée）する微拡化・拡分化‐動システムのなかに自己無化（s'annuler）〔後注②〕するということ、これも真実である。また、一システムの微拡化・拡分化‐動は自ら《没‐微拡化・（没‐）拡分化》（dédifférencie）〔後注③〕していくひとつのより一般的なシステムと一対になってなされていくということにもわれわれは気づく。〔……〕〔とはいえ〕頽落化（dégradation）の原理は、もっとも単純なシステムの創造も、さまざまのシステムの進化も、説明するものではない。〔……〕生あるものは、〔つねに〕なんらかの他のオーダー、異質のオーダー、他の次元を証言し、〔……〕なんらかのより上位の表現位相を〔すでに〕享受している」（DR. pp. 328~329）。

〔後注①〕この種の指摘から、「創造」は（拡）分化‐動レヴェルでのみおこなわれると結論してしまうのは正しくないだろう。（拡）分化‐動とは、それ単独では、所詮は、表象的・延長態レヴェルの思考と行動にすぎない。「創造」は、既述のところからしても、「理念の現働化‐動」としてなされるのであり、もっとも単純化しても、潜勢態‐微分動と微拡‐拡分‐動の、つまり〈dc/dt〉の、緊迫した重相性・協争‐弁証法においてこそなされていく。

〔後注②〕この語・観念はさほど拘る必要はないと思われる。以下にも、「別オーダー・別次元」の積極的規定は伺える。

〔後注③〕ただし、現働化‐動が、これらネガティブ態へと「ひん曲がって」（coudé. 先述）いきうることも、常なる〈réelisation〉（実働化）への努力とともに、片時も放念してはならない。

ドゥルーズ語・文のなかにはこのように極めて自然に〈création〉観念が自生している。

第二節　問題意識「差異と反覆」と創造観念

『差異と反覆』語彙群中の創造観念とは別に、ドゥルーズが「差異と反覆」という問題意識と創造観念をどのように、自覚的に、結びつけているか、も問いうる。自覚的に、とわざわざ断ったのは、無自覚的に結びつけている諸局面は、これはドゥルーズが創造という語は使わずに、他のドゥルーズ語で語っている諸局面ということになるが、それはわれわれがすでに上記のところほぼすべてで検討してきたとおりであり、いまはそれをドゥルーズ自身の言で、創造観念へと帰着させることが主題だからである。

実際、われわれはわれわれ自身の問題意識においては、上記第三章冒頭でも、「差異と反覆」という問題にとって創造観念が必然的であることを示した。ここで簡単に二点のみ、重複確認しておこう。①「差異と反覆」とは、旧来の哲学が同一律とその遵守・維持・反復・再現前化を金科玉条としてきたに抗し、ドゥルーズや多くの現代思想は、同一態も差異動の所産の一にすぎないこと、「同一性とその反復」は、より精確には「差異とその（反復というより）反覆」とすべきこと、その今日的主張の表れであった。②同一性に対するこの差異性の今日的先行には多くの要因が考えられるが、われわれとしては現代宇宙科学の驚嘆すべき成果といえる、あの宇宙（存在）発生・第一段階の〈10^{-43}秒〉なるプランク期間における超巨大インフレーション、それを構成する、（引力発生以前の）汎-斥力-事態、つまり、汎-差異化-動-事態、——その汎-斥力-エネルギーが弱化・減速して物質と引力が生じはじめ、その相互衝突によっていわゆるビッグバンとそこからの現行宇宙の現出となる——、を参照するのも一法であろう。ありとあらゆる同一態、つまりいわゆる万象のおのおのはこの汎-斥力-態としての差異化-動を孕んで、同一-化-態として成立しているのである。同一性

(Identité, Identität)ならぬ自同性(Même, Selbe)(または、同異性)と、ドゥルーズもハイデガーも強調していた。

　われわれはこうした発想で「差異と反復」を「創造」観念に向けて再整理してきたわけだが、さて、ドゥルーズはこれをどう語るか。先の長文の引用文のすぐ後で、こう記す。

「潜勢態(virtuel)における差異と反覆が、創造‐動(création)としての現働化‐動(actualisation)、微拡・(拡)分化‐動(différenciation)を、成立(fondent)〔後注①〕させるのである。こうして、可能性〔概念〕(possible)の孕む同一性と類似性〔後注②〕に〔それが〕とって代わる。同一性と類似性など、疑似‐動態(un pseudo-mouvement)〔後注③〕しか呼び起こさない。〔可能性の〕抽象的な限定としての現実化‐動(réalisation)〔後注④〕など、偽の動態性(faux movement)である」(DR. p. 274)。

〔後注①〕〈fondent〉は「根拠づける」とも訳せ、最終的な「無根拠性」(sans- fond, Un-grund)(先述)を踏まえておけば一定段階においてはドゥルーズ思想にも使用可能であるが、「成立させる」とも訳出可能なのであるから、このようにする。いずれにせよ、この文言からすると、「差異と反覆」は「創造‐動」を成立させるためにこそ論ぜられていることになり、このドゥルーズ著は「創造」問題をこそ主役にした「差異と反覆」という脇役たちについての考察だということにもなる。

〔後注②〕既述もしたが、多くの現代思想家にとって、「可能性」とは現実的(présent, réal)事象から遡行(もしくは予想)して「表象」(représentation)される事態であり、所詮はその「現実」態の「再‐現前化」(re-présentation)として、「類似」さらには「同類」(同一)といわざるをえない事態である。

〔後注③〕同一性(identité)はおおむね相互に差異するAとBの相互接近による差異解消の単一化を含意し、類似性(ressemblance)はおおむねAとaの同類性を含意する。差異哲学からすれば、この種の差異解消や同類性は、当然、「疑似-運動」としかいえない。

［後注④］　これも既述したが、〈réalisation〉（現実化）とはおおむね上記［後注②］のいう〈possible〉（可能性）と対をなす語で、所詮は「可能性」の「限定」の所産にすぎない。ドゥルーズは、これに抗して、後者を〈virtuel〉、前者を（後者の）〈actualisation〉としたわけだが、われわれは常識レヴェルの「理念の現実化」には〈réalisation〉の語を使ってもよいが、ドゥルーズ語彙としては、〈actualisation〉のほかには、〈réelisation〉と造語するとした。これは、むろん、旧来の〈idéal〉に対するドゥルーズの〈idéel〉に対応する。

さて、もうひとつ、「差異と反覆」の「創造」問題にかかわる最終含意かともわれわれが試解する局面がある。西欧では〈création〉という語は神による（無からの）世界創造（creatio ex nihilo）の含意が濃厚なため、現代思想家たちは人間レヴェルの創造行為を論ずるに〈produire〉のような唯物論的（?）な語を用いるのではないかと、われわれはいった。ドゥルーズは、ある個所で、現代思想家としては珍しく、神による世界創造と人間による（作品、と呼称してしまおうか）創造を、骰子一擲の〈jeu〉（賭け、遊び、ゲーム）問題として、対比考察する。人間的ゲームにおいては「規則」が先行し、別言すれば、同一性が不可欠的に先行する(DR. p. 361)。パスカルの賭け、プラトンの籤、ライプニッツのチェス等は、いずれも、「偶然的なものを破壊し、その存在をけっして疑われることのないなんらかの神の恒久的な規則のもとで、それら偶然性の諸断片を、なんらかの仮構的必然性（定言的もしくは必当然的な原理、仮説、帰結）のなかに、再配分していく」(DR. pp. 361~362. やや意訳)。これに対し、神の世界創造の投擲においては、ヘラクレイトス、ニーチェ、マラルメ等が語るように、当然、先行的-規則などなく、（投擲とともに）規則も成立し、しかも、負けるはずのない神ゆえ、偶然性を恐れて排除することもなく、全ての偶然性をもはじめから包摂している、そのような、全面的・絶対‐肯定としての投擲が成される。現代思想家たちのあいだで声価高いマラルメの『骰子一擲』（*Un coup de dés*）は、こうして、「（骰子一擲）、偶然性を廃嫡することなからん」（*jamais n'abolira le hasard*）と副題されることになる。「差異と反覆の賭けが、同一性と表象的思考のそれに取って代わる」（DR. p. 363）のだ。

ドゥルーズはこのような神的創造に「もっとも近い」（se rapproche le plus）（DR. p. 362）人間的創造の営みとして、多くの創造論議が安穏に掲げるように、芸術作品（œuvre d'art）（ibid.）創作（創出、創造）のそれを挙げている。われわれは創造問題を芸術的創造モデルの外へと拡大したいわけであるから、この例挙には満足できないが、それ以前に、言表「もっとも近い」とは、ドゥルーズ自身が否認する「オリジナル」と「類似品」なる「疑似‐動的‐関係」のそれであり、せめて、ドゥルーズ自身の高揚する「対応」（correspondre）論議の語彙へと変えておくべきだとも、注文つけておこう。

既述のところで、ドゥルーズは、神の完璧ロゴスに、われわれのこの多様・雑複世界は適っておらず、世界創造は神の御意志に反した「できちゃった」結果なのだと記していた（本稿、六六～六七頁、DR. pp. 292~293）が、ここでは神の「賭けゲーム」の所産であると記している。神の聖なる「ロゴスの下のドラマ」（既述、一二三頁、他、参照）が不倫と賭博であったとは、不肖、わたくし奴の存じあげぬところでありましたが、いや、そんなことはありますまい、これはすべてドゥルーズ奴の御遊びのしからしむるところなのでありましょう、わたくし奴が再整理もうしあげますところでは、……

創造とは、神によるそれであれ、人間によるそれであれ、宇宙発祥の始源をなす汎‐斥力‐動にも対応する汎‐差異化‐動を生起・出来させ、それがその弛緩・頽落の結果である表象的‐延長態レヴェルにおいて、差異の、反復というより反覆として、差異のさらなる差異化、つまり差異化の冪乗‐動として、現働化・実働化しつつ、そのつどの表象的‐延長態を自らの作品として統合するかたちで、〈c／t〉という方位・機能を異にし相互葛藤の緊張に漲る異次元‐重相‐動態を構成していく、そのような協争‐弁証法の営みにあり、ドゥルーズ的‐諸観念はこのような一連の過程の諸段階に位置づくとともに、本著『差異と反覆』、その問題意識「差異と反覆」は、このような創造観念のいわば基礎工事を構成するものである、と。

一点、これも重要な問題を付記する。神的創造と人間的創造の異同ということになれば、われわれは、なによりもまず、「無からの創造」（creatio ex nihilo）か、「有からの創造」（creatio ex ens）か、を問う衝動に駆られるが、ドゥルーズは一度もこの問題を提起していない。なぜか。まったく単純に、ドゥルーズ哲学には「無」がない、からか。それとも、「有（存在）と無」なる対が、要するに概念対にすぎず、ドゥルーズ哲学の面目は概念域の外である理念域に向かうところにあるからか。理念域にも「無底」からの生起はあるらしいが、その場合、「無」は問わずにおいてよいのか。最良なのは、「差異と反覆」という観念が哲学史あるいは思想・精神史一般に伝来の「有（存在）と無」という観念を十分に納得可能なかたちで包摂・解消して、哲学史・思想‐精神史の基軸において前者が後者に取って代わる、その権利・資格を十全に証明・自証しうることであろうが、ドゥルーズはそれはおこなっておらず、われわれはこの問題にも深い関心は抱くが、今回のこの論稿では正面から取り上げる余裕はない。別途、論を革《あらた》めなければならない。われわれが「創造」問題に関わるのはまさしく「存在と無」という問題を積極的に解消・克服する営みの一環としてであるが、そして前者（創造観念）はどうやら「差異と反覆」という問題・観念を自らの然るべき滋養分の一となしうるようであるが、「有（存在）と無」問題については、本稿は十全にかかわる余裕はない。

第三節　「哲学」の基幹と創造観念

ドゥルーズの創造論的な諸発想を創造（création）概念へとつなぎ、「差異と反覆」というドゥルーズ哲学の基本・中核的‐発想を創造論議へとつないだあとで、こんどは『差異と反覆』が提示する哲学一般の基幹・根本‐要素と創造（création）概念の関係を探ってみよう。

（1）思考と創造

ドゥルーズは思考をおもに二種類に分けていた。表象・再‐現前化（re-présentation）‐思考と、純粋思考・超越思考（pensée transcendante）・パラ‐サンスを前提とするパラ‐ドクサルで下（異）‐表象・（非‐）再現前化的（sub-représentative）な思考、である。具体例をひとつだけ挙げれば、可視的な事象（たとえば、いろいろな色彩）を知覚・思考する同一律に則る共通感覚（サンス・コモン）・良識（ボン・サンス）レヴェルの思考と、それら可視的諸事象（諸色彩）を支える（fonde. 先述）潜勢的な白光（lumière blanche）（cf. 理念）を推定（présumer）・想像（imaginer）・把握（appréhender. いずれも先述）する差異律を尊重する複相的（multiple. 先述）・協争的（para-dictoire. 先述）な思考である。われわれがデリダの「合理主義的‐計量・根拠づけ‐理性」（raison rationnele）と「合‐理性的・異殊考量‐理性」（raison raisonnable）にも対応させたこの二種類の思考を、ドゥルーズは相互に差異的ながら一方（前者）から他方（後者）を創造するというかたちでも、デカルト流の生得観念に抗して、語っている。「思考する（penser）といういとなみは、生得的なものではなく、思考（pensée）のなかで創造（engendré）されなければならないことを、彼［アルトー］は知っている。問題は、自然的にであれ、権利上であれ、なんらかの先在（préexistante）している思考（pensée）を方法的に導き適用することではなく、いまだ存在していないもの（ce qui n'existe pas encore）を発生（faire naître）させることなのだということを、彼は知っているのだ。思考（penser）するとは、創造（créer）するということであり、他に創造行為（autre création）などない。ただし、創造（créer）するとは、なによりもまず、《思考する》（«penser»）〔こと〕を、思考（pensée）のなかに〔なかで〕、発生（engendrer）させることにある。アルトーは、こうして、〔デカルト流の〕生得性論議、さらには〔プラトン流の、生前に観照したイデアを想起するという〕想起論議に、〔思考に関する〕発生論議（génialité. 原文イタ）を対置する。こうして、ひとつの超越論的経験主義の原理が措定されるのである」（DR. p. 192）。かつてメルロ＝ポンティはフッサールの〈Ur-stiftung〉（創設、開基）[85]概念の哲学的な美しさに陶然とした。われわれ（筆者）は、ここで、思惟のなかに革《あらた》に思惟を創造する、日常的な思惟のなかに超越的（先述ドゥルーズ）で真率（ハイデガー）で重相的（デリダ）な思惟を創造する、という発想に感動する。ちなみに、ドゥルーズというこの生成と内在の思惟、一見いわば連続性の思惟は、いましがた確認した超越・骰子一擲・創造の思惟とともに、おそらく『差異と反覆』でただ一度だけであるが、「飛躍」（飛翔 vol）ということを語った。「思考において第一のことは飛躍（Vol〔飛翔〕）である。〔……〕これこそまさしくニーチェが力への意志として語ったことだ。〔……〕〈われわれの精神の奥底にはなにか還元不可能なものがある。すでに果たされてしまっている決断のような、一個の不抜の運命の原石（un bloc monolithique de Fatum）が〉」（DR. p. 258）。われわれの上記のカントは「魂の奥底に作働するあの技倆」といい、われわれはドゥルーズの示唆のもとにこれを「現働的‐世界‐構成」を促す「潜勢的‐時空の力動性」に対応させた。魂の潜勢動と思惟の現勢動をつなぐ「不抜の運命の原石」とは、われわれ人間がほかならぬ人間の思惟において人間の条件を超え、むしろ超‐人間性において自らの理念と存在論的‐充足理由を成就する途を歩むにいたる、その創成と飛翔の駆動力といえるのではあるまいか。人類の未来がその思惟の如何にかかっているということのドゥルーズ的-含意がここにある。

（2）理念と創造

思惟が、一方では表象的思考に止まり、あるいはその方向へ頽落し、他方では超越と理念の方向へと純粋思惟となって自己創成していくとして、ここには、ドゥルーズ的にはいくつかの前提があることになる。①「存在と無」の二項をたんなる概念として廃嫡するとすれば、あとは、二項の間の実在（réel）事象としては（無底からの）生起・発生・生成の〈intensio〉（強度域）・スパティウム（力動域）しかなく、別言すれば、思考の自己創成ということもいわなければならないことになる。②「理念」もドゥルーズ的には、プラトン的なイデアのように叡智の心眼に顕然的な実体でもなければ、カントの理念のように理性の胸眼に顕勢的な投企態でもなく、（既述の）潜勢的・力動的な〈intensio〉・スパティウムとしてのしかも「定言命法」まで発する実在（réel）であるとは、要するに、二十世紀に入って前景化してきた精神分析や構造主義のいう無意識界の（多分に受動性も含む）自己組織化・自己創成動とその近代哲学的な意識界への作用力を認めるということであり、（さらに、われわれ（筆者）流に付け加えれば、現代宇宙科学のいう宇宙-発祥・生成の超巨大インフレーションやビッグバンをも貫いて展開するダークマター・エネルギーを哲学思惟のなかに取り込むということであり）、結局、理念も、出自・正体さだかならぬ自己創成態だということになる。そして、ここでの主題である、思考が純粋思惟として理念を思惟するとは、理念が潜勢動・微分動（t動態）から現働態・（拡分化動（c動態）へと、おそらくなんらかの既述の「飛躍」も経て自己転換していくその新たな段階の自己創成・自己創造の動きを、推進するということでもあるだろう。「強度域（intencité）が自らがそこへと外展化(s'explique)していく質や延長態を創造(crée)するとは、それらの質や延長態がそれらのものへと自己現働化(s'actualisent)してくるさまざまの理念的関係態(rapports idéels)とは〔もはや〕類似していないことを意味する。(拡)分化-動(différenciation)とはそれがそれに則って自己展開(s'opere)するさまざまの〔抽象〕線の創出〔創造〕を含意するのだ。〔そして、思惟は、こんどは、それを追う〕」(DR. p. 316)。実のところ、ドゥルーズは『カントの批判哲学』(一九六三年)では、目下の『差異と反覆』(一九六八年)の〈actualisation〉とはすくなくとも表向きは異なる〈réalisation, présentation〉(PhCK. p. 83, 136, etc.)の語を用いていわゆる「理念の現実化」を語っているが、われわれの目下のこのドゥルーズ論議を大きく変更しなければならないような論説ではないので、ここでは煩雑化を避けて、放念する。いずれにしても、ドゥルーズにおける理念の思惟が創造論の積極性を孕むことは確認しておかなければならない。

(3) 批判と創造

現代哲学は勝れて近代哲学・近代文明への批判であり、われわれの一連の研究はその批判の破壊的側面に相反-相伴する将来の思惟・文明に向かっての創造的諸局面の探出にあるが、ドゥルーズも「真の批判」(véritable critique)と「真の創造」(véritable création)の「諸条件」が、同一(identique)とはいわないが、相即一体で「同異的」(même)であることを語っている。「概念は〔現実的事象がその限定された一部分である、その〕可能性を指し示すにすぎない。そこには〔実在からの〕絶対的必然性の爪(griffe)が欠けている〔引用者補記:「概念」はフランス語では〈concept〉であるが、ドイツ語では〈Begriff〉である。「概念」は実在を「捕える」(greifen)「把捉する」(begreifen)などと自称していながら、それが「欠けている」ではないか、という含意もここにはあるのか〕。思考への根源的暴力、異様さ、敵意、すなわち、それらのみが思考を自然的な安眠もしくは永遠なる可能性から覚醒させる、そのようなものが〔欠けているのである〕。〔……〕思考にとって第一のもの、それは〔世界の不測の諸事態（fortuit du monde）からの〕侵入、暴力、敵対であり、哲学（philosophie）を愛（philo）‐知（sophie）などとは前提できず、全てはひとつの嫌‐知（miso-sophie）から出発する。思考を信用して思考が思考するものの相対的必然性を居座らせることなど止めにしよう。逆に、思考を強制（force à penser〔既述〈mouvement forcé〉、バディウの〈forçage〉を参照せよ〕）するものとの出会いの偶然性をこそ信用しよう。それが思考という行為（acte de penser）、思考という〔実在受諾の〕苦患〔passion.受難〕（passion de penser）の、絶対的必然性を立ち上げ、鍛え上げるのである。真の批判（une véritable critique）と真の創造（une véritable creation）の諸条件は、〔同一（identique）ではないが〕、同様（même）である。思考についての先入観を破壊して、思考そのもののなかに思考するという行為（acte de penser）を発生（genèse）させること〔上記、参照〕」（DR. pp. 181~182）。ポイントを三点、繰り返そう。①通常の伝統的観点からは、哲学（philosophie）は「愛（philo）知（sophie）」とされるが、ドゥルーズ的な「批判」と「創造」の営みは、たんなる「知への愛」に満足・自閉することなく、むしろ「知への嫌」「嫌（miso）知（sophie）」として、（「知」の外なる）「実在」世界へ向かう。「批判」とは「実在」から遊離する知・思惟その他いっさいへの「実在」に則ってのそれであり、「創造」とはそのような「実在」の思惟・賦活・新展開……である。「批判」は「創造」なくしてはありえず、「創造」も「批判」なくしてはありえない。②他方、「実在」は、たんなる知・思惟の外ではなく、知・思惟への「根源的暴力、敵意、異様さ」に満ち、「侵入、暴力、敵対」の気《け》を示し、さまざまの「苦患・受難を強制」してくる。われわれの今回のこの稿の既述部分では、われわれはこの「実在」を主に存在論的な潜勢的‐根源動として扱い、次第に「ロゴスの下のドラマ」と具体化するところまでには達したが、それ以上にこの「c動態」と「t動態」の相克・攻防動を詳論するにはいたらなかった。実のところ、目下の「批判」と「創造」の営みもこの「実在動」の一面をなし、知・思惟と実在動のあの「協争‐弁証法」のなかから新たな知・思惟を産出しようとしている。③「思考についての先入観を破壊して、思考そのもののなかに思考するという行為を発生させる」とは、したがって既述「(i)思考と創造」の問題であるが、しかし、やがて以下の「第二部」にいたって「思考する」(penser)という「時制なき不定形動詞」の超越論的構成力を示すエレメントにもなっていく。

ちなみに、こことくに②のいう「実在」「実在の(知・思惟への)敵意・根源的暴力」「実在と知・思惟の協争‐弁証法」を、哲学・知・思惟‐一般と社会的・経験的‐現実とのいわゆるアンガジュマン問題の枠組みにいきなり投げ込む必要はない。アンガジュマン問題も重要であり、追ってドゥルーズ思想にもそれを問わなければならなくなるが、それ以前に、西欧思想史・精神史の内部で、とくに二十世紀に入ってから、実在・存在・神をめぐってひとつの画期的な変化があった。ギリシャ・ラテン・西欧カトリック二千年の思惟・哲学・知は、おおむね真・善・正義の合‐理性的な理念や愛と赦しと救済の神、その神が創造し統御する摂理による調和世界、を前提にして展開してきたが、二十世紀初頭にはじまるどちらかといえばドイツ系の否定神学、たとえばその一端といえるR・オットーの『聖なるもの』(*Das Heilige*, 1936)[86]が、愛・赦し・救済・善・合理・摂理の人格神ならぬ、それがその人間主義的歪曲にすぎないその元なるいわば「原‐神」(Ur-Gott)を、(神的divinならざる)「聖なるsacré」ものとして、その裁きと怒りの厳しく冷酷・残忍、不可視・不可解の超絶性において、古代オリエントの深淵から開披し、十六世紀のいわゆる宗教改革がカトリシズムの人間化・世俗化した神への批判とこの人間主義的粉飾なき「原‐神」への回帰の企てであったこと、あの『ヨブ記』の残忍で横柄でおよそ神たるものの風格に悖《もと》るような自称・神の言動が、人間主義的‐道徳・倫理観の成立以前の世界創造神としての力業の論理的帰結であったこと、等を明らかにし、われわれ哲学徒たちにたいしても、カントの「崇高」理念やハイデガーの「存在生起の神」が、この「原神」たる「聖なるもの」のそれぞれの歴史的負荷を担っての変容態であることを知らしめた。

急ぎドゥルーズ問題に戻れば、「批判」は既存の知・思考の悪弊から脱出する実在への原点回帰の出発点として、「創造」は回帰と原点の名に値する実在の実働化・創成化の出発点として、相即一体の異にして同なる「同異態」（même）であり、「実在」をめぐる「批判」と「創造」の「協争‐弁証法」はすでに西欧文明史五千年の展開の中で幾たびか画期的に重要なリハーサル（représentation, 反復と反覆）の場を踏んでいる、といえる。

（4） 行為と創造

『差異と反覆』は、ドゥルーズ哲学全体もほぼそうだが、人間存在や人間世界の下部・深層‐構造、といってしまえば判りやすいが、そういってしまえば過《あやま》つことになり、より精確には、人間存在や人間世界を四方八方から包摂し、かつ内部から突き上げてもくる、まさしく潜勢態・強度域（intensio）の、構造ならぬ動態性の内実を分析することにあり、別言すれば、顕勢態・表象‐延長態（extensio）レヴェルの動向は、主題ではない。ある意味では、潜勢態・強度域に、構成諸要素やそれらの相互連関を指摘するあたり、表象‐延長態レヴェルの構造関係を投影し、それを後者の可能性の条件や原‐構造として摘出すると主張するカント哲学や構造主義思想に類似している印象を与えるところもあるが[87]、ドゥルーズにとってはそれらはあくまでも潜勢態・強度域の生起・生成・自己創成‐動の可変的・過程的‐要素にすぎず、構造が生成を上まわることはない。潜勢動・微分動が現働化・（拡）分化‐動となるにいたって、時‐空・力動（dynamisme spatio-temporel）がわれわれのよく識る時間‐空間・世界（monde des temps-espaces）となるように、いわゆる構造の現実化（réalisation）も成されていくが、それでも、ドゥルーズ的には、構造に生成が勝るはずであり、われわれはこれを、現働態

(actualisation)の、頽落化(dégradation, dédifférenciation)である現実化(réalisation)にたいして、実働化‐動(réelisation)とまで造語表現しておいた。

さて、いまは、こうしたいわば動態的な存在論的思考のなかで、いわゆるこれまた動態的な人間的実践はどう意味づけられるか、ということである。ドゥルーズ哲学、とくに『差異と反覆』に実践思想など見ないという解釈は多い。われわれはそれも尊重するが、とにかく創造という人間的実践行為の存在論的基層・深層を求めて、この実質上の最初期大作の追考を試みてきた。この結章でも、思考、理念、批判、等の基本の基本の営みが、すでにそれ自体において秀れて創造的実践であることを確認し、先立つ諸章はこの確認のための根拠づけ作業であった。いま、結章の最後に、あらためて具体的な三点にしぼって確認しよう。

A　黒澤明『七人の侍』　ドゥルーズは晩年(一九八七、一九八九年)、青年映画人たちを前にした講演「創造行為とは何か[88]」で、まず、哲学者も映画人も、たんなる「快」のために創造するのではなく、ぎりぎりの「必要・必然性」(廣瀬訳、p. 309)、つまり上記の「世界の実在からの絶対必然性」によって創造するといい、ついで、創造とは「アイデア」(理念)の現実化であるが、立ち上げた作品というよりも、そこから発せられて「大地の下に沈むもの」(同、p. 320)、われわれはこれを既述のところを踏まえて「世界と人間の存在論的‐潜勢態から浮かび上がってくるもの」と言い換えてもよいはずだが、とにかく、その方が重要とし、一例として黒澤明作品『七人の侍』を挙げ、その秀作たるゆえんを、「侍とはなにか」を見えざる根底において「問う」ていること(同、p. 317)、と指摘した。「何か」ではなく「如何に」をこそ「問う」べしとしたドゥルーズが、ここでは題名も含めて「何か」といっているが、ここでは同じことであり、要するに、侍とはいかにあるべきか、世界において人間はいかに存在し、いかに行為すべきか、(あるいは、黒澤においては、むしろ、世界において〈男〉はいかにあるべきか)、それが創造行為の核心であるということだろう[89]。

B　神のゲームと人間のゲーム

本題の『差異と反覆』は、既述のところで、人間のなす「骰子一擲」は先在する規則の内部で為されるが、神のなす世界創造としての「骰子一擲」は、規則なきところで規則の創造とともに、成される、としていた。他方、われわれはわれわれの創造論をカントの反省的判断力における新たな基準の創定による新たな世界配分という発想から出発させた[90]。われわれがカントから承けた発想は、ここでのドゥルーズの（新たな）規則の創定による世界創造という（神の行為に関する）発想に通ずる。たしかに、ドゥルーズに、神の行為を人間（の行為）に反復させるという、規範・原型・オリジナルとその範従・反復・コピー・再現前化・似像、……という関係は成立しない。しかし、神を（ドゥルーズのいう）「創造としての反覆」へと置き換え、範従・反復・コピー・再現前化・類似化、……を、あの（ドゥルーズ流の）理念へと置き換えるとき、理念の現働化は、理念からの創造的な差異と反覆として、要するに、創造的行為として、十分に成り立つ。カントの道徳的主体が自律的人格の共和国なる理念を背負って立ち上がり・行為するように、ドゥルーズ的・胚-主体も、思考する能力がある以上、汎-世界的な潜勢・生起の現働-創成態なる理念を背負って、つまりはあの「白色光」を背負って、立ち上がり・行為する。

C　国民国家と多民族移動

『差異と反覆』の末尾に近い一頁で、ドゥルーズはあたかも当然の前提であるかのように、「〔われわれ人類の〕至高の使命（la plus haute tâche）は、諸問題を明確に規定し、われわれの決断と創造の力（pouvoir décisoire et créateur）をそこへと運びこむことにある」（DR. p. 344）としている。「歴史は〔ヘーゲル流の〕否定や〔マルクス流の〕否定の否定で動くのではなく、諸問題の決裁と諸差異の肯定によって進展する。否定で生きるのは歴史の影だけである。ニーチェのいうとおり、〔……〕正義の人々においては肯定が第一であり、その肯定は差異の肯定である。〔……〕真の革命が祭日の輝きを放つのは、そのためにほかならない」（DR. p. 344）。『差異と反覆』が触れる実践例は、せいぜい哲学、科学、芸術、——これらは観方によってしか実践には入るまい――そして、幾たびかの政治的なそれにすぎない。しかし、この一文は、当時（一九六八年、いわゆる五月革命の年）のドゥルーズが意識していたか否かは別として、今日、近代西欧文明のある意味では最大の遺産である国民国家の枠を揺るがせて出来しつつある諸民族の移動の奔流に、この多様と生起と流動の思惟がどのように立ち会うにいたるかを、その正否への問いとともに、示している。

第二部

意味、生起、創造——『意味の論理学』をめぐって

序章　『差異と反覆』から『意味の論理学』へ

ドゥルーズは最初の主要著作『差異と反覆』を一九六八年に上梓し、ついで翌一九六九年に第二主要著作『意味の論理学』を刊行した。同一時期の二著作ゆえ、ほぼ同一思惟の二つの局面とみてよい[1]。常識的にいえば、一般存在論から、人間存在論へ、……といっても、後者の存在はなによりも思惟と行為であるから、一般存在論からその一局面としての（人間的）実践論へ、と言い換えることもできる。カントの『純粋理性批判』なる認識一般論から『実践理性批判』への展開になぞらえる論者の指摘もそれなりに参考になるだろう。「差異」とは、旧来の存在論・形而上学が変化・転変の生成界に対して永遠不変の同一態としていた存在の論へと、哲学史的・思想史的-展開を踏まえて、同一律ならぬ差異律を導入するということであり、「反復」とは、先行する同一態の反復ではなく、反復そのもののうちにすでになんらかのずれとしての差異が不可避的に侵入している、ということ以上に、要するに先行する「差異」、結局は「自己-差異」態・「自己-差異」動、の反復、つまり「差異」からの「差異」、「差異」の「差異」としての「反覆」、でしかありえない、そこから、存在論の演算を動態論的にやりなおすことであった。で、『意味の論理学』への移行は、……？ われわれの主題と語彙をもって、両著作のなかにその緒《いとぐち》を探り、今後の考察への基礎固めとしよう。

第一節　意味とは何か

まず、そもそも「意味」とはなにか？ このわれわれが何気なく頻用する語が、むしろその外見上の自明さゆえになかなか厄介なものであることは別著[2]でも考察した。哲学者たちはその語義についてはほとんど触れないが、われわれは常識レヴェルから、「或るもの（こと）そのものが意味をもつ」、という場合の「意味」とは、①そのもの（こと）をして理解可能にするもの（可解性）、②そのもの（こと）をして評価可能にするもの（可評性）、③そのもの（こと）をして①②の代替たりうるとしているもの（可効性）、とした。これ以上の説明はここでは省くが、ドゥルーズもほぼこの種の常識を前提として、哲学的規定をおこなう。基本点のいくつかを確認しよう。（以下、必要上断片化させた引用に注釈文を加えながら進める。基礎の基礎を踏まえるため最初はくどくどしくなるが、その後は簡明化に努める。）

（１）命題と表明

「意味（sens）とは命題［後注①］において表明されているもの（l'exprimé）［後注②］である」（DR. p. 201）。

［後注①］「命題」とは知的・学問的なものばかりではなく、「知覚的命題、感覚的命題、想像的命題、想起・表象的命題」（LS. p. 32, etc.）等も含む。つまり、言語表現以前の事態（感覚、等）でも、言語命題化しうるものをすべて含む。

〔後注②〕「表明されているもの」であれば何でもよいか、よい、とするほうが現代的と思われるが、ドゥルーズは、やはり、哲学者らしく、たんに「表明されているもの」と、「表明されるに値して表明されているもの」つまり「表明されるべきもの」を区別して、以下のようにつづける。

(2)「語られること」と「語られるべきこと」(loquendum)

「だが、表明されているもの(l'exprimé. 原文イタ)とはなにか?〔……〕意味とは、〔……〕真に〈語られる〔言表される〕べきもの(こと)〉(loquendum)〔原文イタ〕〔後注①〕、言葉の経験的な使用においては語られえず(ce qui ne peut pas être dit)、言葉の超越的な使用においては語られるほかありえぬもの(ce qui ne puisse être que dit)〔後注②〕である」(DR. p. 201)〔後注③〕。

〔後注①〕「語られるべきもの」(loquendum)という、あまりドゥルーズ的とは思われない、むしろ、いわば、(プラトン・)カント的な、「べき」論的‐発想は、上記『差異と反覆』のなかでも「思考されるべきもの」「想像されるべきもの」「感覚されるべきもの」……等、結構、見受けられた。たんに「思考(想像、感覚)される」ことがらは無数にあるが、「思考(想像、感覚)されるべき、思考(想像、感覚)すべき」ことがらは、上記の『差異と反覆』追考では、「潜勢態」「理念態」に属することがらであった。(なお、「表明」「言表」「語り」「言葉」等の異同については、ここではあまり気にしなくてよい。)

〔後注②〕言葉の「経験的な使用」と「超越的な使用」をどう区別するのか・しうるのか、重要でかつ困難な問題だが、一応の概念的説明と例示はなしうる。前者・「経験的使用」とはすべての言葉は「経験的に使用」されるのであるから、説明の必要はない。後者・「超越的な使用」には、ドゥルーズ的には、二ないし三様の説明をなしうる。(・i)ひとつは、上記「第一部」でも追考したように、たとえば、「超越的理念の潜勢的・強度的‐生起動」を迂回することによって、その「成果」を、「経験的な使用」に「重相化」させることであり、(ii) もうひとつは、結局は同じことになるが、以下の「第二部」全体や、後述 (6) (7) で示すように、たとえば、〈vert〉(緑) を 〈verdoyer〉(緑する) といったように、要するに、事象をその生起論的‐生動性・動詞性において思考し直しつつ、これまた「重相的」に、言表化する、ことであり、(iii) 三つめは、ひとつの具体例として、既述「パラ・サンス」論のところにあった、ランボーの「諸感覚の方法的な混交による脱‐認識」(l'inconnu par le dérèglement méthodique de tous les sens) としての詩句命題の構成を参照系とすることである。さまざまの有色光・有色事象の混交から、それらの白色光・白色事態を浮かび上がらせる、という、これまた先述の、天才詩人・天才哲学者・天才雄弁家たちの言語操作働というものも、考えうるかもしれない。[後注③] この (1) (2) の引用文と後注では「意味」と「理念」の関係は定かでない。追って再論する。

(3) 命題の「第四次元」

「意味は命題の第四次元 [後注①] である」(LS. p. 27, 30, 31, etc.)。

[後注①] 「命題」は、通常、三局面から成る (LS. p. 22sq.)。(i) 指示作用 (désignation)、(ii) 表示作用 (manifestation)、(iii) 意義作用 (signification)、である。(i) では、命題はなんらかの事態について語り、その事態を指し示す。(ii) では、命題は、それを発語する者の思惟内容を表示する。(iii) では、命題は、それが発語される場としてのいわゆる言語体 (ラング。国語等) の諸規則・意義 (signification) 体系への準拠を自証する。たとえば、日本語圏で「双子は鳥である」と語る子供がいれば、要注意人物ということになるが、文化人類学が主張するようにアフリカの某国・某部族やそれを理解する学者にとっては、これは立派に有意義性を認められうる命題である。さて、これら (i) (ii) (iii) は上記 (2) のいう「言葉の経験的な使用」レヴ

エルの問題であり、同じく（2）のいう「言葉の超越的な使用」にあたっては、命題に「なにかもうひとつ別の」（aliquid. LS. p. 31, etc.）局面・次元・位相があるということでなければならない。（.iv）つまり、命題には「第四の次元」があり、「意味」はそこに成立・存立・成存する、ということである。ちなみに、（i）（ii）（iii）は通常の第一～第三人称の範域で通用する言説であるが、（.iv）の「第四次元」の「意味」を支えるのは、ドゥルーズの指摘するところ、「潜勢的-生起動」における「前・間-主観的」な「非人称的・前個体的な超越論的-領野」（champ transcendental impersonnel et pré-individuel）としての「第四人称」（quatrième personne du singulier）（LS. p. 125）であるという。これについては、後述のところで再論する。また、「意味」と「意義」の異同についても追って再論する。

（4）「存在」（exister）せず、「存立」（insister）「成存」（consister）する

「意味」は、第四次元態として、三次元的-存在事象の「外」であり、三次元的-存在者ではな（無）い、ひとつの「非-存在」として、「存立」「成存」する。

「意味あるいは表明されるものの複雑な境位《ステイタス》をよく考えてみよう。意味は、一方では、それを表明する命題の外（hors）には存在しない（n'existe pas）。表明されるものはその表明行為の外には存在しないのだ。それゆえ、意味については存在する（exister）〔後注①〕とは言われえず、たんに存立する（insister）〔後注②〕とか成存する（consister）〔後注③〕といわれうるのみである。」（LS. p. 33）「意味は、既述の他なる何ものか（aliquid）であり、存立（insistance）にして存-外（存在-外 extra-être）〔後注④〕であり、存立（insistances）に対応する微-存（極少-存。minimum d'être）である。」（LS. p. 34）「意味は存-外（存在-外。extra-être）であり、存在（l'être）には属さず、非-存在（non-être）〔後注⑤〕としてのあのなにか他なるもの（aliquid）である」（LS. pp. 14~15）。

［後注①］〈exister〉は、通常、〈être〉（存在する）と区別して、「実在する」「実存する」と訳されるが、ここでは、「実存する」は、人間存在の問題ではないのであるからむろん論外として、「実在する」は、ドゥルーズの場合、極めて積極的なものとして論じられる〈réel〉に当てる必要があり（上記「第一部」参照）、われわれは後者には「実働的」なる訳語も充てるが、とまれ、「実在する」なる訳語は慎重に扱わなければならず、ここでは、まったく常識的なレヴェルでの「存在する」で間に合わせて危険はないので、このように処理する。

［後注②］フランス語の〈insister〉は「強調する、執拗に拘《こだわ》る」の意も強いが、ドイツ哲学用語〈bestehen〉にフランス哲学はこの〈insister〉を当てる傾向・習慣にあるので、訳語も、それに準拠する。山内得立『意味の形而上学』[3]参照。なお、上記の「存‐外」（extra-être）に対して、命題のなかへの「内（in）-sister（存）」と解してみることも不可能でない。「外」と「内」のこの非‐対称的（結局は同じなのであるから）な並置はなかなか興味深い。後述の「パラドクス」の問題でもある。

［後注③］フランス語の〈consistance〉は「粘稠性、堅固さ」を指す傾向が強く、意味の非物体としての「あえかさ、はかなさ」（価値哲学では précarité という）にはそぐわないように見られるかもしれないが、物象としては滅びても、その意味は末永く残る、とはまさしく人間営為に特有の認識論的・価値論的事態なのであるから、この語も意味問題に相応しくない、などということはない。ただし、存続と邦訳すると物象的な印象を与えかねないので、筆者は「存立」とならべて「成存」（生成性において差異・反覆的に存在する）とする。かってB・スティグレールの〈subsistance〉〈existence〉〈consistance〉という三階層を、「（たんなる）生存」「（脱自的自己投企としての）実存」「（超越態への開成的な関わりとしての）成存」と訳し分けたが、これに準ずる。拙著『差異と協成』[4]参照。なお、この〈consistance〉の〈con-〉に、別記の、意味論的次元に特有の、（たとえば、意味と無‐意味の〈co-présent〉の場合のような）、ある種の「共（con-）‐存（sister）」性を見

ることも不可能ではない。

［後注④］「存外」とは通常の日本語では「思いのほか」であるが、ドゥルーズはさほど頻用はせず、また、存在論的特製語として原語を付せば、特に問題はないだろう。「外存」とすると、これはドゥルーズとは別に、実存（existence）論的にはまさしく実存（existence = ex-istence, 脱自的-、自我外的-、本質外的-、存在）となるので、避ける。「脱存」（Ek-sistenz）もこの「実存、外存」のハイデガー版である。

［後注⑤］「非-存在」（non-être）とは「無」（néant）ではなく、「無」ではないが、「存在」では無《な》い、「存在」では非ざる、そのような何か他なるもの（aliquid）の謂いである。そのような「意味」の「場」（lieu）、「ステイタス」（statut）を精査することが本著『意味の論理学』であると、ドゥルーズは主旨説明[5]している。

（5）命題における客観的事物の属性

「意味」は、命題の外には存在せず、命題のなかに存立・成存・内存するのみであるが、しかし、「命題とは混合せず、ひとつの明確な〈客観性〉をもつ。表明されるものはけっして表明行為の類似物ではない。意味はなにものかに帰属する（s'attribue）が、けっして命題の属性ではなく、事物（chose）あるいは事物の状態（l'état des choses）の属性である。命題の属性は命題の主語に帰属する述語であるが、〔……〕事物の属性は主語によって指示される事物に帰属するか、命題全体によって指示される事物の状態に帰属する［後注①］」（LS. p. 33）。

［後注①］「理念」という通常はなんらかのかたちで主観・主体に帰属するものが、ドゥルーズにおいては、上記「第一部」の示すように、勝れて前-主観的・没-主観的・脱-主観的な潜勢態を内実としていたように、――もっとも、プラトンにおいても（は）、脱-主観的・非-主観的な顕勢態であったといえるが、いずれにせよ、ドゥルーズにおいては、――「意味」も、主体的・主観的-発語としての命題のうちに存立・成存・

内存しつつ、その何か他なるもの（aliquid）として、非‐・脱‐主観的で「客観的」な「事物やその状態」の属性と指摘される。他の現代諸思想のいう「間‐主観性」やドゥルーズ自身の言及する「第四人称性」（LS. p. 125）に通ずるともいえるが、おそらくそれ以上の既述の「非‐人称的・前‐個体的な超越論的‐領野」との相関において受け留める問題なのであろう。

（6）命題と事物の離接的綜合（synthèse disjonctive）

「意味」は、かくて、「一方の顔を事物事象に向け、もう一方の顔を命題に向けている。しかし、一方とも他方とも混成することはない。意味は、まさしく、正確に、命題と事物の境界なのだ。」（LS. p. 34）「〔しかし、他方〕意味は、両者の差異のあいだの連接（articulation）でもある」（LS. p. 41）。上記「第一部」で、差異は、当然のことながら、同時に関係でもあった。たんなる同一平面上の差異と（相互調和的な）関係ではなく、多層的・多相的な諸差異の協争動（vice-diction）のなかでの相互連関であるが……。意味もまた、たんなる存在や無ではない「存立・成存」の上記「複雑な境位《ステイタス》・次元」において、いわば「離接的綜合」（synthèse disjonctive）の原場となる。ドゥルーズというこの多様性・差異性の哲学は、下記（7）（8）にも見られるように、「綜合」（synthèse）や「統一」（unité）についても、それなりに語る。

（7）フッサール、志向的相関項と「表現」
——「緑」（vert）と「緑する」（verdoyer）、「樹」（arbre）と「樹する」（arbrifier）

ここでフッサール言及を重視しよう。意味論の嚆矢は、現代哲学圏ではフレーゲであり、ドゥルーズ的にはストア派であるが、両系譜はフッサールにおいて合流し、後述のところで構造主義にも関説するが、フッサール現象学的‐意味論はドゥルーズ意味論の最良の参照系をなす。二点のみあげよう。

（A）「フッサールはこの〔「意味」の〕最終次元を〈表現〉（expression. 原文イタ）〔後注①〕と呼ぶ。〔命題の既述の三局面である〕指示作用（désignation）、表示作用（manifestation）、意義（自証）作用（démonstration）と、この次元は区別される。意味（sens）とは、表現されるもの（こと）（l'exprimé）〔後注②〕なのである。〔……〕フッサールがたとえば〈知覚のノエマ〉（noème perceptif）あるいは〈知覚作用における意味〉（sens de perception）を論ずるとき、彼は、それを、物理的対象、心理的事象、精神的表象、論理的概念、のすべてから区別する。ひとつの無反応態（impassible）、非‐物体事象（incorporel）、物理的・精神的‐存在性のない（sans existence）、能動性も受動性もない、純粋な結果状態（résultat）、純粋な〈現われ〔現象〕〉（apparence）、として、それを提示する。現実に（それと指し示される designé）樹は、燃えることも、行為の主体や対象になることも、さまざまの混合状態に入り込むことも、ありうるが、樹のノエマは、そうではない。同じ一つの（被）指示対象（un même designé）のために複数のノエマ（noèmes）あるいは意味（sens）がある。〔フレーゲの例挙する〕宵の明星と明けの明星とは二つのノエマ、ひとつの同一の（被）指示態〔ここでは、金星〕が複数の表現のなかで示される、その示され方なのである。ただし、フッサールが、ノエマとは知覚作用においてあるがままに知覚されるところのもの（le perçu comme tel）である〔原文をやや簡略化〕、というとき、われわれはそれをたんなる感覚的所与（un donné sensible）あるいは〔経験主義哲学のいう第二性質のような〕質（une qualité）と受け取ってはならず、逆に（au contraire）〔後注③〕、知覚行為の志向的相関項としてのひとつの理念的・客観的な統一態（une unité idéelle objective comme corrélate intentionnel de l'acte de perception）と解さなければならない。どのようなノエマであれ、知覚（や想起や想像）における所与（donnée）なのではなく、それとはまったく別のステイタス（un tout autre statut）をもっており、そのステイタスたるや、それを表現する命題の外には、それが知覚的・想像的‐命題であれ、想起あるいは表象の命題であれ、存在〈しない〉〈*ne pas*〔原語イタ〕exister〉〔後注④〕ことにある」(LS. p. 32)。

［後注①］　先述のところで、「命題の三局面の一」として〈manifestation〉なるものを「表示作用」と訳した。今回は〈expression〉で「表現行為」と訳す。前者は常識・良識レヴェルでの共通了解内容の公示のことで、今回はたとえば天才の作品が通常の「命題の三局面」を超える「第四」次元をも含むかたちで表明される場合をいう。

［後注②］　先述のところでは、上記［後注①］の料簡から「表明されるもの（こと）」と訳したが、ここでは、これも［後注①］後半の解するところにより、同じ原語ながら、「表現されるもの（こと）」と訳す。

［後注③］　以下、まさに「逆に」で、重要な諸問題を含んでいる。(i) まず、上記「第一部」のいうように、ドゥルーズ的に、「たんに知覚されるもの」と「知覚されるべきもの」を区別しよう。ここでの文中のフッサールのいう「あるがままに知覚されるもの」(le perçu comme tel) は、哲学思考としては舌足らずだが、前者ではなく、後者である。他方、ここでの本文中の「志向的相関項」も後者である。そして、「理念的‐統一態」とは、その「志向性」が自らの「理念‐志向」において「統一態」として構成するもの（こと）である。ただし、「志向性」は、たんなる主観的能作などには止まらない。「志向性」はもともと「理念‐志向」の能作として、また、ここでは、さらに、「意味の場」である「第四次元」への「志向」の能作として、主観性ごときは超脱している。ある意味では、あるいは本来的には、主観 vs 客観‐対をも、つまりは客観性をも超えている。ただ、文言上は、理念態の脱‐主観性を明示するためのいわばひとつの方便として、これも哲学思考としては舌足らずながら、「客観的」なる語を利用することもありうる。しかし、ここでそれ以上に重要なのは、「ノエマ」や「意味」が、知覚において与えられるもの (donnée) ではなく、知覚において、志向性によって、構成されるもの

(constitué) だという発想であろう。(ii) この構成主義は、明示的にはカント認識論から始まり、近代哲学史を貫いて、フッサールにおいてより精緻にひとつの完成に達し、ドゥルーズも、たんなる「思惟されるもの」から「思惟されるべきもの」を峻別し、たんなる「知覚されるもの」から「知覚されるべきもの」を峻別していくとき、この近代思考を受け継いでいることになる。(iii) しかし、他方、フッサールは、カントの構成主義的‐認識論が認識不可能な限界概念として放置した「物自体」を、「事象そのものへ」なる現象学の理念によって奪回することをめざし、ハイデガーあたりから決定的となる存在論的転回の系譜上にあるドゥルーズも、構成作用の彼方の実在そのものを求めて、一方ではフッサールをすら、その意識中心(前提)主義を批判して無意識レヴェルを重視し、他方では近代思惟の典型というべきカント構成主義を(上記「第一部」の示すように)発生論的・実在論的に捉え直す努力をする。ただ、いまの時点では、ドゥルーズが近代的構成主義の彼方の実在・存在を主題としながら、なおかつ近代的構成主義を重視・前提していることに留意しよう。

[後注④] この部分は、筆者には多少違和感が伴う。二つのやや別の理解が可能である。(i)「ノエマ」「意味」が、「命題の属性」ではなく、「事物やその状態の属性」であることを指摘・確認するためには、むしろ、「命題内の存立・成存」が「事物やその状態の属性」ゆえ「命題の、第四次元としての、その外」であるという(上記「1(4)(5)」の)逆説的事態を強調するほうがよく、ここで「命題内」性をあらためて強調する必要はない。(ii) しかし、他方、上記[後注③]で示したドゥルーズ思想の最終的な特色からすれば、「事物やその状態の属性」であるものが「命題内」というより、「命題内」との(われわれのいう)異次元‐重相性(ドゥルーズ語に当て嵌めれば〈doublement〉〈redoublement〉〈doublure〉〈concomitant〉〈pli〉、ハイデガー語などでは、他の現代思想家たちも共感しうるような、〈Zwiefältigkeit〉、等)において共‐存(co-présence, consistance)・共‐生起(con-(de)venir)・協‐争(vice-diction)していると解するほうがより妥当ともいえるのであ

るから、そのかぎりでは筆者もこの文章に我慢しうる。

(B) 次の文章はフッサール論としておそらくかなり独創的であり、ドゥルーズ思想にも適用できる。「〔樹は緑だ、という場合の〕緑(vert)は、感覚的色彩であるか、〔経験主義哲学のいう第二性〕質であり、他方、〔樹を見ながら、われわれの志向性が理念的・客観的に動的な統一的 - 生成態として構成する〕ノエマ的あるいは〔樹の〕属性としての色彩は、〔緑となってきている、緑になりつづけている、としての〕〈緑成している(緑している)〉(verdoyer)である。樹の色彩の意味(sens)とは、畢竟、後者ではあるまいか? 樹そのものについても、その全容性において、〈樹は樹成する(樹は樹する)〉(l'arbre arbrifie)、ではあるまいか?」(L.S. p. 33)「命題の属性は、命題の主語に帰属する、たとえば〔上記の〕緑(vert)のような、質的述語である。だが、事物の属性は、たとえば〔上記の〕緑する(verdoyer)のような動詞であるか、あるいは、むしろ、この動詞によって表現されている生起動(événement)である。それは、〔主語そのものではなく〕主語によって指示されている事物か、あるいは命題が全体として指示している事物の状態に、帰属している。」(ibid.)「緑(Vert)は、ひとつの質、さまざまの事象の混合、樹と大気の、葉緑素がそこで葉々の全ての部分と共存している、ひとつの混合態である。緑する(Verdoyer)は、それと反対に、事物のなかの質ではなく、事物について語る属詞であり、事物を指示しながらそれを表現する命題の外には存在しない〔後注①〕」(ibid.)。

〔後注①〕 上記(A)の〔後注④〕(ii)と同種の問題である。やや別の説明をすれば、要するに、〈Vert〉は感覚的知覚の語、〈Verdoyer〉は、感覚的知覚のなかで、しかし、それを突破して、われわれ人間の志向性が理念的・客観的に、つまり、非 - 主観的に、動的・統一態として構成する、そして、一定の命題の第四次元においてのみ表現しうる、緑事象のいわば本質的(essentiel, というより、wesentlich)な生動性、それを言表化している動詞 - 不定形、とでもいうべきか。われわれがいずれ下記「第二部・第二章」で接するドゥルーズ流の「意志的直観」（LS. p. 123）とフッサール現象学の「本質直観」、その他、多くの問題がこの周囲に蝟集している。あるいは、それ以上に、ドゥルーズ思想とドゥルーズ世界の全体が、その隅々の全てにおいて、動詞・不定形〈se-différencier / se-différentier〉の〈vice-diction〉生動性において成り立っていることを、この指摘はあらためて示唆しているともいえるかもしれない。

（8）意味と生起・生成‐動（événement）

「意味」は、たんなる「存在」物では無《な》いが、むろん「無」ではなく、上記のところでは、「存在‐極少」（minimum d'être）の「非‐存在」（non-être, sans-existence）、「存立」（insistence）態、「成存」（consistence）態、であった。伝統的な存在論の最基層カテゴリーが「存在」と「無」であったとすれば、現代の存在論的転回以降の哲学者たちが好んで語る「生起、来起、出起、開起、出来事、等」（événement, Ereignis, etc.）は存在論の第三の基礎カテゴリーをなすとまで言いたくなるが、ドゥルーズにおいても「意味」（sens）はこの「生起、出来事」に属する。「意味は命題の第四次元〔後注①〕である。〔……〕意味とは、〈命題の表現するもの〉（l'exprimé〔後注②〕de la proposition）、事物の表面におけるあの非物象的なもの、複雑で還元不可能な観念体（entité complexe irréductible）、命題のなかに存立（insiste）〔後注③〕あるいは成存（subsiste）〔後注④〕する純粋生起態（événement pur）である。ストア派は意味（sens）を生起態（événement）とともに発見した。」（LS. p. 30）「意味は命題と事物の境界態である。あの何か他なるもの（aliquid）として、外‐存（extra-être）にして存立（insistance）・内‐存（in-sistance）〔〔後注③〕参照〕、存立に対応するあの存在‐極少（minimum d'être）である。意味は、こうして、〈生起態〉（«événement»）である。ただし、事物事象レヴェルで時間‐空間的に現実化（effectuation）する〔いわゆる〕事件的な事柄（événement）〔後注⑤〕と、ここにいう生起（événement）

を一緒くたにしないかぎりにおいて〔この一文、原文イタ〕。生起の意味など、問うてはならない。生起そのものが意味なのであるから。生起は本質的に言語に帰属しているのである」（LS. p. 34）。

［後注①］　この「第四」論と上記の「第三」論の齟齬が気になるかもしれないが、下記もするように最終的には「意味」と「意義」は通じ合い、命題レヴェルにおける「第四」論議と存在論カテゴリーにおける「第三」論議は、微妙に通じ合う。差異と共存の一ケースとみてよい。

［後注②］〈l'exprimé〉は、「三局面」のみの命題論議では〈manifestation〉の動詞形として「表明」と訳したが、目下のこの時点では「第四次元」を含めての「表現」論となっているので、「表現される（された、されている）もの（こと）」と訳す。

［後注③］「〜のなかに」ゆえ、「内存」（in-siste）ともいえることになる。

［後注④］〈subsiste〉を「存続する」と邦訳すると事物的事象のような印象もあるので、ここでは〈consister〉と同義に訳す。前者は「第一部」の〈sub-représentatif〉（下・非 - 表象的）に合わせて、表象レヴェルの下（sub-）、潜勢態レヴェルに、（下位 - ）存在・存立する、とも訳解しうる。

［後注⑤］　別のテクストでは、こちらを〈accident〉（偶発事）といってしまうこともある。〈événement〉についての「出来事」という訳語は、ドゥルーズ哲学のいう「生起」とこの「偶発事」の双方を含みうる、その両義性もそれなりに重要だが、ここではいちおう判っきり分けて、「生起、生起、生起態、生起動」と「時間 - 空間的な偶発事」と解してしまう。

論及テクストへの忠実を心がけていささか散漫になったが、危険を承知で判りやすくまとめれば、ドゥルーズにとって「意味」とは、

①人間的発語において語られるべきもの（こと）・語るに値すること（もの）、
②発語命題が荷担する第四次元として、発語命題のなかに存立・成存しながら、客観的事態の属性として、発語主体が命題とその相関項である対象事態の中間域に構成していくもの（こと）、
③そのように発語命題のなかに、客観的理念態として生起・生動しつつ、発話命題をも賦活していくもの（こと）、

といってよい。

参考までに筆者の意見を述べれば、①が価値論的に狭められている観あり、人間の発話内容はもっと広範にすべて有意味的とするほうがよいのではないか。②は、三次元態としての発語命題が第四次元としての意味を自らの内に抱懐して、命題と事物の相互関係という客観性をも包摂しているそのいわゆる入れ子状態が、素晴らしい。③は、この問題のもうひとつの価値論的局面であり、ドゥルーズによる直接の指摘はないが、ドゥルーズ的発想のなかには含まれている。

第二節　意味とは何でないか

今度は、意味とは何でないか、近接諸概念との対比のなかで考えてみよう。『差異と反覆』から『意味の論理学』への移行の如何《いかん》がよりはっきり見えてくる。

（1）意味と理念

ドゥルーズ哲学という名にし負う実在論の第一主要著作『差異と反覆』に常識的には観念論の構成要素であ

る「理念」（Idée）観念をみて、われわれの上記「第一部」はその追考に終始させられた観があった。しかし、実在・存在と理念は、もともとそう疎遠のものではない。プラトンにとってイデア（理念）とはポジティブ概念（真、善、美、正、等）に該当する永遠不変の存在であったし、カントの理念も、いっときは現象の外に置かれたものの、やがて定言命法として再来する第一動態（存在）を「自律的人格の共同体」として受作する投企態であったし、それが、ドゥルーズにおいては、二十世紀に入ってからの無意識理論や量子力学的エネルギー論のもたらす対象的確定不可能な存在あるいは潜勢的な原‐存在として、理念の名を付されたのであった。さて、『差異と反覆』は「理念」をめぐって多くを語るが、「意味」についてはほとんど語らず、『意味の論理学』は「意味」を主題として多くを語るが、「理念」についてはほとんど語らず、両著の執筆者であるドゥルーズは、「理念」と「意味」の関係についても、「理念」論から「意味」論への移行についても、主題的には語らず、結局、われわれが、これを、存在一般の論から人間的実践の論へと、筋立ててみた。この視角を読者に押しつけるつもりはないが、とまれ、一応この問題意識を下敷きにして、数少ないばらばらの言及テクストを解釈してみよう。

（-i）「意味は、非‐表象的な諸規定〔後注①〕のなかで自己発展（se développe〔後注②〕）する理念と相似ている（comme）〔後注③〕」（DR. p. 201）〔後注④〕。

〔後注①〕　上記「第一部」で繰り返し論じた問題だが、具体的には無意識理論のいうところを一例として考えてみればよい。無意識レヴェルの諸事象の集積が、さらに集積されていくにつれ自生的・自成的に自律的な力を発動しはじめ……。

〔後注②〕　これも「第一部」で見たように、ドゥルーズにおいては、理念は、たとえば無意識的な想念・妄念のように、意識作用からは独立・自律的に自己展開することを思い出せばよい。英国の研究者D・フォスは「理念の〈self-organisation〉」とまでいっていた。「〜とまで」と言表するのは、次著『アンチ・オイディプス』では〈organisation〉という語は、実在の流動性を阻害する固定態・固定作用のように、むしろネガティブに扱われるからである。むしろ〈self-transformation〉くらいに記すほうがよいともいえる。

[後注③] 原文は〈le sens est comme l'Idée〉で、フランス語としては野暮くさい。あるいは当方の訳解とは別のことを言っているのかもしれないが。

[後注④] 全体的にみて、この一文は、意味と理念が同種のもので、意味は理念の一変容態であることをいっているように思われる。人間実践が命題言表するとき、その「第四次元」を成すといわれる意味は、とりわけその言表命題が素晴らしく感動的なものであるとき、人間実践の「潜勢的」な基盤としての「存在・理念」を表現していることによる、と解しうる、ということである。

(ii)「理念は言語に意味を提供する」(DR. p. 213)[後注①]。

[後注①] 上記[後注④]の解釈はこのことをいっている。

(iii)「理念はそれが産出(produit)するものすべての意味を構成(constitué)している」(DR. p. 201)[後注①]。

[後注①] 主旨は上記(ii)と同じであるが、理念が、(i)(ii)のいう「自己展開」や「提供」以上に、直接的に意味を「生産・構成」することが、語られている。われわれの主題からして、この面が、今後、重要になる。

（ⅳ）意味と理念は上記のように同種（ともに観念的だが第四次元として観念・物象の包摂的‐中間態である）だが、違いもある。「理念は人間の全能力を貫きわたり〔後注①〕、意味に還元される（se réduit）〔後注②〕ことはない。ということは、理念は、また、まさしく非‐意味（non-sens）〔後注③〕でもあるということである。両面の両立は理解困難なものではない。この両立によって理念は構造的諸要素というそれらじたいは意味をもたないものによって構成される〔後注④〕とともに、自らが産出するもの全ての意味を構成する〔後注⑤〕のである」（DR. p. 201）。

〔後注①〕理念は人間存在・人間実践の存在論的基盤ゆえ、人間の能力のすべてにいきわたる（parcourt）。

〔後注②〕意味は、人間実践の命題言表のみにかかわる。

〔後注③〕「無‐意味・否‐意味」と訳出することも不可能ではないが[6]、「非‐」という表現も可能である以上、既述の「非‐存在」に準じて「非‐意味」とする。意味と重相するが、意味ではないもの（こと）。次記の構造主義的発想でもある。

〔後注④〕構造主義は、意味は、非‐意味的な諸要素の相互関係によって生み出されるという観点から、多くの問題を解決した。「双子は鳥である」というわれわれの常識からすれば不条理・非合理・非‐意味的な命題は、当該民族文化圏においては、「人間界の男性と女性の間に稀少ケースとして生まれる双子」は「天と地の間を飛ぶ・飛来する鳥」のように「天からのメッセージ」である、という合理的‐有意味性、つまり意味を構成する。これでは「現世的意味」から「宗教的意味」が成立するということ、「意味」から「意味」へ、ではないかとも反論しうるが、構造主義的には、この第三命題を「意味」とし、これを基準として、第一・第二命題を「非‐意味」とする。別例をあげれば、今日のデジタル情報文化では、「0、1」もしくは「0」と「1」という基本要素が、全ての情報を構成する、すなわち非‐意味的要素が意味情報を構成する。後述するようにドゥルーズの意味産出論もこの構造主義的発想に由来するところ大きい。ただし、目下の引用文では、「意味」を構成する「非-意味」態を「理念」と呼んで、両者の同と異の指標としている。理念を非-意味態と呼ぶのは納得できない読者もおられようが、ドイツ哲学者なら「原-、とか、根源的、とか、超-」(Ur-)とでも言表するところを、フランス哲学者は「非-」(non-)と言表する傾向があり(最近は、archi-,をも使用するようになった)、また、目下のケースは「非-意味」を「無-意味、否-意味」と区別するとともに、上記「第一部」で「理念」を「意味」言表の存在論的・潜勢的-基盤とも規定してあるのであるから、御再考願いたい。

[後注⑤] 上記[後注④]部分の文言がドゥルーズ的-意味産出論の構造主義的起源を含んでいるとすれば、この部分は逆に、現象学の志向的構成論議の遺影である。折衷ということではなく、ドゥルーズ哲学が先立つ主要諸哲学の遺産を継承・咀嚼のうえ成立していること、さらにはドゥルーズ世界の内的-重相性が双方の発想を必要とし新たなかたちで定位させている、ということである。われわれ(筆者)が現代哲学をハイデガー的・開起とフッサール的・開基の重相性において見る傾向にあるとすれば、ドゥルーズはカント的・フッサール的-構成とベルクソン的・構造主義的-発生・生成において見る。本著の出発点であるカントvsマイモン以来の問題である。

(v)「われわれは一つの命題に二つの次元を区別する。表現(expression)のそれ、命題が何か理念的(quelque chose d'idéel, 準-理念的)[後注①]なものを発語し、表現(exprimé)する次元と、指示作用(désignation)のそれ、命題がそれに向けて自らの言表もしくは表明(l'exprimé)を適合させる諸対象を指し示し言い表す次元、である。一方が意味(sens)[後注②]の次元であり、他方は、真と誤の次元である[後注③]」

（DR. p. 199）［後注④：追記］。

［後注①］ 理念（Idée）は三次元態である命題の彼方なのであるから、ここでの（「命題の一つの次元」としての）〈idéel〉も、たとえフッサール語彙のようなケースを含めても、理念的（・準‐理念的）などとは訳さず、別の三次元内の訳語（たとえば、〈manifestation〉に対応する、思念的、とか、観念的、とか）を当てるべきではないか、という反論もあるかもしれないが、ここでは、命題は三次元態としてではなく、二志向態として論じられており、三次元議論での規定に拘泥する必要はない。また、ここでは命題の構成部分を論じているわけではなく、命題がいわば含み取るかたちで表現するものを語っており、その場合、究極的には命題は理念的なものを含意・表現しうるのであるから、こう訳してしまっても誤りではなく、むしろ、最終的には、プレファラブルであると思われる。「準‐理念的」という言い回しのほうは、ドゥルーズ自身の「準‐原因」観念に倣った。

［後注②］ いま記したことを、もう一度、整理しなおすことになるが、「意味」は、「理念」とまったく同じものではないが、人間の命題言表実践は、その「第四次元」としての「意味」を通じて、「理念」を「表現」する・しうる、そのことをこの文言は語っている。先の「第一部」の結章のところで、われわれは、全ての存在物の「存在論的・潜勢的‐基盤」である理念（Idée）を背負って現実レヴェルで思惟し行動する、と、ドゥルーズ思想の一面を約言した。プラトンならイデア（Idea）を背負って、カントなら理性的‐理想（Idée, Idéal）を投企しながら、とするところを、ドゥルーズは現代哲学者に相応しく、現実的存在者の全てとしての存在論的・潜勢動を広義かつ重相的（既述）な命題表現を通じて現働化しながら、ということになる。このかぎりで、ドゥルーズ実践思想の核心の一も「準‐理念的」と呼称しうる。

［後注③］ これは意味と理念の関係ではなく、意味と真理の関係の問題であり、追ってすぐ取り上げるが、

ここで両者が対比されているのも、佳い。意味と理念の問題、あるいは意味の問題そのものも、たんなる真誤・真偽の問題とはレヴェルを異にするのだ。「語られるべき意味」（loquendum）（既出、DR. p. 201）は、たんなる真理・真実よりももっと高く深く広いのかもしれない。

［後注④：追記］〈idéel〉の訳語をめぐって関係諸文献を参照し、目下の『意味の論理学』についての鈴木泉氏の解題論稿[7]が、精確なテクスト読解のうえ、原テクスト第一六〜一七頁を踏まえて、「観念的な」と訳出していることを知った。小泉義之氏と宇波彰氏の全訳本も同様であった。この原テクストは、こうなっている。〈les caractères de l'Idée tombent [...] dans cet extra-être [...] : *l'idéel* [...]〉。ここにいう〈extra-être〉とは、上記の「存-外」としての「意味」（sens）である。原文は、したがって、「プラトンの理念（イデア、Idée）の諸性格は、ストア派とともに、意味（sens）のなかに落ちて（堕ちて）（tombent）、〈l'idéel〉となり、……」ということになる。他方、筆者は、同じ原テクストの一五頁後《あと》の、相似た、しかし、いわば逆方向の一文から、筆者の理解を確定しはじめていた。こうである。〈La logique du sens est tout inspirée d'empirisme [...] qui sache dépasser les dimensions expérimentales [...] sans tomber dans les Idées, [...]〉（LS. p. 32）。つまり、「意味（sens）の論理学は、理念（Idée）のなかに落ち込む（堕ちこむ）（tomber）ことなく経験次元を超えることのできるような、（そのような）経験主義からの活力を得て……」。別言すれば、一六〜一七頁テクストでは、「理念」からの「堕落」の方向に〈l'idéel〉があり、三二頁テクストでは「旧弊なプラトン・イデア」に戻ることはないが、「経験主義から力を得ながら、それを超えていく積極的な方向性」に「意味・〈l'idéel〉」が位置づけられている。筆者は、ドゥルーズが〈concept〉（「概念」）を嫌って〈notion〉をプレファーする点においては「観念」という語を採用するが、上記のようなドゥルーズ理解全体からするとき、「観念的」という語は、近代語でもあることもあって、ドゥルーズ思惟に十分相応しい語ではないように思われた。上記テクストの邦訳の（正誤）如何で

はなく、ドゥルーズ思惟理解の一般論として、「準‐理念的」のほうをプレファーする。

（vi）プラトンのイデアが永遠不変の叡智的実体（存在）であるとして、ニーチェは、周知のとおり、プラトニズムの顚倒と称してそれを生のなかに解体したが、生成に存在の刻印を押すとも宣言して、プラトン的‐理念存在への批判を成就しえなかったと、ドゥルーズは考える。批判をより進めえたのはストア派であるとも。「第一部」で追考したように、ドゥルーズ的には、プラトン世界は「存在」と「生成」の二元論ではなく、「生成」は「存在」の不完全な分有態として「存在・イデア」の「似像・模像・コピー」であり、もうひとつ、「存在・イデア」の「似像・摸像・コピー」であることを拒んで独立・自律しているカオス的な「非‐規定態（l'illimité）・シミュラクル（simulacres）・擬像・異象」ともいうべき事態を考量しなければならない。そして、ストア派は、上記ドゥルーズ・テクストも指摘するところ、この「シミュラクル」態としての「外‐存在（extra-être）のなかにこそ、プラトン・イデア・存在を「落下」（tomber）させたのであった（LS. pp. 16~17）。しかし、事はそこで終わりではない。ドゥルーズ・ストア派においては、この落下態が「シミュラクル」の「表面」へと「再び上昇（remonte）してくる」（ibid.）。そして、ドゥルーズは記す。「意味」は、この「表面」、つまり「イデアのほうに落下（tomber）することなく、しかし、可視的な経験を超える経験域に」（LS. p. 32）、定位するのだ、と。この定位位置は、おそらく既述の「（命題の）第四次元」に該当する。

ここから、上記のところに関するひとつの結論めいたものを、詳述は後にまわして、引き出しておこう。「意味」は遠く「理念」と出自を同じうしながら、「生成界・シミュラクル界」を迂回しつつ、「理念」とは異なる「意味」として、経験界の「極限」ともいうべき「第四次元」で、「理念」に近接・対峙するのである、と。ここまでの直近の語彙で言い換えれば、「意味」は「理念」という「非‐意味」と「同‐異、異‐同」的に対峙・近傍している、としてもよい。これは、これも「第一部」で確認しておいたドゥルーズという超越論的経験論‐哲学の行き着く一極点でもある。われわれのアプローチ視角を思い起こせば、要するに、「理念」という（ドゥルーズ的には）存在論的事態と「意味」という（ドゥルーズ的にも）人間的実践の先鋭極限値が「離接的に相合する」（先述）、その相関地点ということである。

ここで「理念」とは、直接的にはプラトン的‐イデア（Idea）を参照したが、カント的‐理念（Idée）に関しても、齟齬が出来するわけではない。われわれはこの一連の研究の出発点において、カントにおいてもその想像力が「緊張力の極限」において「理念を見出す[8]」（*Kritik der Urteilskraft*, ed. K. Vorlander, p. 172, etc.）ことを確認しておいた。ドゥルーズにおいても「意味」が経験の極限域にどのように「現れる」（apparaît）か、追って詳しく検討する。

（2）意味と真理

われわれの通常の常識にとっては真理・真実は立派な有意味態であるが、哲学者レヴェルでは、両者は区別され、現代哲学者のなかでもハイデガーやA・バディウのように真理を最重要問題とするか、サルトルやドゥルーズのように意味に重点を置くか、分かれる。真理・真実と意味・理念をめぐる本格的な考察は今後にまわすことにして、ここでは、ドゥルーズの真理についての僅かな言及から、意味と真理の関係を一瞥しよう。

（ⅰ）既述引用の一文の末にあってフォローせずにこちらに回した言及では、「表現（expression）命題は意味にかかわり、指示作用（désignation）命題は真（le vrai）と偽（le faux）にかかわる」（DR. p. 199）とあった。指示作用は三次元命題の一局面であるから、ここにいう真と偽とは、通常の経験的レヴェルでの指示作用と指示対象の一致・不一致の問題であろう。通常の常識では一致は有意味的であり不一致は誤・偽として排除されるが、この場合、真は（偽も）理念などとは直接関係することのないたんなる認識技術上の問題にすぎず、ドゥルーズ思惟の本質には関わらない。ちなみに、旧来の真理論には、この、①一致論のほか、②整合性論、③普遍妥当性論、④明証性論、等、があるが、②は同一律を前提するゆえ、差異律に則るドゥルーズにとっては副次的問題にすぎず、③は良識（bon sens）概念の一種で、（「良き」（bon）という）一定の方向性を前提するゆえ、差異律に則るドゥルーズには合わず、④は既述の現前化（présentation）論と両立する様子もあるが、ドゥルーズの潜勢態論議とは即応せず、……ということで、すべていまは問題外である。

（ii）ただし、上記引用文のすぐ次のページに「真理は、一致（adéquation. 適合性）の問題ではなく、産出（production）の問題であり」（DR. p. 200）とあり、新風を感じさせるが、主題化はなきままに、同一ページ下方では、ドゥルーズらしくというべきか、意味論に吸収されてしまう。「意味（sens）は真（なるもの）（le vrai）の発生（genèse）［後注①］もしくは産出（production）［後注②］であり、真理（vérité）は意味の経験的結果［後注③］にすぎない」（DR. p. 200）。

［後注①］「真なるものの発生」とは、これまでのところからして、ドゥルーズ的には、「現実的・経験的-実在の存在論的-基盤としての潜勢的実在の現勢化・現働化」としかいえるものではないだろう。つまり、結局、「意味」は「（純粋）実在」「理念」さらに「（両者の）生起・生成」ということになる。あるいは、さらに、「意味」は「意味の発生である」ということにもなって、ただし、これは同語反復ではなく、「意味」と「真なるもの」の、ドゥルーズにおける、いわば等価的な重要性を語っていることになる。そして、このことは、また、「意味」の人間実践的ありようと「実在」の存在論的ありようは自明のかたちで重相化しており、「理念」も存在論的事態の人間実践論的-変容概念と受け取りうることを含意している。

［後注②］通常、〈genèse〉はどちらかというと自然的-自成性のニュアンスが強く、〈production〉は生産・

制作という人為のニュアンスが強いが、ドゥルーズでは、自然と人為の区別以前の生成動（われわれはこれを「人為」にたいして「原為」ともいう）を重視するためか、ほとんど同義的に使用される。われわれ（筆者）が生産・制作でなく「産出」と訳記するのは、「人為」をも「原為」に含まれるかたちで理解しなければならないからである。なお、ここでも「意味」は、上記の場合と同じく、「実在の純粋-生起・生成」「理念」とほぼ同じである。

［後注③］ここで「真なるもの」（le vrai）と「真理」（vérité）を、両者の重相性は前提にして、区別してみるとよい。「真理」とはほぼ学問的・知性的レヴェルでの命題と対象事象の合致・一致・適合のことであり、「真なるもの」とは「真理」を一部・一平面として含むより広範・深甚・高邁な事態である。フランス語の「真理」（vérité）が〈voir〉（可視性）を含意して主客の一致を主眼とするとすれば、英語の「真理」（truth）は信用・信頼（trust）を含意して心理的深みを前提し、ドイツ語の「真理」（Wahrheit）は秘匿・保護（wahren）をも含意して、むしろ反-真理・超-真理のパラドックスをも含む。日本語の旧漢字「眞」は、「人」の「県」（首を逆さに吊るす）でもあるが、殷時代の酒を煮えたたせた巨大な青銅の器（「県」）に「人」を放り込む（「ヒ」は放り込まれる人体のかたちである）、つまり、ユーラシア大陸の反対側（西端）の古代ケルト文化などとも相通ずる、人身御供の厳しさを原意とする。「真なるもの」とはもともとこのような途方もない限界状況を意味し、「真理」とはそれを知的に筋道立たせ（「理」）ただけのもの、日本語でいう「真実」と「真理」の区別も、ほぼこれに対応し、そして、「意味」も、ドゥルーズはそこまでは言っていないが、人間実践が理念に接するところでもあるが、脱-・非-人間（主義）的な存在動に呑み込まれて分解しうるところ、そうしたクリティカル（critical. 危機的・分-界-的・分-開-的な）な境界線である。

意味と真理は、ドゥルーズにおいてはこうして両義的な関係にあるが、ドゥルーズは真理についても、真なるものについても、詳論せず、意味と存在・実在の問題に置き換えた観がある。

（3）意味と本質

「意味は超越論哲学に固有の発見であり、旧形而上学の〈Essences〉（究極本質）に取って代わる［後注①］」（LS. p. 128）。

［後注①］　真理は、上記の、一致論や、整合性論、明証性論、のかたちを取る以前に、たとえばプラトンにおけるイデアのように、あるいはその太陽比喩が示すように、それ自体で超越的・叡智的な実体であり、観照の対象であった。したがって、この一文は意味が真理に取って代わるといいかえることもでき、現代哲学におけるハイデガー・バディウらの真理主義とサルトル・ドゥルーズらの意味主義、双方の系譜を確認することにもなる。だが、ここでは、この旧形而上学の超越的・実体的な真理を〈Essences〉と呼ぶ。われわれのここでの問題意識からすれば、プラトン型の超越的・実体的・イデア・理念が、カント流-超越論哲学の人間理性による投企的構成の対象となったとき、〈Essences〉が「理念」、というより、「意味」に替わったということである。ただし、むろん、ドゥルーズはその（カントの）さらに先のところに定位する。

「旧形而上学と超越論哲学に共通なのは、最高存在〔イデア・神〕・理性的人格〔人間自我〕による統一かカオス・無・深淵かの、二者択一の二元論である［後注①］」（LS. p. 129）。

［後注①］　ドゥルーズの定位するのは、ニーチェ以降のディオニュソス的-差異・混成・共存態の世界である。「意味と非-意味はもはや単純な対立関係にはない。共-存（co-présents）的に新たなディスクールを構成する」（LS. p. 131）。旧哲学の「真理」や「本質」を至高視する思惟では、「円は円」「角は角」で、「円い四角」は不条理として排除されるが、ドゥルーズの「意味」次元では、「円い四角」も、不条理として有意味である。

拓・展開する。

「意味と非‐意味」も、有意味的な共存態である。「意味」は、「真理」「本質」とは別の次元・地平を開削・開

（4）意味と意義

フレーゲ以来クローズアップされるにいたった問題だが、ここではドゥルーズ問題に絞ろう。

「われわれは意味と意義（signification）〔後注①〕をも〔……〕区別しなければならない。意義はたんに概念と概念が表象レヴェルで条件づけられる対象へと関わるのみであり〔後注②〕、意味は非‐表象的諸規定のなかで展開する理念に属する〔後注③〕。〔……〕」（DR. p. 201）。

〔後注①〕〈signification〉は「意味作用、意義作用」とでも邦訳しなければならないニュアンスをも含むが、ここでは、これも慣例訳語の一として、たんに「意義」と訳す。むろん、後者は前者の構成要素の主要な一である。

〔後注②〕既述した命題の三局面＋第四次元のうちで、意味は第四次元を成すが、意義は前者三次元の一局面（signification）に属するのみで、上記「第一部」では表象・延長態レヴェルに留まる。

〔後注③〕この部分は先述した。

「意義・意義作用は命題の三つの次元の一に属する。ここでは、語と、普遍的もしくは一般的（原文イタ）な諸概念が相互関係し、構文がさまざまの概念内容と相互関係する〔後注①〕。〔……〕〔後注②〕」（LS. p. 24）。

〔後注①〕〔後注②〕後者は長文になるので省くが、前者からして、ここでは、語・概念・概念連関とあのいわゆる（国語や民族語としての）言語体（langue）の関係が語られているとみてよい。意義とは、おのおのの言語体というわゆる差異の体系（すべての構成要素の相互差異と、言語体という統一態を構成するためのそ

れら構成要素間の相互補完関係）において、他の同様の諸意義と相互規定（定義）しあっている構成要素、の謂いである。ひとことで言ってしまえば、意義は、言語体という統一態の同一律に属し、意味はその同一律から外れるかそれを超えるか、とにかくその同一律に服属しない。

「意義の規定はいかようになされるか。無-矛盾性の原理〔同一律、排中律〕を成立させ、〔この原理に反する〕第三のものを排除（tiers exclu）するためにである〔後注①〕」（LS. p. 86）。

〔後注①〕　上記の三次元命題のうち、意義・意義作用（signification）は表象対象・事象対象を精確に指示（désignation）して事態を明確に表明（manifestation）すればよく、これが常識・良識を構成（LS. pp. 94~95, etc.）する。意味は何か他なるもの（aliquid）として、第四次元に定位する。

「感覚的表象は指示次元に属し、合理的〔理性的〕表象は意義作用（significations）に属し、意味表現（le sens exprimé）だけは非-物体的〔非-三次元的〕生起（événement incorporels）に属する」（LS. p. 170）。

第三節　意味と超越論的-場

ドゥルーズ的な「意味」は、こうして、伝統的形而上学や近代超越論哲学の前提する至高存在や意識的自我による統一化・同一化の範域には入らず、旧来の真理・本質・意義……等の哲学的に最重要の諸概念とも同ぜず、独自の位相に定位する。遠くは、プラトン的・イデアがシミュラクルのなかに落下・分解してそこから浮かび上がってくる表面に、また、近くは、これは引用しなかったが、ニーチェ流の「生に帰属するもの」と「思惟の命題に存立するもの」がそこで「離接的に同態化」（la même chose）する「秘密の一点」（LS. p. 153）に、あるいは、ドゥルーズ語で繰り返せば、理念という存在論的潜勢動態が非-意味・無-意識として人間思惟と相接し・重相化する第四次元に、である。われわれの上記「第一部」は、ここにいう存在論的潜勢動態が表象的・延長態レヴェルへと現働化・現実化する一点を通ってこの「第二部」の意味論議に入ったのだが、ドゥルーズ自身が「飛躍」（saut）（LS. p. 175, 278）と語ってかならずしも詳述していないと思われるこの一点の前後の事態は、もともと認識不可能な潜勢動態を「純粋思惟」「純粋想像力」（既述）によって「推定」（présumer）（既述）するのであるから、ここでも略述にとどめるほかないが、おおむね、こうである。まず、存在論的潜勢動態のなかに（あの無意識界の自動的な自己構造化のように、――ただし、ここに、あのＤＮＡの成立のように、すでに人間に固有の状態に向かってのなんらかの先行的‐規定性が作働していないとはいえない――）、なんらかの自律的に自己構造化していく諸構成要素（éléments）連関（séries）と、そのおのおのへとこれまた自律的に自己配与（se répartir）していくさまざまの特異態（singularités）の動きがあり、ついで、後者がその特異性（singulier）をもって前者の準則的（réguliers）な連関をなんらかの作用力によって破壊的に刷新し、新たな諸連関（séries）へと変容させる。その「差異と反覆」の動きの過程のどこかで、とくにそのときの特異態が準則連関を破壊‐刷新的に、比較的長期にわたって、自らの統整下に御しえたときに、……ドゥルーズは、その一ケースとして、前‐個体的（pré-individuel）な特異態が作用して個体化作働（individuation）をおこなう、というが、これはそのまま人称的個人人格の成立にはならず、後者はもうすこし後の段階であり、しかし、とまれ目下のこのあたりの段階で、「意味」という、――概念のような一般性はいまだ具備することない――それなりの個‐性を具備した事態が有体化・現働化してくる、……そのように解しうるように思われる。念のために、関連文を、やや長文だが、引用する。

「経験世界と類似ではなく、さりとて差異なきカオス的‐深淵とも一緒くたにできない次元を、非人称的（impersonnelles）かつ前‐個体的（pré-individuelles）な超越論的‐領野（champ transcendantal）と呼ぼう。この領野は意識の次元のようには規定可能ではない。意識は統一化する総合作働なくしてはなにものでもないが、自我や自己なくして意識の統一化作働などありえない。非-人称的で前-個体的なものとは、それゆえ、無意識表面に発動するかぎりでのさまざまの特異態の放射の謂いであり、意識的綜合の条件である固定的かつ定住社会的な配分とは根本的に区別すべきノマド（遊牧民族）的な配与による自動的統一化（auto-unification）というひとつの内在的かつ可動的な原理（un principe mobile immanent）を生きる。特異態は真の超越論的-生起態（transcendantaux）であり、フェルリンゲッティのいう〈特異態という第四人称態〉なのである」（LS. pp. 124~125）。

「G・シモンドンは、非人称的で前-個体的なさまざまの特異態について合理的に論ずる最初の理論書を公にしたことで、第一級の重要性を示しているように思われる。この書は生ある個人（l'individu vivant）や認識主体（le sujet connaissant）の成立（genèse. 発生）を、この非人称的かつ前-個体的な特異態から出発して明確化することを提言する。ひとつの新たな超越論性（le transcendantal）を提示したのである。この領野の特質を五点から規定してみよう。〔①〕この領野には独自のポテンシャル・エネルギーが作働している、〔②〕さまざまの構成要素連関〔セリー〕があり、それらが内的に共鳴しあっている、〔③〕各部分が位相学的（topologique〔形態以前ながら形態形成への傾向性を孕む〕）表面を成している、〔④〕意味〔sens. 方向性〕を組織化する動きも孕んでいる〔ここではこの部分がとくに重要。意味の存在論的基盤として〕、〔⑤〕問題を提起し解決を要請する未完性のうちにある」（LS. p. 126）。

「世界（monde）が、匿名で、ノマド的で、非人称的で、前-個体的な、さまざまの特異態の蝟集において、世開（世界として開起 s'ouvre）するとき、われわれはついに超越論的領野の地を踏むことになる」（LS. p. 125）。

念のために確認しておけば、ここにいう超越論的領野とは上記の超越論哲学という近代‐自我論・認識哲学‐系譜のいわば対象構成的な超越論的‐主観・主体のことではない。われわれ（筆者）は先にM・セール思想やベルギーのセール・グループを引照しつつ、超越論的‐客観という規定を用いた。[9] 今日、二十世紀初頭に始まる存在論的転回は、ドゥルーズたちをも通って、いわゆる新‐実在論・思弁的実在論の段階に入っており、その先陣をなすひとりであるM・ガブリエルは超越論的存在論[10]（Transcendantal Ontology）とまで高言している。ドゥルーズ自身は、自らの哲学を、既述もしたとおり、超越論的経験論とも呼び、ここにいう超越論的領野もその主要な一部分をなし、対象構成的な意識能作ではなく、それがそこで展開する、その無意識域をも十分に含む、存在論的な地平・場、おそらくこれまでの哲学・研究史がいまだ十分に開拓しきっていない、それゆえ今日の新たな実在論がそれと自覚的に継承するにいたった、地平・場なのである。

第四節 「意味の論理学」

ドゥルーズ著の題名『意味の論理学』についても、こうして説明ができることになる。

通常、論理学とは正しい思考と命題言表のための学であり、この場合、正しさとは、思考・命題が同一律に則って整合的であること、主語と述語が一致していること、主語から述語が導出できること、主語のなかに述語が含まれていること、……等であり、既述の、真理、本質、意義は、命題的に無矛盾的であるか、自らにおいて永遠に変化なく自己同一的であるか、指示事象と合致しているか、言語体（ラング）・常識・良識の内的規則性・共通感覚性（sens commom）・正‐方向性（bon sens）……等に適合し背反していないか、適合していれば真理・本質・意義たりえ、背反的であれば誤・偽・非（否）‐真理・本質・意義として否認・排除され、……要するに同一律・矛盾律・排中律の支配圏域内の問題である。

これに対して、意味問題に関しては、無-意味・非-意味（・否-意味）も、一定の観点からは排除されるが、根本的にはそれなりの意味を有すると解されて、たとえば言語論や文学論のなかで（ナンセンス論、ノン・サンス論、等として）主題化されうるようになってきている。「意味の論理学は、意味（sens）と非-意味（non-sens）の間にひとつの独自なタイプの内具的関係（un type original de rapport intrinsèque）を必然的に設置する。とりあえずは、非-意味（non-sens）をそれに固有の意味（son propre sens）を語る単語としてあつかうことによってのみ示唆しうる、ある種の共存在（coprésence）の関係を、である。」（LS. p. 85）「意味を産出するのはディオニュソス的-機械（machine dionysiaque）である。意味と非-意味（non-sens）はそこではもはやたんなる対立関係にはなく、ひとつの新たなディスクールのなかで相互に共-存的（co-présents l'un à l'autre）となる。〔……〕哲学を刷新するに違いない新奇のディスクール、〔……〕」（LS. pp. 130~131）「真理の論理学に対する、意味の論理学〔言表〈円い四角〉は、真理の論理学からは排除されるが、意味の論理学においては、十分に有意味的である〕」（LS. p. 135）。……

あるいは、さらに、真-誤、真-偽、善-悪、美-醜、正-邪、聖-俗、……等（これらはかっての価値哲学の二元論だが、意味論的にも例挙しうる）、かっての哲学・良識・常識での二元対立からその優劣対比への変換を経てほかならぬ同一律・矛盾律によって排除されていたさまざまのいわば劣項（誤、偽、悪、醜、邪、俗、……）がそれぞれに「固有の意味」を見出され・承認されて復権してくる、その成員化・再成員化を図り・進めるのが、意味論の地平、その開削・開拓・確定の動きというべきではあるまいか。二十世紀・一九〇〇年から始まる精神分析は、患者の吐《つ》く嘘のなかに、彼／彼女の心の真実を発見して、刑事が容疑者の嘘から真相を嗅ぎ出すとは逆に、その患者に解放と健康をもたらす。サルトルは、卑小な犯罪と反道徳を繰り返す小説家の耽美的な作品に、肯うに値する自由への希求と主張と実存の真理を見出す。政経文連合体としてのＥＵは、不正や邪悪さへの寛容をすら図って、死刑制度の廃止を政策条件とする。……「意味の論理学」とは、要するに、真理・意義・本質の同一律‐論理学に対する、脱‐（同一律）論理学、意味の多様と平等の差異律（「律」は、法的規制性（Satz）より、むしろ音楽的「律動」（Satz）を含意しうる）、やや後のドゥルーズ語を使えば、差異・多様と平等の遊牧律（nomadologie.〈-logie, logos〉は、同一律による整序とは別に、たんなる〈lego〉（集める）をも含意しうる）、……とも、とこそ、解しうるのではあるまいか。

ドゥルーズの差異と反覆と多様性の哲学、それらへの「絶対肯定」を「正義」（前述）とする「協争弁証法」の思想は、かくて、「意味の論理学」を「可動的原理」（既述）とし、その「現働化」に向かう思惟である。思い出していただきたいが、われわれのこの一連の研究・考察は、カントの反省的判断力がそのつど新たな基準を創定することによってそのつど新たに世界を新構成していく、その基準概念にかかわるパラドクスから出発した[11]。基準とは、もともと、常識的には、あるいは伝統的思惟においては、永遠不変のものでなければならないが、現実世界の生動性と多様性が主題化されるということになれば、永遠不変など後者を抑殺することになりかねず、さりとて後者をそのままに放置することはできないということになれば、なんらかの可変的、あるいはそれ以上の、統整、――統制ではない――、基準が必要となる、……。いまやその全容を示しはじめたドゥルーズの「意味の論理学」の世界、この差異と反覆と多様性の哲学、その「絶対肯定の正義」は、この種の問題をどのように解決するのであるか。われわれ自身の問題としても、慎重に考察を進めていこう。

第一章　意味と産出

序　意味とパラドクス

ドゥルーズの意味観念は、既述のところからしても、パラドクスに満ちている。「第一部」のドゥルーズ思考そのものが、自称パラ・ドクス思考であった。パラ・サンス思考でもあった。パラ・サンスをもって意味（サンス）を思考するというのか。意味（サンス）は既述の通り、同一律に収まることのない、多面的・多相的なものゆえ、パラ・サンスをもって対峙・アプローチするほかない。さて、「パラドクスはドクサ（doxa）〔思い込み、先入観〕に対立（s'oppose）する。ドクサ〔という社会成員ほぼ全員の思い込み・先入観〕の二局面である良識（bon sens, ボン・サンス）と常識（sens commun, コモン・センス）に」（LS. p. 92）。「ボン・サンス」（良識）とは社会成員ほぼ全員の「善（bon）き方向（sens）」に向かっての方向性であり、「コモン・センス」（常識）とは社会成員ほぼ全員各々のアイデンティティ・自己同一性の「承認」（LS. p. 96）である。「対立する」（s'oppose）とはドゥルーズ的発想ではなく、むしろ「協争する」（vice-diction）とでもすべきであろうが、とまれ両者（良識と常識）は同一律・排中律の権化・現実態であり、パラドクスの帰属する差異律・包摂律とは相対する。他方、意味のパラドクス性は、最終的には、意味の内-外-性（extra-être にして in-sistance）、思惟と存在の、主観と客観の、中間・境界としての「第四次元性」、非-意味（non-sens）との共存性（co-présence）、……等にあった。「最終的には」という通俗レトリックも、ドゥルーズ的ではない。実際、ドゥルーズは、意味の、最終的などではない、無尽の未完・未全態としての、パラドクス局面を、多々、指摘・顕揚していく（LS. p. 41sq.）。われわれは、ここでは、その一面、意味の所産性（effet 面）と能産性（production 面）に焦点をしぼって追考しよう。

第一節　意味の所産性

まず、ドゥルーズ哲学以前の、常識レヴェルで確認する。われわれの周囲・内外は意味に溢れている、あるいは、意味が遍在している。これは机である。あれは公園である。彼の言い分は解る。彼女の存在は不可欠である。この壊れた箱は踏み台として使える。学生生活は社会生活の前哨戦である。……或るものの意味とは、おおむね、そのものを理解可能にするもの、評価可能にするもの、理解も評価もできないが使用可能にするもの、……である。人間・人類の営みの総体を仮に文化とか文明と呼ぶとすれば、文化・文明とは、それじたいでは絶対的な価値あるものとはいえないが、人間にとって意味あるものの総体であり、ひとつの巨大な人間的-有意味体、それも各部分あるいは夥しい数の諸部分の相互的-体系連関によって成立している、有意味的・分節-構造体である。そして、その有意味性の範域は、人間・人類の意識的・無意識的な了解、というより、無意識・知覚・感覚・体覚……をも含むから、むしろ、了覚、その人間的-全体了覚内容の分節化・構造化によって成る有意味的・分節-構造体である。意味は、たんなる言葉の意味にとどまらず、人間・人類の活動・存在・行為‐全体にかかわる基本要素にして基本地盤と見なければならない。

ドゥルーズの既述のところ、とくにこの「第二部」の「序」論は、こうした「意味」観念の、ドゥルーズ語ではなく、われわれ研究者の常套語でいえば、本質、構造、存在論的‐境位、……等を明らかにした。（i）本質とは、たとえば、意味とは、命題（言語命題のみならず、知覚命題、感覚命題、さらには無意識命題、等、も含む）を命題としての統一性において成立させているもの、命題がその分節化・構造化によって命題として成立するもの、主観と客観・思考と物象を包摂的に相関させるもの、三次元事象を理念へと関わらせるもの、等であることであり、（ii）構造とは、たとえば、意味が、存在では非《あら》ざる「存‐外」（extra-être）にして、かつまた、命題において命題に非《あら》ざる「存立・成存」（insistance）として「内‐存」（in-sistance）し、いわば「外‐内‐存」なる複雑なパラドクス性において成立していること、あるいはむしろ「存在‐無」的パラドクスであること、（iii）存在論的境位とは、たとえば、命題における、存在でもなければ、無でもない、命題を構成する指示・表明・意義なる三次元とは何か別の（aliquid）、「第四次元」を成立させていること、……等である。

だが、これもわれわれ研究者の語でいえば、問題への、本質論的アプローチならぬ、発生論的アプローチなるものもある。英国のあるドゥルーズ研究者は、ドゥルーズ的アプローチは〈What?〉（何か?）ではなく〈Why〉（なぜ?）にあるとしばしばいうが、われわれにとっては、「第一部」に示したとおり、〈Why?〉ではなく、むしろ〈How?〉（いかに?）である。意味観念についても、今度は、発生論的追考を試みよう。

実のところ、ドゥルーズ自身、この著では、ドゥルーズ流の発生論的考察を、それと明示して、大々的におこなっている。まず、静態的発生論（genèse statique）と動態的発生論（genèse dynamiqe）を分ける。われわれの「第一部」での考察方式でいえば、前者は、表象・延長態レヴェルでのいわゆる現実（réal）界の分節化‐有意味化‐構造化の駆動を、物象連関とむしろ命題構成の視点から論述し、後者は、非（下）‐表象・潜勢・強度態レヴェルでの実在（réel）生起動の自己構造化と特異点の生起による自己刷新的な自己展開、そのひとつの頂点としての個体化‐動（individuation）を介しての現実（réal）レヴェルへの実在（réel）の現働化（s'actualisation）・実働化（réelisation）――これも、あるいは、これこそが、真の、分節化‐有意味化‐構造化‐動、あるいはそれを駆動するその原動態ではあるまいか――の動きを、精神分析学や現代諸科学が明らかにするその基盤（たとえば、無意識拍動、ミクロ物理学事象、等）からの発生と数段階にわたる展開を追うかたちで考察していく[12]（cf. 14e, 17e, 27e, 28e, 29e Série, etc.）。その詳細な分析・考察・論述は以って多とすべき現代哲学の成果といわなければならない筋合いのものであるが、ただし、ここでは、当面の主題である「意味」の静的・動的‐発生のみに焦点を絞って追考することにする。

既述もしたように、われわれは、経験的には、いわゆる「ものごころ」つくころに、とくに、周囲に、ここにいう意味に当たる事象が存在（最終的には、存立・成存）することに接し、気づき、以後、逐次、漸進的に、無数の意味を知り学んでいく。われわれがそのなかに存在している家族・社会・文化・文明が人間的‐有意味態である以上、当然であろう。そして、この場合、意味はまずまず既成・既在のものとして受けとめられる。さて、人類史の遠い昔、人類が初めてここにいう意味に当たる事象に接したとき、事態はどのようであったか。実のところ、植物や動物においても自然現象は自らの個体的・種族的‐生命・存在‐維持の基点から、それなりに有意味的である。しかし、人間・人類の場合には自然事象以外の諸領域にも意味や意味体系が広がり、動植物の場合との違いは、たんに量的なものではなく、まったく質的なものであるといえ、結局、その証拠として、自然とは異なる文化・文明‐世界が成立・成存するにいたっている。さて、この場合、自然のなかで初めて自然事象とは異なる人間的‐意味の存在（存立・成存）に気づいた人間は、その「意味」の「出現」にどう対峙したであろうか。実のところ、いわゆる言語起源論の場合と同じで、この種の事実論的‐発生論は、資料的‐証拠がない・ありえないため、多くを語ることは許されないのだが、ここであえて本質論的‐発生論とでも自称して指摘を試みれば、そのときの「意味」の「発現」とは、たんなる動植物的‐生命維持‐基準からではなく、人間に固有の（生命域をも超える）存在様式からのひとつの結晶・結果・所産として、成された、とでもいわなければならないだろう。これ以上の詳述は、必要だが、控えれば、ドゥルーズも、この種の先行了解を前提にしてであるかのように、こういう。

意味は、自然現象のように、人間の存在の以前から、永遠とはいわないまでも、恒常的に存在しているわけではなく（LS. p. 116）、上記のように、人間能力のさまざまなレヴェル（知覚レヴェル、感覚レヴェル、無意識レヴェル、等、をも含む、要するに多少とも言語化可能である諸レヴェル）の命題とともに、その、自然という三次元態ではない、非‐自然的な第四次元態として、成立・現出・存立・成存にいたる。そこに到るのも、自然的事象レヴェルの原因（cause）による自然的事象レヴェルでの結果（résultat）としてではなく、三次元態としての命題の存在ゆえ自然的レヴェルの原因も含むが、かっての形而上学のように神的・超越的‐起源ならぬ（LS. p. 90）、あくまでも内在的ながら、われわれもいう人間的‐存在様式に固有の要素との混成（cf. LS. p. 150）による、いわば「準‐原因」（quasi-cause）からの作用による結果・所産態（effet, produit）（LS. p. 116, etc.）として、である。この第四要素混入による新事態の成立を、ドゥルーズは〈idéelle ou «fictive»〉な「準‐原因」による（LS. p. 115. 自然現象は réal だが、その潜勢態としての実在動は réel であり、かつそれゆえ「第一部」のいうように idéel でもあり、fictive とすら、いえる。邦訳すれば、「観念的・イデア側の、準‐理念的な、もしくは虚構的な」とすらなりかねない）とまで称して、冷気による水面結晶化の物理現象にも（それを）見ている。「液体表面に生ずる事態は、一方では、それがその現実的な原因（cause réelle〔われわれの理解では、ここは cause réale のほうが正しい〕として依存する諸々の分子間事態の変容（modifications intermoléculaires）

に帰せられるとともに、他方では、それがその観念的・準-理念的もしくは〈虚構的〉な準-原因（quasi-cause, idéelle ou «fictive»）として依存するいわゆる表面張力の変化（variations d'une tension dite superficielle）に帰せられる」（LS. p. 115）。

いや、比喩表現文など利用せず、正規の意味論の論述で整理しよう。後のところで論ずべき問題はここでは除外し、引用はしたがってやや虫食い状態かつ意訳的にもなるが。また、プラトンのイデアが、その似像である生成界のさらに下方に放置されていたカオス的なシミュラクルのなかに、ストア派において、分解かつ「落下」し、しかし、そのストア派において、そのシミュラクルの「表面」に再「浮上」して、組織化される、という先述の哲学史的-図式、あるいはイデアと意味の逆説的な関係を、ここで右述の表面張力論とともに思い出しておくと、考察と理解に資しうるかもしれない。

「意味が物質的原因から産出されるということもあるが、上記とは別の経緯を取る。ここでは物質的原因とは、物質事象の深層をなす非-差異的カオス（leur profondeur indifférenciée）、その不可測的な拍動（leur pulsation sans mesure）の謂いである。この深層が独自根源的（originale）な力能（pouvoir）をもって作働し、〔深層ならぬ〕表面を組織化（organiser des surfaces）し、その表面のなかに潜り込む（s'envelopper）のである。」「表面そのものは能動的でも受動的でもないが、諸物質の混成（mélanges）によるさまざまの能作動と受作働の交錯の所産（produit）でもある。」「純粋な所産態（pur effet）とはいえ、それはそれでなんらかの準-原因の場（lieu d'une quasi-cause）ではある。」「さまざまの突発的な凝縮、溶解、形成層の状態変化、特異点の配分と再編成、そうした動きの劇場として、表面は、ちょうど二種類の液体が相互混融しあうように、無際限に広がっていく。それゆえ、深層における混成の結果としての、ひとつの表面物理学のすべてが、そこにあることになる。宇宙全体のさまざまの変化や拍動をたえず取り集め、自らの可動的な有限態のなかに包摂しながら展開する表面物理学の。」「そして、この表面物理学には、ひとつの形而上学的な表面が必然的に対応する。この形而上学的表面を、われわれは〔既述の〕超越論的領野と呼ぼう。……」（LS. pp. 149~150）。

意味は、こうして、ドゥルーズの指摘するところ、それ自体では根源的（originaire）（LS. p. 116）なものではなく、表面（surface）（ibid., LS. p. 150）的（superficielle）（LS. p. 115）で、派生的（derivé）な、結果（effet）・所産態（produit）（ibid.）である。いわゆる「引き起こされる」（causé）（LS. p. 116）ものとも記され、その〈cause〉も、上記のように、原因、準-原因、物質・物体的、〈idéelle ou «fictive»〉、非-差異的・カオス的・混成・深層-力能、宇宙的、……等と、記されている。目下のわれわれの主題は前者、つまり意味の所産性・結果性であるから、後者についてのさらなる考察は後述のところに回すが、ただ、問題を解りやすくするための試みとして、三点ほど、この時点でのわれわれ（筆者）の理解・解釈を提示しておきたい。それは、①意味は、「深層-根源力」（profondeur, orginal, pouvoir）が「表面のなかに潜り込む」（s'envelopper dans des surfaces）ことによって、「表面を組織化する」（organiser des surface）（LS. p. 149）ことの所産であること。つまり、意味とはひとつの「組織態」であること、また、意味とその原因・準-原因は、時間的な前後関係ではなく、空間的というより、存在論的な、表裏一態性にあるらしいということ。②ここにいう「深層-根源力」は、上記ページ（LS. p. 149）では、「物質的であるが、別様に物質的」すなわち「非-差異的な深層のもの」となっているが、実質的には、これまたここにいう「〈idéelle ou «fictive»〉な準-原因」に、ほぼ該当するものだろう、ということ。もともと因果関係とは通常の物質間のものであり、「別様の」つまり「深層からの」作用に因果関係を見るのは比喩レヴェルのものであるか要するにカテゴリー混同の謬論であり、ここでも「深層からの力」は、正確には（「原因」ではなく）「準-原因」の一とみなければならない。別言すれば、「準-原因」とされる「〈idéelle ou «fictive»〉」（なもの）に該当する、と。「非-差異的な深層の力」というが、この「非

‐差異的」は、差異的な〈idéel〉と差異して非‐差異的というより、次ページに「深層における混成」（mélanges en profondeur）なる言表があるように、〈idéel〉と「物質的なもの」の差異の没却としての「非‐差異」である。意味は、たんなる観念のような薄っぺらなものではなく、〈idéel〉と「物質的なもの」の混成態からその所産として結果する。③〈idéel〉なる語は、ドゥルーズの場合、邦訳しにくい。「観念的」は、これまでときどき便宜的に使用してきはしたが、最終的にはドゥルーズ語ではない。「イデア的」は、『差異と反覆』が〈Idée〉の語を多用するとしても、プラトン形而上学はもう失効しているのであるから、至当ではない。フッサールの〈idéel〉は認識論上のものであって、うっかり参照すると、危険のほうが大きい。要するに、ドゥルーズがこの語を使用しても、使用回数は稀であり、便宜上のものにすぎないと思われる。ただし、プラトンのイデアがストア派においてシミュラクルのなかに分解・落下し、そのどん底のカオスから「表面」へと再‐浮上したところに意味の境位を見るとすれば、——ちなみに、別文脈ながら、前者（どん底のカオスへの落下・分解）はA・アルトーの病態であり、後者（再‐浮上・表面）がL・キャロルの言葉遊びとドゥルーズ思想の次元である——、意味というこの第四次元態がイデアと物象の境界にあって双方に顔を向ける、そのイデア側への向きをこの語が含意すると解されるかぎり、これは素晴らしい。それゆえ、われわれ（筆者）は、〈idéel〉に「イデア側へ」とも付言し、「準‐理念的」と訳出した。ドゥルーズのいう「意味」は、こうして、目下のところ、〈réal〉な諸命題において、もはや亡き〈Idea〉といまなお潜勢的な〈réel〉の「双方に顔を向ける」（先述、cf. LS. p. 195）、〈réal-idéal〉混成態からの結果（effet, produit）としての〈idéel〉なのである。（すでに「形而上学的・超越論的‐領野」の問題が迫ってきているのも、不思議ではない。）

第二節　意味の持続性

意味は「派生的な結果」（既述）にすぎないのであるから、一方では、「あえか」（fragilité）（LS. p. 115）で消失しやすいものであるが、他方、存立・内存（insistence）・成存・共存（consistance）が含意しうるように執拗に粘り強く「存続」するものでもある。古代ギリシャの都市は崩壊してしまったが、それが抱懐していた民主主義という理念・意味は今日なお存立・成存しているように。意味のこのいわば恒存性を、ドゥルーズはどう説明するだろうか。時間観念を参照するのがよいと思われる。ベルクソンは、われわれに馴染みの時計時間・暦時間を、すでに空間的に分割された部分を単位に空間的に連結しただけの（すでに空間化されている）空間化時間と批判し、たとえばわれわれの心のなかの動きを、間断なく積み重ねられ相互に浸透しあう不可分の持続動態、真の時間としての持続時間（durée）、として重視した。ドゥルーズでは、これが、むろんベルクソン思想と内実詳細は異なるが、クロノス時間とアイオーン時間の区別となる[13]。

ここで上記「第一部」の〈c動態〉（différenciation. 分化、微拡化‐動）と〈t動態〉（différentiation. 微分化‐動）の異同を思い起こしてみるのもよいかもしれない。前者は、表象・延長態レヴェルの分節化‐構造化をはかってそれなりの有意味性を成立させる現実化‐動（réalisation）の主要な作働軸であり、後者は、下（非）‐表象的・潜勢‐強度態の〈réel〉（実在・実働）動であるとともに、今回のわれわれの主題としては、その〈réelisation〉（実働化‐動）の（表象・延長態レヴェルへの）現働化〈actualisation〉、それによる（表象・延長態レヴェルの）「真」（vrai, véritable）の（この語、既述にもあったとおり、十分にドゥルーズ語である）分節化‐有意味化‐構造化、へとも向かう、動きであった。

さて、ドゥルーズはいう。

「クロノスは諸物体の動きとそれらのさまざまの性質の創出〔後注①〕を示す（exprimait）〔後注②〕が、アイオーン〔後注③〕はもろもろの非‐物体的（incorporels）な生起事象（événements〔後述再論〕）の場であり、物象性質とは別のさまざまな属性の場〔後注④〕である。クロノスが、それをそのつどの原因や質料として満たす（remplissaient）もろもろの物体から不可分であるにたいし、アイオーンは、それを満たす（remplir）ではなく、それに随伴する（hantent）〔後注⑤〕〔諸事象の〕作用結果〔や醸成効果〕（effets）〔後注⑥〕で賑わう（peuple）」（LS. pp. 193~194）。

〔後注①〕〈création〉。この語は不適当である。一回のみゆえ放置するが。理由は上記してある。

〔後注②〕この〈expression〉も、同様、不適当である。

〔後注③〕確認し忘れたかもしれないが、古代ギリシャ語ではアイオーンは「永遠」を意味する。ただし、ここでのドゥルーズの〈Aiôn〉が、そのまま古代ギリシャ的な「永遠」であるとはかぎらない。とはいえ、いちおう「永遠」と解して、理解には資しうる。

〔後注④〕既述のところに、「命題は、たんなる観念の所産ではなく、物の属性をして内存・存立させうる」とあった。

〔後注⑤〕事象とその意味、その他、従来は二元論的に扱われてきた関係が、現代哲学では、〈相反‐相伴〉関係（Zwiefältigkeit, etc.）に解し直される傾向にあると、筆者は思う。ここでも〈憑依〉等の語は避けて、こう訳出した。ドゥルーズでは、さらに、〈concomitant〉（cf. LS. p. 272）〈doublure〉（cf. LS. p. 116, etc.）〈plis〉（cf. DR. p. 90, および、後年の主著の一である *Le Pli, Leibniz et le baroque*, 1988）等の類似概念がある。

〔後注⑥〕〈effet〉は多くの研究者によってはじめからそのまま「効果」と訳されており、むろん誤解・誤訳の類いではないが、筆者の感覚からするとあまりにもポジティブすぎるように思われ、まず「結果・所産」と訳してから、その「存続」性の問題にいたって、この「効果」の語を用いた。目下はその段階である。

「言語を可能にするのは、非‐物体的‐効果あるいは表面‐効果としての、この新しい世界〔次元〕〔後注⑦〕である。さまざまの音声（sons）をそれらのたんなる物体的な能動・受動‐事態〔としての物音〕から取り出す（tire）のは、この世界〔次元〕なのだ。言語をして、物体間の騒音（bruitage）との混同から免れさせ、〔精神分析学のいう〕口唇‐肛門的‐規定から抽象するのは、この世界〔次元〕なのである。〔……〕言語もしくは表現行為を支えるのはそこに〔物音からは〕独立に表現されているところのものであり、〔……〕物理的性質として物体に帰属するのでなく、ひとつの意味をもつ音声（les sons d'avoir un sens）によって獲得〔後注⑧〕される形而上学的固有野（la propriété métaphysique）が、言語や表現行為を根拠づけるのである」（LS. p. 194）。

〔後注⑦〕　この文脈で〈monde〉なる語を用いるのは大仰すぎて、ドゥルーズ的でない。「次元」という意味での〈dimension〉という語は、西欧思想家たちは、われわれ日本人と違って、あまり使わないように思われるが、ドゥルーズは、結構、安穏に用いる。

〔後注⑧〕　細事にすぎないが、〈acquise〉とあるが、〈acquisée〉の誤植・誤記か。ややこだわるのは、ここでの引用文のドゥルーズのフランス語は、いま前後に記すように、なにやら不用意に乱れているように思われるからである。

「クロノスにおける現在は、なんらかのかたちで物体的である。〔……〕クロノスは、〔現在から現在への、要するに〕現在たちの規則だった運動なのである」（LS. pp. 190~191）。「アイオーンによれば、時間のなかには、過去と未来のみが、存立、あるいは成存〔存続〕する。〔クロノスにおけるように〕現在が過去と未来を呑み込んでしまう代わりに、〔アイオーンでは〕過去と未来が各瞬間に現在を分割してしまい、さらにそれを過去と未来の双方向に同時に、無限に、下位分割してしまう（subdivisent à l'infini）［後注⑨］」（LS. pp. 192~193）。

［後注⑨］　われわれの常識は「永遠の今」という発想が典型的に古代ギリシャ的（さらには新約キリスト教的）なものであることを知っているが、現在・過去・未来を包括する全体としての永遠など、ドゥルーズ思想でも現代哲学でもありえないことも知っている。しかし、過去と未来に挟まれた現在という瞬間を無限に微分化していくという発想を耳にするとしたら、すくなくともわれわれの本著での既述のところを辿ってきてくれたかたがたは、その過去でも現在でも未来でも過去・現在・未来の全体でもなく、その先、彼方の、極微態のところに、クロノスとは別のひとつの次元（これは、既述〈延長（extensio）‐強度（intentio）〉関係にもあったように、ドゥルーズにありうる発想である）が開け、それを「永遠」ではないとしても、――このLS. p. 194には、〈la vérité éternelle du temps〉（時間の永遠真理）なる言表すらある――、すくなくともドゥルーズ的「アイオーン」、クロノス的‐過去・現在・未来を超えるアイオーン次元、と呼びうることは、承認してくれるであろう。ドゥルーズ流に「準‐永遠」（quasi-éternité）といってしまってもよいかもしれない。

要するに、意味は、「あえかな派生的‐所産」にすぎないとしても、それはクロノス次元からみる場合であって、アイオーン次元からみれば、同時にまた、「準‐永遠」的な持続態・存続態でありうるし、じっさい、そのように存立・成存（consistance）する。意味のこのパラドクスも放念するわけにはいかない。ただし、確認のために付言しておけば、〈t動態〉、その極微態は、「底」なる（いわゆる混沌としての）「カオス」ではない。「カオス」とは要するに〈c動態〉の一レヴェルでの混乱にすぎない。〈t動‐極微態〉は、ベルクソンの「永遠」が、プラトンのイデアのように永遠不変ではなく、「生ける永遠」として絶えざる自己創出の動態性であると相似て、絶えざる「差異と反覆」の、つまり「非‐カオス（混沌）」としての、力動態である。持続性と恒動性は相両立し、恒動性と差異律の動態性も、相両立する。

第三節　意味の産出動

1

意味は、原因もしくは準-原因からの「結果・所産」であり、多少とも「効果」を及ぼす持続であるが、もうひとつ重要なのは、当然、その「原因・準-原因」、その産出-作働性の如何《いかん》であろう。先にも少しく触れたように、ドゥルーズはこの問題を「静的発生」(genèse statique)「動的発生」(genèse dynamique) として詳論しており、われわれは意味論議に集中して簡略に言及するに止めさせてもらっているが、ここでもドゥルーズ自身の約言 (LS. p. 217) に則って簡略に一望しておけば、静的発生とは、「物象レヴェルで現実化されると想定される事態とその命題化」の動きの謂いであり、われわれ流に言い換えれば、表象・延長態レヴェルの事象の分節化-有意味化-構造化 (分節化-構造化すれば意味はそこに自ずから成立する) とその命題化の動きの謂いである。

他方、動的発生とは、「事態の深層からの表面の産出」(*de la profondeur à la production des surfaces*) の動きとイタリック字体で強調的 (?) に記され、われわれが判りやすくなるようプラトンのイデアがその似像としての生成のその下に放置され気味であったカオス・シミュラクルへとストア派とともに分解・落下し、その底・深層から表面へと再-浮上すると約言したさいの、その表面への (再) 浮上を静的発生問題とすれば、その底・深層からの (再) 浮上の動きそのものの謂いである。「第一部」で余儀なくされたやや晦渋な言述に戻れば、根拠・起源は不明のまま自生的・自成的に発生・生起してきている潜勢的な強度-生成態が、それなりの自己構造化とそこにこれまた根拠・起源は不明のまま発生・生起してくる特異態によって自己刷新的に変容しつつ、ついに、表象・延長態レヴェルにいたって静的発生段階にいたる、しかし、その主に直前までの、これは「第一部」で詳述の余裕のなかった、特異態（singularité）による個体化（individuation）を通じての、現働化（(s')actualisation）・実働化（réelisation）の動き、それがここにいう動的発生過程である。ドゥルーズは、この過程を、さらに三〜四段階に分ける。（i）雑音から音声へ、（ii）諸表面の形成とそれらの連結、（iii）物理的表面から形而上学的表面へ（二重スクリーン）、（iv）動的発生の終わり、である（LS. p. 390, 目次細目参照）。既述のところから、各段階の説明文言の内容はそれなりに予想可能であろうが、われわれもここでは、この段階分けを尊重しながらも、各段階に拘りすぎることなく、われわれの主題である意味産出・意味発生の如何《いかん》に焦点を絞ろう。ちなみに、われわれの日本語では「産出する」と「発生する」に他動詞と自動詞という大きな違いがあるが、ドゥルーズ思想の特にこの部分では、人為以前・人為以下の潜勢的‐実在動態を扱っているのであるから、後者の自生性・自己生起性・自己生動性、その言表化としての自動詞表現を中心とし、他動詞表現はその派生態とみなければならない。

（1）さて、上記の（i）「雑音から音声へ」、あるいは「音から声へ」は、既述の引用文にもあったが、ここでも（意味の動的発生の）第一段階として重要である。人類発祥以前の自然世界にあった音、あるいは動植物の発する音にも声的な要素があるかもしれないが、とりあえず常識的に、人間的‐声音以外はたんなる音・雑音と考えて、やがて意味を担うことになる人間的‐声は、いかにして音・雑音から差異化したのか。ドゥルーズ的‐実在世界が「差異と反覆」の常動態であるとすれば、声と音もはじめから差異していたはずといえ、既述引用文にあった「深層という非‐差異的（indifférentielle）な「カオス態」」とは、この方が前者からの異常な派生態として二次視してよいことになるが、とまれ、われわれの常識からしても、「音」からの「声」の「動的発生」、ドゥルーズがそれをどのように説明するかは、興味深く、注目しなければならない。ドゥルーズは、たとえば、こういう。「眠っている者の外部で雑音が生じるとき、前者の内部に後者とは別の反応現象が起こる「ことがある」」(LS. p. 226)、と。われわれの常識なら、すぐに、人間的（全体了覚内容）世界（既述）とその外の世界は相互に異質であり、後者からの「触発」が前者に（後者におけるとは）別の対応事象を生じさせるのだ、というだろう。ドゥルーズは、しかし、やや別の説明でこれを包括する。フロイトやメラニー・クインの精神分析学の成果に則ってだが、またしてもわれわれのあの思想史的図式にも適うかたちで、プラトン的イデアがその似像である生成界の下にも放置されているカオス的‐シミュラクル（cf. LS. p. 252, etc.）のなかにストア派とともに分解・落下し、いまは、その先、カオス・シミュラクル・「深層」の「底」とそこから「(再‐) 浮上」していく先である「表面」、両者の間の過程の問題である。まず、「深層・底」は発病したA・アルトーが落ち込んでいった音声論的にいえば聞き分けのできない「非‐差異」(indifférentielle) の騒音の次元 (LS. p. 225) である。既述のところからすれば、この次元すら〈réel〉と〈idéel〉の混成態であり、さらには〈pré-réal〉と〈idéel〉の混成態、それとしての「非‐差異」(indifférentielle) のはずであるが、ここでは〈idéel〉の混入は語られない。というより、ここで、「シミュラクルの深層世界」(le monde profondeur des simulacres) (LS. p. 223) とは別の、「高み」(en hauteur) (ibid.) の「善きもの」[14] (bon objet) (LS. p. 225)、「超自我としての神」(Dieu comme surmoi) (LS. p. 226)、「高みにおける〈イドラ〉」(L'*idole* en hauteur) (LS. p. 223)、からの「発生第一段階の確保 (assure) 作用」(LS. p. 225) が、「深層の雑音」から「ひとつの〈声〉(une Voix) を抽出 (extrait) する」(ibid.) と、ドゥルーズはいう。しかも、この「善きもの」「超自我」「神」「イドラ」は、「すでに失われたとしてしか把握されえない」(ibid.) とも、また、「われわれの意味の外」(en dehors du sens)、「高みにおけるひとつの〈前‐意味〉」(un *pré-sens* des hauteurs) (LS. p. 225~226. 原語イタ強調) であるとも、……。ここで二点に留意しよう。①事態このようであれば、結局、われわれの思想史図式もいうプラトンのイデア、あるいは中世キリスト教や近代諸形而上学もしくはわれわれ一般人の考える神のような至高万能者、あるいは、それらが「すでに失われたとしてしか把握されえない」というのであれば、これは少なからぬ現代哲学がいうように、それらが、姿を消す前の最後の遺言としてか、それとも常なる不在の極北からか、とにかく介入・参入して、「シミュラクル」から「表面」を分け、「騒音・雑音・自然音」から「人間的-音声」を分けた、これによって「音」から「声」が発生した、ということになるだろう。ただし、ここで、ドゥルーズ世界のなかにプラトン・イデアやキリスト教神や近代形而上学の至高存在が出てくるのはおかしい。したがって、われわれとしては、それらが「すでに失われたとしてしか把握されえない」と説明されているに乗じて、われわれのこれまでのドゥルーズ理解、つまり、「深層」の〈réel, pré-réal〉との混成（LS. p. 15 に佳い事例あり）から、神為ならぬ原為によって、つまり自生的に、差異すべくして差異した〈idéel〉が、上記のように「表面」のなかに〈s'envelopper〉（潜り込む）し、かくして、かの「第四次元」態を成立させ、「すでに失われたとしてしか把握されえない」「善きもの」「超自我」「神」「イドラ」と対峙・「共-存」（co-présent）しあっている、と解するほかない。他方、②この「すでに失われたとしてしか把握されえない」「善きもの」「超自我」「神」「イドラ」は、ドゥルーズ自身によって、「高みにおけるひとつの前-意味」ともされている。とすると、ここにいう「声」、深層の騒音から「抽出」され・（再-）浮上してくる「表面」とは、真正の宗教の起源にあるといわれる、あの大地にばら蒔かれ死と再生を通じてひとびとに益をもたらす種子の運命への畏敬の念に含まれている、神とその受難と再生に対応する、「前-意味」から「シミュラクル地獄」への落下・受難を通じての「意味」への再生・発生、を示唆するものではあるまいか。要するに、「すでに失われたとしてしか把握されえない」「善きもの」「超自我」「神」「イドラ」と「声」との関係とは、「イデア」（ラテン語では、イドラ）と「意味」の対峙・「共-存」関係の謂いなのである。先へと進みすぎないように自制しておけば、とまれ、「意味」は、まずこのように産出され、その実質において「前-意味」から「意味」への自己生起・

自己生動において存立・成存する。

（2）「動的発生の第二段階」は、上記のように、「諸表面の形成とそれらの連結」と題されている。ここにいう「諸表面」のひとつは上記の「声」次元であり、この第二段階におかれているのは、今度は、フロイトやメラニー・クラインのいう乳幼児が両親との「裸のつきあい」（！）のなかで「視覚」的に形成していく、身体的・生理的・性的な次元・「表面」である。ドゥルーズその他の現代思想家たちがこの一見姑息な次元に大々的に関わるのは、この次元が上記の「高み」と「深層」とは異なる、「第三」の、まさしく人間に固有の次元・平面・表面を成すからにほかならない（LS. p. 228）。乳幼児は、この「裸のつきあい」のなかで、両親の身体を、まず一緒くたに体験し、やがて両者を分け、攻撃者と被傷者の関係を見、自分の身体表面とも見比べ、……ついには、オイディプスのように、独特なかたちで両者を仲介・仲保的に関連づける（cf. LS. pp. 238~239）。……ただし、ここでも、第一段階と同じく、直接には、意味問題は論述されない。それゆえ詳論は省いて、ドゥルーズ自身の要約文を説明・取意訳的に紹介するに止めよう。

「第一段階では、騒音（bruits）から声（voix）へ、つまり、統合失調症に陥らんかの深層（profondeur）から、制圧者としての高み（hauteur）への動きがあった。これに対し、ここ第二段階では、表面（surface）としての性的次元での、声（voix）から発語（parole）への、移行である。身体的・性的-表面の組織化は三種の綜合（synthèses）もしくは連関づけ（séries）を産出する三つの契機から成る。①生命快感を味わいうる諸圏域と、相互等質的な諸要素連関（série homogène）に立脚する連結的綜合（synthèses connectives）、②ファロス（男根）の威力による諸圏域の接合と、相互に異質ながら相互収束的・連続的な諸要素連関（séries hétérogènes, mais convergentes et continues）に立脚する接続的綜合（synthèse conjonctive）、③ファロス（男根）の力線を去勢の条線へと変形させるオイディプス進化の動きと、相互分散的でしかし相互共鳴的な諸要素連関（séries divergentes et resonnantes）に立脚する離接的綜合（synthèse disjonctive）、である。さて、これらの諸要素連関や構成契機は、言語の三つの構成要素である、音素、形態素、意義素、の相互循環運動によって条件づけられながら、それらを条件づける。とはいえ、ここには、まだ、言語は存在せず、われわれは前‐言語的段階にとどまる。〔……〕」（LS. p. 271）。このあと、簡潔な記述で「高みからの声の流れで、言語の形成諸要素が〔シミュラクル〕表面で抽出され、そこで発語が始まる」（p. 272）段階まで行くが、「発語はまだ言語と等価ではない」（ibid.）とし、その理由として、「われわれはまだ意味（sens）の次元に達していない」（ibid.）からである、という。「イデア・イドラ」という「前‐意味」からシミュラクル深層地獄への落下・分解・死を経て表面に向かって再‐浮上・再‐生しきたろうとしているあのものはいまだ「意味」にまではなっていないことになる。この段階での状況をドゥルーズはこう記す。「深層の騒音はひとつの下‐意味（un infra-sens）、意味‐以下（un sous-sens）、下位‐意味（Untersinn）であった。高みの声は、ひとつの前‐意味（un pré-sens）であった。いまや、われわれは、表面の組織化とともに、非‐意味（le non-sens）が、意味（sens）となり、一個の意味（un sens）を獲得するあの地点に到達したと、思い込むこともありうるだろう。〔……〕だが、物理的・身体的表面の組織化は、いまだ意味（sens）ではない。〔たかだか〕共‐意味（co-sens）的であるか、いずれそうなるだろう、というところである。〔……〕もうひとつ別のあの表面（cette autre surface）がなければ、性的要素が意味の随伴態（concomitant）、意味の共‐意味（co-sens du sens）となり、〈いたるところで〉〈つねに〉〈永遠なる真理〉を語りうることにはならない」（ibid.）。……「もうひとつ別のあの表面」とは、なにか。「共‐意味」とは、どういうことか。

（3）「動的発生の第三段階」とは、「物理的・身体的・性的‐表面から形而上学的表面へ（二重スクリーン）」と題されていた。上記（2）の乳幼児による相次ぐ「表面」の形成は「深層」の狂騒のカオスからの（健常な人間になるための）脱出の努力であるが、その末尾に挙げた、オイディプスによる諸「表面」の仲介・仲保的な相関づけ、という記述は、なにか奇異の感じを与えたかもしれない。これは、あのよく知られたオイディプス問題についてのドゥルーズ独自の解釈による。誕生時に「やがて父親（王）を殺害し母親（王妃）と婚姻するであろう」と王家アトレウス家の呪いのなかで預言されたオイディプスは、即刻、山中に捨てられ、それを隣国の王家が事情を知らずに拾って育て上げ立派な後継者に成長したが、当人の知らぬ間にかっての実父を殺害し実母と婚姻するという予言どおりの窮境に陥っていた。この事件の理解に、ドゥルーズはオイディプス側の「善き意図」（bonne intention）という「（倫理的）カテゴリー」（LS. p. 241）を導入する。峻厳な古代的宿命劇になにやら近代人間主義的なあるいはひょっとすると一〜二世代前のサルトル流・実存論的‐精神分析のカテゴリーが蘇ってきた感もあるが（差異と反覆か?!）、とまれ、オイディプスは、乳幼児期の両親との「裸のつきあい」のなかで体覚（感覚）し、その後もさらにその重要性を認識するにいたった、母親における被傷性・裂傷性と父親における加傷性・非傷性の優劣（劣優）関係を、是正しようとはかった。世に解釈される「殺害と近親結婚」とは相差異する「贖いと再招致」（réparation et évocation）（LS. p. 238）（つまり、加傷者をして被殺害をもって贖わしめることと、それによって、被傷者に幸福を与えること）の努力。ひとつの事件における、「物理的・身体的・性的‐表面と形而上学的・超越論的‐表面」の、われわれのいう異次元‐重相性、ドゥルーズ的には、一方（前者）の「脱‐性」（désexualisation）・「去勢」（castration）化による他方（後者）の成立という、二次元‐「相伴」（concominant）の〈co-sens〉（上記。LS. p. 272）性……? すくなくとも、〈doublure〉〈vice-diction〉性……? 「行為全体が二つのスクリーン、一方は性的で身体的・物理的な表面によって構成されたそれ、他方はすでにして（déjà）形而上学的もしくは〈頭脳〉（«cérébrale»）的に構成されたそれ、に自己投射（s'est projeté）して、といおうか」（LS. p. 242）と、ドゥルーズは記している。「オイディプス・カテゴリーとしての意図〔概念〕は、一方の行為を他方の行為と対立させることはない。〔……〕そうではなく、すべての可能な行為の全体を受け取り、それを分け、二つのスクリーンに投射し、双方のおのおのを各スクリーンの必然的要請に対応しながら規定していく」(ibid.)、とも。

「動的発生の第三段階」では、こうして、「形而上学的・超越論的‐次元」が重相して、意味の産出・発生の条件がより整うことになる。だが、ここに見られる、「発生」論と、「意図」論と、「すでにして」(déjà)なる「既在」論は、見方によってはまったく相異なる哲学系譜の発想であるが、ドゥルーズ的には、どのように恙《つつが》なく共存しうるのか。「意図」概念が太っ腹にも「発生」論も「既在」論も含んでいて、後二者を自在に配与するというのか。それは近代形而上学の一であっても、ドゥルーズではないだろう。ドゥルーズにおける存在論的「発生」論が、実践論にいたっては「意図」論になるというのか。存在論から実践論、というより二十世紀の存在論的‐転回からの実践論を考察しているわれわれにとって、それは好都合ともいえるだろう。しかし、存在論的‐転回以前の主役の一であった「意図」を存在論的‐転回以後の今日に再生させるなど、正気の沙汰ではない。そもそも、「イデア・イドラ」が分解・落下してシミュラクルの底なる狂騒地獄を通過して再‐浮上してきたはずの〈idéel〉は、いまはどうしているのか。すでに表面に潜り込んだ(s'envelopper)のか、それとも、まだなのか。……どうやら、もっと、先まで(ドゥルーズ思惟を)追考してみなければならない。

実のところ、上記のところは「動的発生の第三段階」を「目次」上で指示している(『意味の論理学』の)「第二十九セリー、第二四四頁」までであって、まだ「第三十～三十四セリー、全四五頁」が残っている。ドゥルーズ自身による段階分けを尊重しすぎることは中断して、もっと端的に意味はどのように発生する・産出されるのか、考察しよう。

おおむね三点にまとめる。これらも、次章でさらに一点に収斂させていくが。

2

（1）超越論的領野（形而上学的表面）が意味を産出する。

上記第三段階のところで、われわれは「意図」から二つの相異なる「表面」が産出されてくることを記して終えてしまった。しかし、ドゥルーズ的には、「意図」問題はすぐに消えて、二つの「表面」の関係、一方から他方への移行が主題化される。

①まず、性的表面と思考表面の相関は、古代・近代思想史から見れば滑稽に思えるが、一九〇〇年に、近代的・意識的‐自我の思考に対して現代の精神分析学が前‐意識的・無‐意識的‐欲動による思考を提示したことによって、事態は一変した。ドゥルーズは「性問題と思考のあいだになんらかの関係を想定することは」（LS. p. 256）と記し、やや後では「性表面を物象的深層と形而上学的表面の仲介態とすることは」（LS. p. 258）と記し、「久しい以前から変奇なことではなくなった」（LS. p. 256）と前提する。

②ついで、いう。「〔既述の〕ファロスの力線が去勢の条線に変形すると、自我の表面を覆っていた第二期‐自己愛の欲動は、それが自らにとって特別に重要な変動であることを知る。これが、フロイトが〈脱‐性化〉（désexualisation）と呼ぶところのものである。脱性的エネルギーは、死の本能を育てるとともに、思考のメカニズムを条件づける。」（LS. p. 242）「この脱性化されたあるいは中性のエネルギーが、第二のスクリーン、頭脳のもしくは形而上学的な表面を構成するのである。」（LS. p. 254）「去勢は自らが抽出した脱性的エネルギーによってすでに形而上学的表面に属し、たんに性的次元のみならず、他の深層と高みの諸次元をも、この〈形

而上学的〕表面に投射する」（LS. p. 258）。

③性問題の重要さは今日の読者には自明のところであるから、ここで強調気味に記しているのは、実は、（性問題ではなく）エネルギー問題である。エネルギー概念は、これも周知の知識の確認にすぎないが[15]、十九世紀の半ばから物理学と生物学の分野を刷新し、哲学・思想をも大幅に変容させることになった。ドゥルーズ思想もこの変動のなかにあり、たんに精神分析学やフロイト思想の信奉によるものではない。このことを前提に、ここにいう「形而上学的」はむろん、とりわけ「超越論的」の概念を、起源であるカント認識論のパースペクティブから外して、既述したM・セールの超越論的客観や今日のM・マルクスの超越論的‐存在論なる発想に向けて、エネルギー論的‐実在論の視角で解さなければならない。

ドゥルーズは、まず、こういう。

「第二のスクリーン、形而上学的表面の以前には、シミュラクル、イドラ、イマーゴ〔生成〕しか、ない。〔……〕しかし、〔形而上学的表面・超越論的領野の出現とともに〕〔あの〕〈緑する〉（verdoyer）〔の動態性〕が〔たんなる〕樹とその緑（vert）から離脱（distinct）するように、〔多くの〕誇り高く輝きに充ちた動詞が、〔たんなる〕物象と物体から、事物の状態とその諸性質から、それらの相互作用の能動・受動から、脱離（s'est dégagé）する。〔たんなる〕身体と性のそれとは別の〈異者交歓〉（s'accoupler）が、〈永遠なる真理〉（vérités éternelles）として立ち現れてくるのだ。〔世界の〕メタモルフォーゼとは、おのおのの事物の状態からその非‐実在的な実体（l'entité non existante）が脱離（dégagement）していくこと、おのおのの物体とその性質、おのおのの主語と述語、おのおのの能動と受動から、動詞不定詞（l'infinitif）が自己解放（dégagement）していくことにある。メタモルフォーゼ（昇華と象徴化）とは、おのおのの事象において、〔……〕、その事象の上空を超然と舞う、永遠真理、意味（sens）、としての、あの、〈何か他なるもの〉（aliquid）、が開放（dégagement）

されていくことなのである。そのときにのみ、殺害することと死すること、去勢することとされること、修復することと再-招致すること、加傷することと放免すること、〔……〕が、それらを変容させる形而上学的表面で〔後述の〕純粋生起となり、それらの動詞不定詞の自己解放（s'extrait）となる」（LS. p. 257）。

豊饒で美しくもあるテクストだが、目下の問題「意味の産出」をめぐって、あるいはこれが落着なのか、通常の「生産」とはやや異なる規定を示している。①意味は、既述のところとちがい、「永遠真理」と同一視されている。②「生産」は、「形而上学的表面・超越論的領野」による、物体的・物質的・物理的事象からの、「純粋動態・純粋生起・動詞不定詞」の「抽出・脱離・解放・自己開放」、つまり、むしろ、「変換・メタモルフォーゼ」となっている。③この「変換」は、物象的・身体的・性的エネルギーの、「脱-性的エネルギー」への「変換」によるともされ、かつ、「形而上学的表面・超越論的領野」の成立そのものが、物質的・性的-事象からの「脱-性化」の所産とされている。④付言すれば、「意味」を産出（produit, effet）する（既述の）「準-原因」とは、したがって、「形而上学的表面・超越論的領野」であり、「原因」のほうは、もともと物理学的・物象的-事象であるが、「意味」がそこで成立するあるいはそれと「随伴」（concomitant）（相反-相伴）する物象的な「結果」（résultat）を生じさせるもの、ということになる。⑤「意味」は、このように、物象的「原因」（cause）からの物象的「結果」（résultat）を、前者（原因、cause）が「投射」（projetér）する「形而上学的表面・超越論的領野」によって「脱-性化」むしろ「脱-物象化」することを通じて、後者（物的-結果、résultat）を「変容・変換」させ、そこに「随伴」（相反-相伴）していた「純粋動態・動詞不定詞・純粋生起」を「脱離・解放・開放」する、その所産・結果（produit, effet）として、成立する。……

問題は、ここで、――「意味」と「永遠真理」の関係は既述のところと多少異なるがいちおう放念するとして――物象的-原因が「形而上学的表面・超越論的領野」を「放射」するというが、前者は後者をあらかじめ含んでいたのか、ということであろう。前者が後者を含むのか、後者が前者を含むのか、前者が先で後者が後か、後者が先で前者が後か、前者（あるいは、その一部）が後者へと進歩したのか、後者は前者へと（秘かに）退化しつつあるのか、……は、哲学・形而上学‐思想史の初めからの問題であり、現代哲学者もドゥルーズも直接的には対応しないが、ただし、ドゥルーズにおいては、両者は初めから永久に「差異と反覆」の関係にあると解するのが、妥当だろう。となると、なぜ、宇宙発祥以来百八十億年も経ってから人類と形而上学と超越論的思惟と「意味」が姿を現わすことになったのか、いままで何処に隠れていたのか、……という問題になり、いや、近年の天体物理学では、百八十億年以前にもわれわれ人類には不可測的な高熱・高速・高エネルギーによる粒子‐反粒子の交錯動が展開しつづけ、その何億分の一かなる偶然の破れからこの宇宙が発祥したのであり、その宇宙の何億分の一であるこの地球すら、当初の十次元のうちの三〜四次元は物理学者たちに見せたものの、あとの全六次元は潜勢状態にあり、……ということになって、目下のわれわれの出る幕ではなくなる。われわれとしては、「物理的・物質的・身体的・性的‐表面」と「形而上学的表面・超越論的領野」の分離・差異化と、おそらく「すでに忘れられかけていた」（先述）後者の「再‐招致」（évocation）と前者の「修復（réparation）」によって、両者の「離接的綜合」（synthèse disjonctive）が現実化している、その「差異と反覆」動態のなかで、「意味」の「変換的‐産出」を考えるほかない。

（2）もっとも、「（形而上学的表面・）超越論的領野」から意味が産出されると、もっと端的に指摘・記述している観あるテクストもある。ただし、「超越論的」（transcendantal）の語を、「超越的」（transcendant）と分けて、超越的対象の認識論的‐構成の論とするカント（LS. p. 128sq.）からフッサール（LS. p. 120, etc.）への路線、とくに両者が認識主体としての「自我」（Je）（LS. p. 121）「自己」（Moi）（ibid.）を前提する（LS. p. 128）に対し、サルトルが「自我」そのものも構成されくるものとして、その代わりにたんなる（つまり、自我・自己なき）意識野・意識活動野のみを前提（LS. p. 120, 128）するに、さらに抗して、ドゥルーズが、意識哲学以前の、ライプニッツのモナド存在論にまで戻り（LS. p. 137）、そこに、あの（『差異と反覆』、上記「第一部」の）潜勢態・生起動の「非‐人称的・前‐個体的」な「超越論的領野」（LS. pp. 120~121）の先駆を指摘し、——われわれとしては、もっと一般論的に、十九世紀半ばから物理学的・生物学がもたらしたエネルギー論的・進化論的‐実在論の哲学・存在論への流入とはいわぬまでもとにかく平行現象を見るわけだが——、とにかく、「超越論的」を、認識論的ならぬ、存在論的に解するかぎりにおいて、である。

ドゥルーズは、いう。

「物体全体と〔……〕あれこれの命題のあいだに成立する（s'instaure）境界（frontière）を形而上学的表面（超越論的領野。原文イタ）と呼ぼう。この境界が〔……〕言語と物体の、物体領域での深層と音声上の連続体の、明確な区別と配置を可能にする。〔……〕表面は超越論的領野そのものであり、意味（sens）の場（lieu）もしくは表現の場である。意味とは、表面にて（à la surface）、自己形成し、自己展開するところのもの（ce qui se forme et se déploie）なのである」（LS. p. 151）。ここで、「意味」と「それがそこにて自己形成・自己展開する表面」は別なのではないか、という印象があるかもしれない。どう違うのか。あの（意味という）「第四次元」と（命題の）「三次元態」の場合のように違う、というのか。しかし、他方、「深層」は「表面を組織化する力」「表面に潜り込む力」（LS. p. 150）であるとイタリック強調文字で記されてもおり、われわれはこの場合の「深層の力」は、あのアルトーを呑み込んだ「狂騒のカオス」ではなく、それと混成しながらも差異化して再‐浮上してくる〈idéel〉であろうと推定（présumer）した。この指定にはおそらく大過はなく、とまれこの「〈idéel〉・力」が、（再‐浮上して）「表面に潜り込み、表面を組織化し」、その構成要素の一（おそらく、一特異態）が、この「表面」そのものとして（点と面のような空間的区別は、この実在レヴェルでは必要ない。双方、強度（tension）・力（pouvoir）なのだ）、「意味」として、「自己形成・自己展開」していく、……。そのような「意味」と「表面」の不即不離の一体性において、ここに「表面にて」の「意味の産出」を見ることが、ドゥルーズ的な理解ではないかと思われる。

もうひとつ引照しよう。既述要約したカント・フッサール・サルトル・ライプニッツのあいだの思惟路線交錯を（〔……〕で）省略してである。

「意味の贈与（donation）〔いまは「産出」とほぼ同義と見てよい〕は、ひとつの超越論的領野においてしか成されえない（se faire）。〔……〕超越論的領野は、非-個人的であると同じく非-人称的であり、普遍的でないと同じく一般的でもない。ということは、形象も差異もなく、統合失調症患者の陥る深淵と同じく、一個の底無し態（un sans-fond）だということか。いや、この領野にも表面の組織化が成されるということからして、そのようなことはない。となれば、いまや、一般性に反立しつつ、しかも、なお、前-個人的かつ非-人称的な、独異性（singuralités）なる観念を、目下のこの領域とその発生論的-力能（puissance générique）の確定のために、仮設しなければならない」（LS. pp. 120~121）。「贈与」は現代思想家たちがよく使う概念で、「産出」が「産出されるもの」への目的論的な利害関心を含みうるとすれば、「贈与」とはその無償態ということであろうが、ここでは、後者の内実で、両者同義と見てよい。超越論的領野の特色を指示する〈singularité〉観念を、ここではこれまでの「特異性」なる訳語とは別に「独異性」と訳出したのは、この意味産出的-力能を孕み開示する領野のこれまでの哲学概念にはない特色を、追って次章では〈événement〉（生起）概念をもって示すであろうが、示唆するためである。「意味」は、この超越論的領野の独異な力能によって、「産出的に贈与」される。

(3)「意味の産出」が主題化されるにいたったのは現象学・実存哲学の「意味の賦与・投与」概念からであろうが、後二者の既述カント系の認識・構成・意識-主体論を別にすれば、とくにドゥルーズでは、すぐ直前の構造主義と約三世代前のフロイト精神分析学からである。両者は前意識的・無意識的-機構・構造からの意味の産出・贈与を主題化した。これをドゥルーズ・テクストは〈non-sens〉からの・〈non-sens〉による意味産出とするが、この〈non-sens〉を、われわれは、無-意味というより、「非-意味」と訳出しよう。無-意味は、既述のように、ドゥルーズ流の「意味の論理学」では、一個の立派な有意味態なのであるから。

「われわれはフロイトのなかに、人間の深層を探検してそこに根源的に存在しているかの意味(sens originaire)を求める思想家など、見ない。そうではなく、機械的な無意識的-機構(la machinerie de l'inconscient)が、意味を、つねに非-意味の函数において(en function de)産出する、その過程を驚くべきかたちで露わにした者、それがフロイトなのである」(LS. p. 90)。

「構造主義者は、構造を、非-物体的な意味を産出するひとつの機械(une machine)と見なす。構造主義が意味は非-意味によって産出されるというとき、〔……〕。〈non-sens〉は、意味を持たないもの、と同時に、意味を贈与(donation de sens)することによって意味の不在に抵抗するもの、を謂う。〈non-sens〉とは後者を理解するための語である」(LS. pp. 88~89)。

この近年の読者諸氏にはよく識られた思想史的事実をあらためて確認したのは、ドゥルーズのいう「超越論的領野・形而上学的表面」さらには「深層の力」による・からの「意味」の産出という発想を、身近な常識レヴェルでよく理解していただくためである。ときどき参照していただいている「第一部」『差異と反覆』の潜勢態・脱-根源的-構造生起論、非-人称(第四人称)的・前-個体的-特異(独異)力動、そこからの実働的な現働化論、……等も、この思想系譜からの捉え直しと考えれば、ごく自然な発想であることが見えてくるだろう。この「機械・機械装置」論は、ドゥルーズにおいては、やがてより広範・世界史的な「欲望機械」となっていく。

（4）意味の産出は、変換、贈与、無意識的・機械的‐製造、……等の側面・局面もあるが、もともとは「準‐原因」さらには「原因」による産出なのであるから、それなりに因果論的側面も残している。「意味が、意味を産出し表面へと配置した準‐原因との関係でとらえられるや、意味が、この準‐理念的（idéel）な原因の力能（puissance）を、継承（hérite）し、分有（participe）し、さらには包摂（enveloppe）し、所有（possède）していることが、〔自明となる〕」（LS. p. 116）。

われわれは先のところで、産出と贈与の常識的なレヴェルでの違いとドゥルーズ的‐産出がもともと贈与的本質のものであることを確認し、深層の力が、一方ではカオスの狂騒でありながら、他方では、「イデア・イドラ」が「シミュラクル」のなかに分解・落下しながらも、その狂騒に耐え抜いて「表面」へと再‐浮上してくる、その〈idéel〉の復活・再生の闘いであることも、確認し、かつまた、たんなる「結果」であるゆえに「あえか」（fragile）であるはずの「意味」が、いかにしてその〈idéel〉性によって自らの堅牢さ（consistance）を自証していくかも、確認した。いま、因果論的考察に戻るにあたって、この因果論がたんなる物象的レヴェルの因果論とは異なるものであることを確認するために、二点、指摘しておこう。

①物象的レヴェルでの因果関係が連続性をむねとするに対し、ここでの因果関係は「飛躍」（saut）（LS. p. 175, 278）を含む、というより、宗とする。ドゥルーズはこの論稿全体の末尾で、「この〔飛躍という〕問題については、これまでほとんど語ってこなかったが」（LS. p. 278）という。「飛躍」とは性エネルギー・レヴェ

ルから超越論的・形而上学的レヴェルへの（ibid.）、などという、姑息なそれには止まらないだろう。実在の一切が「差異と反覆」であるとは、実在の一切が「差異と飛躍」だということでもある。オルテガ・イ・ガゼがスペイン貴族の家紋に読みとったように、「飛ばねば落（堕）ちる」のだ。

②われわれはこれまで、「意味の産出」の名において、おおむね、「意味は産出される」「意味〈を〉産出する」の側面・局面のみを追ってきた。しかし、A・マルローがかって言ったように、「われわれは林檎を見て画家になるわけではない。セザンヌが描いた林檎の絵を見たがゆえに画家になるのだ」。別言すれば、「意味〈が〉産出する」の側面・局面も考量しなければならない。ドゥルーズ思惟にも、これは含有されているらしい。「われわれはこの準-理念的〔準-〕原因はその所産〔結果、作品〕の外ではなにものでもないことを見た。前者は後者に憑依〔随伴〕し、後者とのあいだにひとつの内在的な関係をもち、〔そして、しかし〕、このことが、所産態〔作品〕をして、それが所産態〔作られたもの〕でありながら、なにか能産態〔これから何かを作りだそうとしている作用態〕であるようなもの（quelque chose de producteur）へと変貌させる。意味の所産態〔作られたもの〕としての性質は本質的で変わらない。意味は、けっして根源的（originaire〔始源的〕）なものではなく、依然として原因による結果（causé）、派生態（dérivé）である。しかし、〔とはいえ〕、この派生態は〔作られたものでありながら、なにかこれから作りだしそうなもの、という〕二重の相（double）をもつ。準-原因の内在性に背中を押されて、この派生態は〔自ら産出・創造行為へと……〕」（LS. p. 116）。あとは、結章部分で再論する。

　意味は、こうして、まずは、産出されてくる、あるいは、より正確には、産出性・所産性においてしか、ありえない。いや、ありえない、が、存在性「在り（えない）」（être, réal）を含意するとすれば、実働的（réel）

には成りえない、と言い換えるべきだろう。そして、この産出・所産は、人為によるものというより、「深層の力」と「超越論的領野・形而上学的表面の力」という、われわれ流にいえば、原為、による。オイディプスの「意図」というやや突飛な挿入発想を敷衍して、人類の「意図」を介して「深層の力」の「超越論的領野・形而上学的表面」と「カオス的‐狂騒力」が分離され、と付言してもよい。そして、われわれがドゥルーズ思惟に則って理解したところによれば、この経緯は、あの「すでに忘れかけられているイデア・イドラ」が、「シミュラクル」界へと分解・落下し、その破片の一である〈idéel〉（準‐理念）が、オイディプスならぬ、父なき遺児として、その不在の父を再‐招致（évocation）しながら、「シミュラクルの狂騒」に抗しつつ、「表面」に再‐浮上し、そこに「潜り込み」、それを「組織化」する、……ことにあった。今日の新実在論・超越論的存在論のG・ガブリエルは、多くの点でドゥルーズに賛意を表しながら、「意味」を「産出性」に帰すことには強く反対している。詳細は今のところ不明であるが、ドゥルーズにおいては産出は人為でなく原為であり、イデア・イドラが忘却のなかで不在として再‐招致されていることを考量すれば、プラトン的な存在ならぬ存立・成存とのかかわりもネガティブなものであるとは結語しえない。

第二章　意味と生起

第一節　生起の思想史

意味は産出されるが、この意味産出の動態性は、ドゥルーズ的には、最終的には〈événement〉による、とされる。この〈événement〉は、ドゥルーズ・テクストの邦訳では「出来事」と訳語されることが多く、英語版〈event〉は、よく使われる日常語では、「イヴェント＝催し物」が定訳になっているが、ここでは下記にも記す諸事情から、いちおう「生起（生じ起こる）」と訳し、邦語の「出来事」も「しゅったいじ、しゅつらいじ」のニュアンスを含めることにする(16)。

「生起」とは何か。生起とはもともと固定的に対象化しえない事態ゆえ、定義はできないはずであるが、われわれは研究者として言語的定義を不可避の前提とするものであるから、これも下記にとくにドゥルーズ的な定義は提示していくが、専門的な詳述はかえって煩雑にもなりかねないから、まず、ここで、常識レヴェルで、端的に、例示をもって、むろん、筆者の理解と責任において、説明してしまおう。

われわれは誰しも、人類が或る時点から言語を駆使するようになったと了解している。人類が言語を駆使するようになった、のではなく、言語を駆使するようになったから人類というものが成立したのだともいえるが、いまは、この種の発生論か本質論かは問わずにおく。言語起源論は実証的資料の不足ゆえに、提唱初期の哲学的思弁としてのヘルダー・ルソー以降は、言語学的にも歴史学的にも生物進化論的にも、禁句となっている。このことを承知のうえで、ここでは、たんに、地球上に、あるいは生命態レヴェルで、展開する諸事象において、それまでは言語など存在していなかった無‐言語の時期から、言語が存在するようになった有‐言語の時期への、ひとつのいわば転回・飛躍・開展がなされた、その事態における言語の出現を、「生起」の一事例とする、そのことの提案である。ここでも、すぐに、二三の注記を付さなければならない。①この転回・飛躍・開展は一瞬のものとはかぎらない。微分的に細分していけば、いわゆる一瞬以下の無限小に近い、いわば前‐瞬間にすらそれを指摘できるかもしれないが、数千年を閲することもあるだろう。文明史その他の専門家は、言語は比較的短期間に全人類に、あるいは、全・前‐人類に、広まった、と指摘し、そのことの理由も興味深いものがあるが、とにかく、いまは、転回・飛躍・開展という事態が生起した（筆者は「開起」した、ともいう）、ということである。②無‐言語の時期から有‐言語の時期へ、と記したが、前者が、言語の全面的な無ではなく、言語の可能性への潜勢的‐方向動態を内含していたであろうことは、ほぼ自明の前提としてよい。生起は、この場合には、無の有‐化ではなく、潜勢態からの顕勢化・現働化、である。ドゥルーズの場合も、これを、既述かつ下記のように、「下‐表象的・非‐人称的・前‐個体的・無‐意識的な（あるいは第四人称的な）特異態としての純粋エネルギー・潜勢的動態が意味を産出（produire）する」（LS. pp. 130~131, etc.）等という。われわれ（筆者）流には、他の動植物‐生命態とは別の一定・固有の全体（環境・世界、等）了覚（意識的・知的‐了解のみならず感覚・体覚、等を含む）内容を孕むというよりむしろ生きる人類あるいはむしろ前‐人類が、その生・存在そのものとしての全体了覚内容を漠然たる状態からしだいに確然たる状態へと有体化していくところに、つまり分節化‐構造化しながらそこに有意味的・分節‐構造体を成立させていくところに、そのような営みとして、言語は（文化・文明も、当然）生起する、してくる、ということになる。③であれば、言語の成立のみならず、人類の発祥、生命態一般の出現、地球の誕生、宇宙の開闢、……についても同様にいえることではないか、という反論があるかもしれないが、たしかに、ある種の汎‐生起論も考える必要があるかもしれず、すくなくとも、存在論の最基礎カテゴリーとして、「存在」と「無」のほかに、「生起」を考えなければならないということにもなるが、いまは、このような大きな問題は、すくなくとも原理論的には、放念しよう。

さて、ドゥルーズは、こうした〈événement〉論・生起論を哲学史的・思想史的にも位置づけ・意味づける。われわれの目下の主題に必要なかぎりで、ごくごく簡単に一瞥する。

（1）哲学一般あるいはギリシャ哲学の始まりとされ、二十世紀の存在論的転回の始祖としてハイデガーによって顕揚された古代ギリシャ植民地イオニア（現トルコ西部）地域のいわゆる初期ギリシャ哲学・思想については、ドゥルーズはほとんど関心を示さないか、せいぜい（プラトン流の「高み」なき）（大地の）「深み」のみの思想として簡単に処理するだけである。この無視、この貶価、この不見識は、つぎの理由から、注目に値する。①ドゥルーズ哲学は、二十世紀の存在論的転回の一思想として、後述もするように、ハイデガー思想と多くの共通点をもつ。たとえば、ハイデガーが顕揚する初期ギリシャ思惟の〈physis〉（ピュシス）観念は、真の存在を「自生的‐開成動」（sich-aufgehen）として語るものとして、ドゥルーズの「生成」（devenir）・自己‐生起動（s'élever, événement pur）概念に通ずるものであった。②にもかかわらず、それに気づいていないのは、批判者にあるまじき振る舞いとして批判の対象である思想をきちんと読んでいないか、あるいは当時のフランスに芽生え始めていたハイデガーのナチ・ドイツ協力への批判を慮って、哲学思惟とはさして関係のない社会的料簡からハイデガー思惟にたいして距離を置いたということかもしれない。③最良の理由として考えられるのは、われわれが上記に解釈したように、ドゥルーズ的・生成には「失われたイデア・イドラ」の名残りともいうべき〈idéel〉の「高み」の受難と再生が必要であるのに、初期ギリシャ・イオニア思惟には「シミュラクル」の「深み」しかないということであろうか。しかし、イオニア思惟の〈physis〉がたんなる「シミュラクル・カオス」であるとは、これもまず断言できないところであろう。〈physis〉が、たんなる「物理」ではなく、「真理」でもあるのでなければ、その後の二千五百年の思想史的風雪に耐えて〈consistane〉（存続）しえたとは思われない。

（2）プラトンにおいてはイデアは永遠なる存在であり、生成もドゥルーズの強調するところイデア・存在の似像（image）なのであるから、このかぎりでは、生起の出来《しゅったい》する余地はありえない。ドゥルーズは『ティマイオス』における世界創造についてはまったく触れないが、創造神デミウルゴスの創造行為すら永遠なるつまり先在するイデア[17]を範型として成されるのであるから、生起の場はない。ただし、ドゥルーズは、プラトンが、生成という存在の似像とは別に、イデア・存在に則ることのないカオス・シミュラクルの問題を完全には解消しえずに後世に残したと指摘する。「イデアからの作用に服従するものとそこから逃れるもの（コピーとシミュラクル）とのあいだの暗い闘いが事物の深層、大地の深みで続いている。垢や泥にもイデアがあるのだろうか、イデアをつねにはぐらかすものもあるのだろうか、というソクラテスの問いが、それを反響している。〔筆者は、「馬糞のイデアというものもあるのか」と、ソクラテスならぬ聴衆のひとりのほうがソクラテスに問い返した、と記憶していた〕。ただし、プラトンにおいては、このイデアをはぐらかすものは、十分（assez）なかたちでは、事物の奥処に圧殺も埋葬も撃退もされておらず、大洋のなかに溺死させられてもいない。というわけで、今度はそれらすべてが〔ストア派とともに〕表面に浮かび上がってくる〔文末部イタ〕」（LS. p. 17）。

さすがにプラトンだけあって、反面教師の役まで演じ切っていることになる。

（3）続くアリストテレスにおいても、ドゥルーズによるシミュラクル言及はないが、このプラトン・古典ギリシャ的な存在優位は変わらない。「すべてのカテゴリーが存在の函数において語られ、存在において、第一義的な実体とそれに帰属する偶有態が区別される」（LS. p. 16）。

（4）さて、ここで、ギリシャ末期のストア哲学が、この古典ギリシャの存在至高主義を反転させることになる。プラトン流の階層秩序：存在（イデア）‐生成（image）‐カオス・シミュラクル、を、まず踏まえよう。ギリシャ全盛期のプラトンがもっぱら存在の在りようを静やかに観照しえたに対して、末期・混乱期のストア哲学は人間とその世界の運命である生成次元を主題化せざるをえない。プラトンにおいては存在にたいするその偶有態（事物の状態、質、量）にすぎなかった生成が、ここストアでは存在と同等の実体性を認められるようになり、存在と生成が、相並んで、存在に従属することなどありえないわけであるから、もう一つ別の〈quelque chose〉（なにものか）・〈aliquid〉（或るもの）に対峙することになる（LS. p. 16）。この〈aliquid〉とは何か。ギリシャ以後のヨーロッパ哲学ではまずはキリスト教神がこの場を占めることになろうし、「神の死」以降の現代においては、この「空っぽの空」（サルトル）に、M・フーコー的には「マラン・ジェニ」が、……。ギリシャ末期のストアについては、ドゥルーズは、あのクロノス時間のクロノス神、つまり天空神・空間神ウーラノスに替わって登場し時間のなかで万象を老廃化していく「子を喰らう神」であるクロノス親父によって兄たちを喰い殺され侍女たちの機転で辛くも生き延びた末弟であるゼウスが、時間をも包摂する永遠神としてはともかく多様性をも吸収してしまう統一神として立ち現れることを危惧しながら、とりあえず、既述のとおり、アイオーンなる永遠時間をもって埋めるわけだが、ここではさらに何点か指摘・確認・留意しておこう（LS. pp. 16~17）。①この〈aliquid〉は、もはや存在ではなく、存在‐外（extra-être）であること。②ただし、存在（être）と非‐存在（non-être）、〔命題の外なる〕外的存在者（existences）と〔命題の内なる〕内的存在者（insistances）〔上記の、内存態・存立態・成存態（insistances, consistances）と同語であることに注意〕の双方を包摂（subsume）すること、③別言すれば、存在・非‐存在・内外存在者たちを前提とする、その結果・所産（effet）であること、④あの存在・イデア・理念の諸性格は、いまや、この〈extra-être〉〈aliquid〉のなかに落下・分解し、（これも上記の）〈l'idéel〉（観念態、観念素、観念子、準‐理念態、準‐理念素、準‐理念子……）となること。……だが、おそらくここでより重要なのは、生成が存在と同等の実体性を得ることに相乗するかたちで、⑤あのカオス・シミュラクルもここに合流してくるということであろう。上記（2）の末尾の「いまやすべてが〔事象の深層、大洋の奥底から〕表面へと再‐浮上（remonte）してくる」……である。「〔ストア哲学の発想とともに〕規定されざる〔無規定の〕もの（l'illimité）が再‐浮上してくる。生成‐狂気（devenir-fou〔狂気のような生成〕）、生成‐無規定（devenir-illimité〔無規定なものの生成〕）は、もはや〔プラトンや、合理主義哲学におけるように〕奥底に唸るものではなくなり、事象の表面に浮上してくるのだ。もはや奥底に逃げ隠れしながら至るところに忍び込むシミュラクルではなくなり、自らを現前させ、自らの場において自らの役を演ずる効果子（effets）となるのである。因果論的な結果（effets）でもあるが、また、音響上、視覚上、言語上の〈諸効果〉（effets）でもある、……あるいは、まだそこまではいかずとも、あるいはすでにそれ以上かも、……というのも、すでに物象的なものではなく、いまや正真正銘の理念子（toute l'Idée）なのであるから。イデア・理念（Idée）をはぐらかしていたものが表面へと浮かび上がり、非‐物象的なものへの限界線となり、いまやあらゆる可能な理念性（toute l'idéalité possible）を代現（représente）する。〔……〕〔こうして〕」、無規定的な生成（devenir-illimité）が、生起そのもの（événement lui-même）となる（devient）。非‐物象的で、準‐理念的（idéel）な、〔……〕」（LS. p. 17）。「無規定な生成」はそれ自体では「生起」ではないが、「理念性を代現」することによって「生起そのもの」と「なる」。「生起」とは「生成＋理念性」（devenir＋idéel）なのである。「生成＋意味（sens）」なのだと言い換えても、過言ではないだろう。⑥こうして、ドゥルーズは「ストア派は生起とともに意味を発見した」（LS. p. 30）と言うことになるが、これは「ストア派は［プラトン的な］生成［の主題化］とともに［イデアならぬ］意味を発見した」と言い換えて大過ないことであろうし、「ストア派は意味とともに生起を発見した」と言い換えても、同様であろう。既述②は「外的存在者と内的存在者（insistances）の双方を〈aliquid〉は包摂する」と記し、もっと前の引用文・参照文では、〈insistance〉は〈consistance〉とともに「意味」の存立様式であり、「意味」は〈extra-être〉にして〈aliquid〉であると記していたが、これらの記述の微細な差異は、さほど拘泥する必要はない。ともあれ、こうして、ストア哲学によって、「意味の産出」は「意味の生起」になった。⑦もっとも、これはここでは特筆大書する必要はないはずだが、ドゥルーズはストア派の思惟に（生起論を制約しうる）原因論や同一律への拘泥を（も）見て、全面評価は控えている（cf. LS. p. 200）。

（5）生起概念重視の思想史の第二段階はライプニッツである。ドゥルーズ的にはライプニッツこそが「最初の偉大な生起理論家」（LS. p. 200）である。ストア派以来、約千五百年、中世キリスト教哲学から近世初頭のデカルトまでは、神による創造思想が前提となって生起論は登場の余地がなかったということかもしれない。ライプニッツにおいては（も）、神の思惟における、あるいは可能性において、同一律に則っているもの、他のすべてのモナドと共立（筆者用語では、協律）可能（compossible）なもののみが、神の意志によって現実化される。理論的には主語が述語を含んでいるのでなければならず、事実論的には「シーザーがルビコンを渡る」ことも、神の思惟においては現実化される可能性として含まれていた。このかぎりでは、生起論の余地はない。しかし、このことは、逆に、神の思惟、理性・論理の同一律をそれこそ「再-招致」（évocation.

既述）しなければならないほどに、ライプニッツには「先行事態」（antériorité）（LS. p. 200）、つまり可能性以前の不可能性・共立（協律）不可能性（incompossibilité）についての「ひとつの強烈な意識」（une vive conscience）（ibid.）が抱かれていたということを含意する。実際、ドゥルーズ、あるいはドゥルーズ的ライプニッツにとっては、神の思惟、理性的思惟、同一律とその述語の外で、「述語性との関係を断った独自のレヴェル」（originalité par rapport au prédicat）（LS. pp. 120~121）で（こそ）、「生起という独自の事態」（originalité de l'événement）は（が）考えられ（るので）なければならない。ここで、上記「第一部」で触れたあの問題、現実態（réal）とその可能性（possible）の条件とは別個に、現実態の潜勢的（virtuel）地盤というべき実働態（réel）レヴェルに想定（présumer）・思惟されるべき（cogitanda）「事象セリーを構成するその構成諸要素としての諸準（正）則体と特異点の関係」の問題が参照されることになる。「共可能性は、〔同一律とは別個の〕独自の方式で定義されなければならない。前‐個体（pré-individuel〔ライプニッツのモナドも個体的か？・〕）性のレヴェルで、諸事象セリーという生起の特異点（les singularités d'événements）が準（正）則線のうえに延《ひろ》がって形成する諸関係連関の収斂態（convergence）として。非‐共可能性〔共‐不可能性〕（incompossibilité）は、〔逆に〕、それらの諸事象セリーの分岐態（divergence）として」（LS. p. 201）。ここで、ドゥルーズは、事例として、「有名なローマ王国最後の悪王セクストゥスとは別（autre）の善王セクストゥス」などというものは、われわれの世界の「アダム、ユダ、キリスト、ライプニッツ、からなる事象セリー」とは別（divergent）のセリーに属しているのだ、というが、これは、後者の「構成要素」例が面白く、ユダのほうがキリストより前に置かれているということはもっと面白いから一応紹介はしておくものの、直接の引用は省こう。この一文の末尾が重要である。「収斂性と分岐性とは、共可能性と非‐共可能性〔共‐不可能性〕という〔それなりの〕豊かさのある（riche）圏域を包摂（couvrent）する全く独自（tout à fait originales）の関係であって、それによって、〔同一律による真理とは異なる、それを包摂（couvrent）する〕意味（sens）の理論の本質的な一局面をなすものである」（LS. p. 201）。……ただし、この「共‐性」ゆえに「それなりに豊かな」ライプニッツ思惟カテゴリーも、「それなりの貧しさ」を孕んでいる。このライプニッツ二元論は、結局、「非‐共可能性」や「虚偽・誤謬」の「排除」（ibid.）を宗《むね》としており、これに対してドゥルーズの意味理論は「全く独自」の〔既述した〕「共‐現存」（co-présent）態の生起を目途《もくと》しているからである。

（6）現代思惟は神にも理性にも同一律にも依拠しすぎることはないから、生起概念への余裕をより大きく孕む。ドゥルーズではニーチェが嚆矢である。ライプニッツの神の思惟が発動する以前の共立・調和‐不可能性の原野が、ニーチェとともに復権してくる。有名なディオニュソス思想を、ドゥルーズは、一方ではごく一般的に「自由で拘束のないエネルギー」（LS. p. 130）といい、他方で自ら自身のあの現実態の潜勢的地盤に思惟される「非‐人称的で前‐個体的な特異態の世界」「しかし、無差異のカオス的深淵ではなく、ひとつの特異点からつぎの特異点へと間断なく差異と反覆を続けるニーチェ的には永遠回帰としての力動態」（ibid.）に近づける。もう、いきなりわれわれの本題に入ってしまっていいだろう。「ディオニュソス的‐機械（machine）。意味（sens）を産出（produire）する、そこでは意味（sens）と非‐意味（non-sens）が、もはや単純な対立をなさず、新たな言述のなかで相互に共‐現前（co-présents）しているような。〔……〕この新たな言述の主体は、いや、もはや、主体など存在しないのだが、人間や神ではなく、いわんや神に取って代わった人間などではない。人間のみならず、動植物をも、それらの個体化の質料とも人称化の形態とも関係なく、経巡り貫く、自由で、匿名で、遊牧的《ノマド》な、あの特異態なのだ。超人とは、ほかでもない、現に存在するものすべての上位典型にすぎない。哲学を刷新するはずのこの言述は、意味（sens）を、もはや〔主語・主体の〕述語としてなど扱わず、生起（événement）として遇する」（LS. pp. 130~131）。ディオニュソス機械とは、意味を産出する、というよりも、意味がそこにおいて自成的に生起してくるその生起動だといってよい。

(7) ハイデガー思惟については、ドゥルーズは論及するところ少ない。現代あるいは二十世紀前中半期の状況を踏まえて、人間、意味、真理、存在、……等を考え詰めれば相《あい》似《に》た発想にならざるをえず、生起概念をめぐっても同様といえるが、論及が少ないのは上記に推測した理由によるものであるか、とまれ、われわれとしては少なくとも簡単な一瞥は試みておかなければならない。たとえば、こうである。ドゥルーズは、①真理の論理学は同一律に則り、虚偽・誤謬を排除するが、②意味の論理学は虚偽・誤謬にもそれなりの有意味性を認め、真理の論理学を包摂するかたちで展開し、③ただし、構造が意味を可能にするように、意味を産出・生起させるのは非‐意味的な機械機構である。④そして、これら一切は、世界や存在の究極態ともいうべき遍在的な差異と反覆の交錯動による。これに対して、ハイデガーにおいては、①通常の真理、つまり、思惟と事象の一致、命題の整合性、事態の明証性、思惟の普遍妥当性、……といった精確性(Richtigkeit)真理は、ドゥルーズのいう真理とほぼ同様だが、真理にはもうひとつこれらの精確性真理を真理として明《あか》らめている(いわば根源的な、あるいはむしろ脱‐根源的な)存在の真理としてのアレテイア真理というものを考えなければならず、②ところで、このアレテイア真理は、精確性真理を真理として明《あか》らめるために、非‐真理と分‐開するという(より根源的な、あるいはむしろ脱‐根源的な)リヒトゥング(分‐開・光‐与)作働(Licht-ung)を行なっており、存在と無の分開、ハイデガーに特有の「エルアイクニス」(Ereignis)と「エントアイクニス」(Enteignis)の分開についても、同様である。別言すれば、ドゥルーズのいう意味の論理学が、正のために非を排除することなく、正と非の共‐現前(co-présent)をはかっていると同様もしくは表裏一体のかたちで、ハイデガーのリヒトゥングは、遍在的な脱‐根源動として、正と非の分開(と共存)を支えている。ただし、ハイデガーの場合、意味は、根源的には人間存在が自らの存在を人間的に了覚(Sorge)するところに現成し、それが周囲の諸・全‐存在者に投与されていくところに成立するものであって、リヒトゥングはそれらの諸意味をも明らめているわけだが、自らは人間的了覚を超えた存在の真理である。③そして、このかぎりで、リヒトゥングは、意味でも（精確性）真理でもなく、ドゥルーズの差異化‐機械（machine）に相似て、非‐意味・非‐真理としての分開・差異化‐動（Bewegung）である。④サルトルは、存在は存在する（l'être est）としかいえないというが、ハイデガー・ゲルマン・ドイツ語‐言表では、存在は存在する（Das Sein ist）などとはいえず、〈Es gibt Sein〉（存在は与えられてくる、それEsが存在を与えてよこす、存在が存在を投与してくる、……）としなければならない。無に関しても、上記の「エルアイクニス」や「エントアイクニス」についても、同様である。別言すれば、「リヒトゥング」が、ドゥルーズにおけるディオニュソス機械さながら、人間的理解の彼方から、「もはや存在の類い（seinsartige）ですらないものとして」[18]、（存在、無、エルアイクニス、エントアイクニス、意味・精確性真理、……）を、投与・贈与してくる。……複数の哲学思想のこうした対合作業は、安易になされてよいものではない。しかし、いまはその危険を冒しても、現代思惟が枢要な諸問題をめぐって余儀なくされるこの種の動態的発想の共通性に留意しておくのはよい[19]。ハイデガーの場合、直接に「生起」と邦訳されうるのは〈Ereignis〉であり、これはもともと「歴史的生起」（geschichtliche Ereignis）として、西欧（仏英）的普遍主義に対するドイツ・ゲルマン的な「固有性」（Eigentlichkeit）としての「本来性」（Eigentlichkeit）の現成・生起（geschehen）を含意していたが、ハイデガーにおいては〈Licht-ung〉につながることによってたんなる民族性・固有性の底を突破するそれこそ具体的普遍の真理性（アレテイア）を帯びるにいたった。ドゥルーズにおける〈événement〉は、ドイツ思惟と異なって「歴史的‐出来《しゅったい》」のニュアンスは少なく脱‐論理主義から動的存在論への方向性を示唆するものだが、このかぎりで、ドゥルーズ的な「意味の産出」から「意味の生起」への移行は、ハイデガーの「実存的‐意味、精確性‐真理」からそれらがそこにおいて現成する「リヒトゥング」における「意味と真理の生起」への転回に対応する。

（8）現代諸思想のうちドゥルーズの「意味と生起」問題と直接関わりうるものは、さらに、精神分析学、G・シモンドン思想（cf. LS. p. 126, etc.）、J・デリダ思想[20]、A・バディウ思想[21]等があり、今後は、先にも触れたとおり、新たな実在論M・ガブリエル思想[22]との、むろん現代的状況のただなかでの、対比照合が必要になろうが、いまは省こう。ドゥルーズにおける「生起」概念そのものを、もっと直截に見定めなければならない。

第二節　生起とは何か

ドゥルーズにおける「生起」とは何か、それはどのように認識され、どのように存在し、どのように人間実践とかかわるのか、については、追って考察することにして、まず、基本レヴェルでの定義を確認しておこう。ドゥルーズ的‐生起概念については、すでに、F・ズーラビックヴィリ、『ドゥルーズ――生起の哲学』（Zourabichvili, *Deleuse, une Philosophie de l'événement*, 1994, 未邦訳）、S・ボウデン、『生起のプライオリティ――ドゥルーズの『意味の論理学』』（S. Bowden, *The Priority of Events, Deleuze's Logic of Sense*, 2011、未邦訳）という二つの先行研究の労作があり[23]、われわれはわれわれ（筆者）で、ハイデガーとドゥルーズがおのおのの生起概念をもって旧来の存在論の基礎の基礎を一歩広げる（あるいは、むしろ、脱‐存在論化する）ところまで追いつめていく予定でいたのだが、前二者は直接の概念規定部分（p. 179sq., pp. 270~272）のみでも引用・分析には長文を要し、後者は後者でいまなお慎重を要する、ということで躊躇しているうち、ここではもっと簡便で解りやすい字義解説レヴェルから入るほうがよいと判断するにいたった。『意味の論理学』の目次標題に沿って数点挙げる。われわれの既述例示「人類（史）における言語の生起」と合わせ解されたい。

（1）「生起（événement）とは〔たんなる〕到来するもの（ce qui arrive）（accident〔偶発事、事件、できごと、……〕）ではない。到来するものにおいて、われわれに合図（fait signe）し、待ち受ける（attend）、純粋‐表現態（le pur exprimé）〔後注①〕〔の謂い〕である。既述の〔命題を構成する、指示作用（designation）、表明作用（manifestation）、意義作用（signification）という〕三つの規定態（déterminations）に沿って〔いえば〕、到来するものにおいて、〔あのときの、「第四次元である意味」に該当するところの〕、理解（compris）されなければならない（doit être compris）〔後注②〕もの、意欲（voulu）されなければならないもの、表象（représente）〔後注③〕されなければならないもの、である」（LS. p. 175）。既述した「人類（史）における言語の生起」のケースを考えよう。あるとき、あるところで、ある人間あるいはある前‐人間が、外界に広がる音響・心内にこみ上げてくる音声のなかに、なにか自分に「合図」しているもの、自分を「待ち受けて」くれているようなものが生起していることに気づいた。彼はそれを捉え（saisir. 本著でドゥルーズはこの語をよく用いている）、頭（compris）と心と意志（voulu）と身体をもってしばらく温め、するとそこから一片・数片の前‐言語のようなものが芽生え（生起し）はじめ、それを感じ取った周囲の人間もしくは前‐人間たちにも同様な事態が生起し、かくて、専門学者たちの想定するように、「比較的速めに」、つまり外部からの学習によってではなく、ある種の内発的衝動の発露の喜びのなかで、多くのあるいは全ての人間もしくは前‐人間たちのあいだに、言語あるいは前‐言語が生起するにいたった。この間《かん》の長短期にわたるおそらく無数の細部事象の展開は別として、である。なお、この場合、人間あるいは前‐人間を他の言語なき動植物から分ける、いわば言語能力のア・プリオリ性、その潜勢状態から現勢化への動き、……等は、前提しなければならないだろうが、目下の場合は、それは支障ある問題ではない。

〔後注①〕〈pur exprimé〉とは、数行下の「第四次元である意味」と解してよい。「到来するもの」のなかに、われわれ人間・人類に「合図」しているあるいは「合図」してくる「意味」むしろ「前-意味」が含まれているとは、世界・事象の豊かさを示して、素晴らしい。哲学的にも、この発想は、「意味」は人間や物象によって生産されるものか、それとも人間や物象を超える彼方の次元から（たとえ前-意味的なかたちでも）来臨してくるものか、生起論そのものにもかかわる問題を提起して、興味深い。ドゥルーズ哲学は、前者の発想に属するように見えるが、かならずしもそうとは限定できない印象も与える。われわれ自身の重要問題としても、今後とも再考していかなければならない。

〔後注②〕既述「第一部」『差異と反覆』にも、思考する・感覚する・想像する、……に対して、思考すべき・感覚すべき・想像すべき、……の区別・強調があった。しかし、この「事実と当為」のカント的区別が、どのようにドゥルーズ的実在論のなかに編入されていくのかは、ドゥルーズ自身による説明はなく、われわれもこれを（字列は逆になるが）「理念vs現実」「強度圏vs延長態」「潜勢圏vs現実界」「〈t〉動次元vs〈c〉動次元」「アイオーン次元vsクロノス次元」等のドゥルーズ的・二元交錯-対概念へと翻案することによって、慎重に、対処してきた。ここで、もういちど、簡単に説明を試みれば、たとえば、つぎの二点が考量に値いする。（a）ドゥルーズ実在世界は、はじめから無尽の差異（自己差異・自他差異）と関係（「共-存」co-présent）のそれなのであるから、「ある」と「あるべき」もそこに含まれており、「あるべき」の選択はあっても、「ある」の排除はない、「理解、意欲、表象、されるべき」は、まさしく、その「非-対称的な差異と連関」なのである、と。（b）もうひとつ、ドゥルーズはイデア・イドラ・理念のシミュラクル圏への分解・落下から出発して哲学しているようであるが、一方ではシミュラクル圏のカオス化を嫌い、他方では理念への忘失と郷愁を担い、結局、失われた理念の破片である〈l'idéel〉（準-理念子）――これは、シミュラクル圏の〈réel〉と、

〈réal〉とすら、差異‐共存している――がシミュラクルの表面に再‐浮上して、「理念」を代替する「意味」を組織化することになる。この過程のなかに「ある」と「あるべき」の差異‐共存も含まれると、解すべきではないか。……これらの問題は、上記〔後注①〕の末尾の問題ともかかわり、後期ドゥルーズの思想や哲学思想史一般の諸問題との関係のなかで、再考されなければならない。

〔後注③〕「表象」（représente）概念は「第一部」の『差異と反復』では徹底的に貶価・否認されていた。〈sub-représentatif〉（下‐表象、非‐表象）の「潜勢域」をこそ探索すべきである、と。ここでも語用上の不全さがみえるともいえるが、他方、思考上の「表象」段階というものはありうるから、黙視すべきかもしれない。

（2）上記（1）の「ある」（事実）と「あるべき」（当為）の区別は、ドゥルーズの生起論では「物象（物体）的なもの」（corporel）と「非‐物象（物体的）なもの」（incorporel）の区別、前者からの後者の生起、としても論ぜられる。ドゥルーズ・ストア哲学によれば、全ての物体（物象）（corps, choses）は相互に原因（causes）たりうるが、たとえば、それらの相互接触・相互衝突から出てくる結果（effet）は、「物体とはまったく別の性質の、厳密にいって〈非‐物体的〉なもの」（LS. p. 13）である。専門研究者のE・ブレイエは「包丁が肉を切るとき、そこに肉〔という物体の〕新しい特性（propriété nouvelle）が産出（produit）されるのではなく、〔〈切られている〉（tranché）という〕新しい属性（attribut nouveau）が産出（produit）されるのだ」（LS. p. 14）と注解した。「これらの結果は、物体でも物体の状態でもなく、〔新しい事態の〕生起（événements）なのである。生起は、存在する（existent）とはいえない。むしろ、一個の物体（une chose）たるには相応しくない非‐存在的な実体（entité non-existante）として、〔その独自の〕最小限の存在性をもって（ayant ce minimum d'être）、成存する（subsistent〔下位存在する〕）、あるいは存立する（insistent〔内存在する〕）、といってよいだろう。生起は、実名詞でも形容詞でもなく、動詞に属する。〔ただし〕、能動態でも受動態でもなく、能動と受動の結果（résultats）として、〔ストア賢人たちの人生作法と同じく〕脱‐反応的（impassibles）〔……〕である。〔別言すれば〕生きた現在時制〔の動詞〕ではなく、〔あの永遠時間という〕アイオーン時間に属する不定詞（infinitifs）〔としての動詞〕である。」（LS. pp. 14~15）「〈緑する〉（verdoyer）〈切る〉（trancher）〈切られている〉（être tranché）〈大きくなる〉〈小さくなる〉〈赤くなる〉」、等は、〔……〕「非‐物体的（物象的）な生起」（événements incorporels）（LS. p. 15）なのである」（LS. p. 15）。

二点、加えよう。

①右述のように「物体」と「物体」の関係という「原因」から産出される結果が「生起」であるとして、もうひとつ、そのような「結果」と別の同様・別個の「結果」（と）の関係という「準‐原因」（quasi-causes）（LS. p. 15）から産出される、むろん、これも非‐物体（物象）的な、結果も、生起である（LS. p. 15）。論述・考察の目下の段階では、リンゴを見て画家になる、のみでなく、「セザンヌのリンゴの絵を見て画家になる」ことも考量されはじめているのであるから、この点への留意も重要であろう。あるいは、むしろ、或る生起が他の生起と関係して第三の生起を出来《しゅったい》させ、それらがさらに第四、第五、……の生起を出来させ、……以下、同様に、複数の・多数の・無数の生起がアイオーン次元で重剰・拡大・展開していくのが、人類にのみに可能な文化・文明の存立・成存・展開なのであり、ドゥルーズ哲学の重要性のひとつはその基本の基本を明確化させているところにあるといってもよいのではあるまいか。

②生起が、事象の動態性を含意し、しかし、動詞の現在（présent）時制をもって自己現前（présent）するそれではなく、動詞の非‐時制的な不定詞をもって、それゆえ、非‐現前（現在）的に、アイオーン次元で、出《しゅっ》来《たい》する動態性であり、それゆえ、通常の時間・空間的な存在ではなく（non-existant）、むしろ存在の外（exraêtre）に存在の他なる何ものか（aliquid）として、存立（insistance）・成存（consistance）する事態に属するというのであれば、われわれは、むしろ、生起を、無でないことはむろん、存在でもない（non-être）、存在論の新たな第三基礎カテゴリーと見なすほうがよいのではないか、とも思われてくる。ハイデガーが、〈Es gibt Sein und Nichts〉といい、〈Es〉に〈Sein und Nichts〉〈Ereignis und Enteignis〉の分開‐投与動（gibt, geben）としての〈Licht-ung〉を見るという哲学的先例を残している以上、ドゥルーズの「生起」にもそれに該当・対応する発想を見ることも不可能ではないのではないか、と。実のところ、ドゥルーズ・ストア哲学は、「生起」を、物的事象（choses）の二つの面の一方（または他方）（LS. p. 13）、存在（être）の二つの面の一方（もしくは他方）（LS. p. 15）とするにとどまっている。この（ハイデガーとドゥルーズの）違いは、たんなる言葉・使用語彙レヴェルのそれなのであるか、それともわれわれの発想のレヴェルまで達してのそれなのであるか。目下のところ、決定的な論拠は見られない。上記（1）の［後注①］の問題とともに、今後の再考の課題としよう。

われわれの言語生起論モデルに戻れば、ドゥルーズの生起論は、前‐人類の長大な生存期間を通じて体内と対‐体外関係における無数の物象関係が非・脱‐物象的な前‐言語を生起させ、生起した前‐言語的事象の無数の相互関係がやがて言語そのものを生起させ、かくて今日にいたった、ということであり、常識的にも理解しやすい。むろん、既述のとおり、歴史的な言語起源論は今日御法度となり、言語起源論は脳科学のものとなっており、後者から見れば、この種の言語生起論は哲学者の概論にすぎない。だが、科学ならぬ哲学であるからこそ問い答えうる、あるいは問い答えなければならない問題がここにもあり、それは、ここにいう非・脱‐物象的な生起は、本当に物象界のみからのものなのであるか、それとも、むしろ、物象界からの作用は非・脱‐物象的生起に切っ掛けを与えるのみであって、事柄の核心は後者の自己生起・自己展開にあるのではないか、ということである。われわれ（筆者）は先に、いわゆる「幾何学の起源」問題は、たんなる一学問の成立を問うだけのものではなく、人類のみが開披・開基することのできるひとつの超越論的次元の自己開起・自己展開の発端を記すものであると試論した。ドゥルーズの生起論は、この種の、これも、結局、上記（1）（2）で言及した問題とかかわるが、開起問題にも対処しうる性格のものだろう。

（3）「到来するものから思惟すべきものが生起する」、その「生起」のいかんにつき、もっと独自ドゥルーズ的に言及しているテクストもある。このテクストを後回しにしたのは、常識論議からの段階的な接続《アプローチ》をはかったからにすぎない。なにしろ、ドゥルーズは、ここでは、「生起」するのは「思惟・理解・意欲・表象すべき非‐物象的なもの」であるというかわりに、「非‐人称的・前‐個体的・非‐表象的・非‐概念的な特異態」（LS. p. 67）であるなどと、いいはじめるのであるから。とにかく、同一章（セリー）から三つの文章（以下、（ⅰ）（ⅱ）（ⅲ））を引用して注釈しよう。

（ⅰ）「生起は準‐理念的（idéaux）〔後注①〕である。ノヴァーリスが、生起には二種類あり、一方は理想に適った（idéaux）〔後注②〕もので、他方は現実的（réel）〔後注③〕かつ不完全なもの、事例としては、理想的（idéal）なプロテスタンティスムと現実（réel）〔後注④〕のルター主義、といったことがある。しかし、区別は、二種類の生起のあいだのものではなく、生起という本性的に〔理想にも適った〕準‐理念的（par nature idéal）なものと、その事物事象レヴェルでの時間‐空間的な現実化（effectuation）のあいだのそれである。〔つまり〕〈生起〉（événement）と〈事件・偶発事・できごと〉（accident）〔原文双方イタ強調〕のあいだの。真の生起は、たとえ複数の生起としてであれ、唯一同一の大文字の〈生起〉（Événement）〔後注⑤〕のなかで相互にコミュニケーションしあう準‐理念的な特異態（singularités idéelles）〔後注⑥〕であり、ひとつの永遠真理〔後注⑦〕を有し、その時間はそれを現実化（effectue）し現実存在化（fait exister）させる現在性ではなく、無限なるアイオーン、それらの生起が成存（存続、subsister）・存立（持続、insister）する〈不定詞〉（Infinitif）態、を成す。それらの生起が、唯一、準-理念態（idéalités）［後注⑧］なのである。そして、プラトニズムを転覆させるとは、なによりもまず、［イデアとしての実体的］本質性（essences）を廃嫡して、それに代えて、特異態の噴出（jets de singularités）としての生起を定位させることにある。一方では、生起（événement）を本質（essence）と混同する独断主義的形而上学を排し、他方では、生起（événement）をたんなる出来事《できごと》（accident）と混同する経験主義を排する、という二重の目的をもった闘いである」（LS. pp. 68~69）。

［後注①］〈idéaux〉は、複数形で、単数形は〈idéel〉ではなく〈idéal〉であろうが、ここでは拘泥する必要はないと思われる。もともと、「生起したもの」とその「原因」はそれとして現前的・可視的・可識的であるかもしれないが、「生起」という動的事態そのものは可視的ではなく、むろん理想的（idéal）か否か判断される以前の事態であり、たんに「思念・思考・想定されるだけのもの」（idéel）といいうる。上記のところで、〈Idée〉（理念）に対して〈idéel〉を「準-理念的」と訳したので、ここでも同様に処理する。

［後注②］　ここは具体的な事例への評言レヴェルの問題なので、こう訳す。

［後注③］　上記「第一部」『差異と反覆』の諸頁では〈réel〉と〈réal〉を分けなければならず、前者を「実在的」もしくは「実働的」と訳し、後者を「現実的」と訳したが、ここでの〈réel〉は明らかに現実の・事実上の、の謂いであるゆえ、こう訳す。

［後注④］　［後注③］に同じ。

［後注⑤］　この大文字の〈Événement〉は他頁ではあまり使用されず、このp. 68に二回のほか、筆者の記憶では第二十一章（セリー）での三度（p. 175, 179（二回））くらいのものである。内容的には、p. 177の

〈eventum tantum〉（純粋生起？　原‐生起？　財津訳：「端的な出来事」）（原語イタ表示）に当たるのか。「生起」は「現在」的な要素も含む（p. 177）が、最終的には既述の（また、以下にも説明のある）「アイオーン」次元の「不定詞形‐動詞」が示唆する「事物事象レヴェルの諸限定からは自由な、非‐人称的、前‐個体化的、中性的、非‐一般的、非‐個別的な」（p. 177）動的事態を含意する。後者の至高形態を〈Événement〉としているとここでは解釈する。

［後注⑥］〈singularité〉は、ドゥルーズでは数学から借り出した概念だが、現代哲学思想全体にとって重要な概念なので、筆者は、「特異」態とするにとどまらず、「独異」態とでも造語したいくらいである。〈idéelles〉は、このような使用例を見ると、「観念的」とは訳せず、やはり「準‐理念的」とでも解するほかないように思われる。

［後注⑦］　これも相当にプラトン的発想である。筆者個人は好みだが、ドゥルーズ内在哲学に至当の概念か、疑念が湧く。ただし、ドゥルーズ哲学をこの方向で理解してよいのであれば、当方には都合がよい。

［後注⑧］　生起を〈idéalités〉とまで言っている。大文字の〈Idea〉ではなく、また、小文字・複数形ゆえ、プラトニズムそのものではないが。「準‐」を付して緩和させる筆者のほうがよりドゥルーズ的ともいえるだろう。

（ii）「理念的に至純なかたちでの生起（événement idéal）［後注①］とは何か。ひとつの特異態である。あるいは、むしろ、一群の特異態、特異点、数学的曲線を特徴づけ、物理的物体の状態を、心理的かつ道徳的な人格を、特徴づけるそれ、である。たとえば、反転逆行、方向転換、等の、点。凹み鞍部、結合部、集合部、中心部。混合の、凝縮の、沸騰の、点。悲しみと喜びの、病と健康の、希望と不安の、感性上のといわれる諸点。このような特異態は、しかし、言説をもって自己表明する人間の人格とは一致しないし、命題によって指示される事物の状態の個別性とも、形象や曲線によって意義づけられる概念の一般性や普遍性とも、一致しない。特異態は、本質的に、前-個体的、非-人称的、非-概念的である。個別的なものにも一般的なものにも、人格的なものにも非-人格的なものにも、また、それらの対立関係にも、関わらない。〈中性態〉(*neutre*) なのである。〔ただし〕、そのかわり、〔諸要素連関(セリー)を構成する各要素の〕〈準則性〉〔正則性〕(«ordinaire») を構成するものではない。特異点 (point singulier) は準則〔正則〕性とは対立する」(LS. p. 67)。……要するに、(a) 特異態とは、既述の〈c〉動態・「延長態」・可視的レヴェルで諸事象の分節・構造-連関を構成するものではなく、〈t〉動態・強度-潜勢的な「ミクロ」事象レヴェルにおいて、諸要素連関(セリー)を構成する、というより、それら諸連関のおのおのを構成する諸・全-準則(正則)点に上記のような諸々の刷新・綜合-作用を及ぼす力であり、(b) 生起とはそのような特異点の「噴出」(jets) (LS. p. 69. 上記 (i) 引用文参照) だということである。なお、この場合、「このような特異態の噴出」であれば、それでよいのか、については、ここでは、論がない。「よい vs よくない・わるい」という価値判断が介入すべき以前の、「よい&よくない・わるい」という意味レヴェルの差異-共存 (co-présent) 事態が、特異態&準則態-連関によって支えられていることを記しているだけのことかもしれない。

〔後注①〕〈idéal〉を「理想的」と訳すのはここでは不当だろう。ドゥルーズの本意に適うつもりで、やや煩雑ながら、こう訳す。

(iii)「特異態が真の生起〔後注①〕であるとすれば、それらの特異態は唯一同一の〈Événement〉〔後注②〕において相互にコミュニケーションしあい、その〈Événement〉がそれらの特異態を絶えず再-配分し、それらのさまざまの変容がひとつの〈歴史〉〔原語イタ〕を形成することになる。ペギーは歴史と生起がそのような特異態と不可分であることを、深いところから見定めていた。〈生起（出来事）には決定的な臨界点〔後注③〕というものがある。温度の変化に臨界点があり、溶解の、凝固の、沸騰の、凝縮の、凝結の、結晶の、臨界点があるように。そして、生起（出来事）には、未来の生起（出来事）の一破片（un fragment de l'événement futur）を投げ入れることによって、急転直下、決定的な段階に突入する〔後注④〕という、過溶解〔過飽和〕（surfusion）状態というものすらあるのだ〉。ペギーは、こうして、どのようにすれば、ひとつの特異態が一連の準則〔正則〕点に作用を及ぼしうるのか、また、他の特異態にも及ぼしうるのか、つまりひとつの他なる全体のなかにみずからを再配布しうるのか、それを語るための言語を創出しえた。（二種類の反復、悪しき（mauvaise）反復と善き（bonne）反覆〔後注⑤〕、縄縛する反復と救出する反覆、の問題がここにある。）」（LS. p. 68. 一部、取意訳、文章変更）。

〔後注①〕　上記に、生起は「特異態の噴出」であればそれで「よい」のかという価値判断の問題を提起し、ドゥルーズ方式として、意味判断レヴェルで問題を処理しておいた。ここでは、「真の」生起と「真でない（偽り・誤り）」の問題が提起されているといえるが、これは既述の〈événement〉（生起）と〈accident〉（事件・偶発事・できごと）の問題として、すでに処理されていると見て、まず大過はないだろう。問題はむしろ、「真vs非-真」は「よいvsよくない」と同じであるか、ということになるが、これは下記〔後注④⑤〕で扱うことにする。

〔後注②〕　上記（i）〔後注⑤〕参照。

〔後注③〕　この発想は良く知られるスタンダール『恋愛論』の「ザルツブルクの小枝」論にもある。「愛」や「友情」が、ある時点で、それらとは異次元の「恋」へと、「結晶」する「飛躍」事態として。ドゥルーズの本書にも、冷水表面の結氷化のケースが、一例として挙げられていた。「相転移」という言い方も可能かもしれない。

［後注④］ この前後の指摘は、素晴らしい。われわれのこの研究の核心の一といってもよい。人為を超えるはずの原為が、人為の介入・投入によって変容することがありうる。存在論と両立しうる倫理論の有効性。存在論の倫理的可能性。倫理論の存在論的可能性。この場合、可能性とは、むろん、先験哲学のそれではなく、われわれのそれだ。

［後注⑤］ やはり、ついに、「よい vs よくない・わるい」の問題が、確認された。しかし、これは、この研究の冒頭近くで、「同の反復」と「差異の反復」として前提された問題である。生起は、「差異の反復」であるかぎりにおいて、「真」であり、「善」でもある。生起は、――原為でありながら――、「未来」における「差異の反復」の「一断片」(un fragment) の「投入」――という人為――をも受け容れる余裕があり、それによってこそいやさらに「差異の反復」であり、「真」にして、「善」ともなりうる。

だが、このような結論的な言辞へと急ぐことなく、もうすこし生起概念の基礎の基礎を踏み固めよう。生起は、結局、現実世界のドゥルーズ的基盤である潜勢的‐力動態の、現実世界への「特異態の噴出」としての現働化作働の謂いである。『差異と反復』の存在論が『意味の論理学』の意味論的‐実践論へと具体化・先鋭化すると、われわれは想定・限定した。この観点から見るときドゥルーズのこの『意味の論理学』でのさまざまな言説は豊かで興味深いが、ここでは二三触れるだけにとどめる。

(1) 生起について労作論著を提供した研究者のS・ボーデンは、生起概念は、命題の、先験哲学のいう「可能性の条件」に代わって、「現実性の条件」を構成する (p. 46) という。われわれの文脈に翻案すれば、命題の核心をなす「第四次元」としての「意味」は、カント的先験哲学においては超越論的統覚のいわゆる悟性の範疇と直観の形式による意識能作がその「可能性の条件」であるが、ドゥルーズにおいてはむしろ、精神分析学がその一例を示すように、長きにわたって「下‐表象的（sub-représentatif）・無意識的」でそれゆえ受動的でもある思惟もしくは準‐思惟に積み重なってきたさまざまの構成要素とその諸連関が、そのつど「特異態‐準則態」連関を構成しながら、これもそのつどなんらかの「臨界点」に達して「或る一定の特異態」によって潤色され「特異的」に活性化・能動化し、意識面に「噴出」するとき、そこにひとつの意味が「結晶」のごとく成立し、やがてさらなる意味網・「相互・差異‐共存（co-présents）」態へと展開していく、ということであるから、これを「現実性の条件」と見ることは十分理のあることであろう。

（2）意味は、命題においては第四次元として最高位をなすが、もともとイデア・イドラ・高み（hauteur）からシミュラクル界へと分解・落下して、後者の深み（profondeur）・底には落ち込まず、再‐浮上して、シミュラクルの表面（surface）に居を定めたものである。晩年のドゥルーズがいう哲学上の人間類型[24]からすれば英雄・信仰者でもなければ地獄の狂者でもなく、ハイデガーの牧人やデリダの普遍的マラーノ[25]と相似て、控えめなストア賢者である。「差異と反覆」からして革命家（レーニン）への評価もある（DR. p. 246, 本書九九頁）が、「特異態」（singularité, singulier）は、真の「革命家」たちも含めて、「第一部」でも触れたような、脱‐主体主義・脱‐自我主義の自己差異態なのであるから、不思議はない。「特異性は個々人や人称人格に押し込められているものではない。また、個人性や人格性を破砕するからとて、無‐差異の混沌や底無き深淵に落ち込むわけではない。解体する自己、裂開する自我、失われるアイデンティティは、自己落下を抑止する［後注①］とき、むしろ、表面域に特異態を解放することになる。特異態とは非‐人称的で、前‐個人的で、自由で遊牧的なものだ。」（LS. p. 166）「賢者は表面域で何を見出すか？　永遠なる真理性において捉えられる純粋生起動

(purs événements) であり、現実的 (effectuation) な時間‐空間からは独立に純粋生起動を下から強度化 (sous-tend) する下位存在 (substance) [後注②] において捉えられる純粋生起動である。あるいは、同じことだが、特異性を具現しあるいは現実化 (effectuent) する個々人や人称人格からは独立のかたちで捉えられる特異態の放射 (émission de singularités) である」(LS. p. 161)。これが「独異態という第四人称なのである」(LS. p. 166) ともいう。

[後注①] 既述の「未来の生起の一断片を投げ込む」と同じく、この「自己落下を抑止する」(cessent de s'enfoncer) も、平凡な言いかたながら、原為に対する人為のそれなりの有効性への承認を示している。

[後注②] この二語は、既述のドゥルーズの発想を考量して、あえて異例訳をした。

(3) これに関して、より重要なのは、ドゥルーズがストア賢人から禅芸術を連想し、「茶道、華道、弓道、剣道」等における「道の生起」を語るところ (LS. pp. 161~162) であろう。原文はやや煩雑なので、引用は省いて日本語的にいってしまえば、こうである。われわれはこれらの諸道を修業し・修得し、実践もするが、最終的には、それらをすべて棄却して、その「無」「空」のなかで再出発するとき、そのときにこそ「道が生起する」、あるいは、自らならぬ自らにおいて、その「空」において、「道の生起に出会う」[26]……と。「空 (vide) は、もはや場なき場において、自らに固有の非‐意味 (son proper non-sens) と相互織成する意味 (sens) あるいは生起 (événement) の場である。空は逆説的な境域であり、表面における非‐意味であり、絶えず自己差異していく名もなき点 (point aléatoire toujours déplacé) であり、そこからこそ、生起が意味として発出してくる (jaillit l'événement comme sens)」(LS. p. 162)。既述のところでは、「意味」は、シミュラクルもしくはシミュラクルを通過する〈l'idéel〉(準‐理念素) によって、「生起」する、か、「特異態」が時いたって、「準則態」連関を潤色・活性化し、ついに「臨界点」を超えて、「生起」する、とされていたが、ここでは「空」から生起している。しかし、「空」とはもともと、いわゆる虚無ではなく、むしろ先行事態のすべてを包摂・解脱するかぎりのものともされているはずである。ここでの「絶えず自己差異していく名もなき点」のように。「空」「意味」「生起」の三者に文言の異同以上のものがあるか否か、さらに問わなければならないが、それ以前にここで重要なのは、「意味が非‐意味と相互織成しつつ生起する」とは既述されていたが、ここにいう「生起は意味として発出する」(jaillit l'événement comme sens)とは、意味を包摂する生起が意味への自己限定をもって生起する、ということか、それとも、生起は意味と同格であり、意味としてしか生起しない、ということか、まだ問題が残る。

これまでのところは、生起をいわば外側から位置づけていたということになるが、さらに生起概念そのものの内実を検討しなければならない。

第三節　生起と認識

あるものを論ずるとは、そのもののすくなくとも何らかのかたちでの存在を前提にしてのことであり、上記の生起についての形式論議にしてもそうだが、今度はあらためて生起というものをわれわれはどのように認識するのか、そこから再出発する。上記に「賢者は表面に生起を見出す(trouve)」とあったが、すぐ数行後には「生起はそれと指示(désigne)される対象(objet)ではない」(LS. p. 161)とあり、実際、われわれも「第一部」の初めから、ドゥルーズ実在世界、というよりその基盤を成す潜勢動態を探索するに、カントのいう「認識と思考」の区別にならって、(事実上は「それと指示する」かたちながら)ドゥルーズ自身のいう〈présumer〉(推定、と訳した)をフォローしつつ、「思考すべきもの、想像すべきもの」を想像し、思考するに心してきた。しかし、いまは、これらを踏まえて、「生起」問題をめぐって、ドゥルーズ流の「認識」方法を総括することができる。「第十五章（セリー）」の「追記」に依拠してであり、「追記」であるということは「本題」ではかならずしもない、ということだが、このことはドゥルーズ哲学が存在論の一であって認識論にはさして拘らないことを示唆するとともに、記述内容からして、ドゥルーズ哲学を伝統的な哲学史のなかに位置づけ、われわれにより理解しやすくすることにも寄与している。

追記文章とは、こうである。

「G・ギュルヴィッチは、〈意志的直観〉(intuition volitive) という語を採用して、〈所与〉によってその能動的活動性が制限されることのない直観を示唆した。ドゥンス・スコトゥスとデカルトの神、カントにおける意志、フィヒテにおける純粋行為に、これを当てている (*Morale théorique et science des mœurs*, P.U.P., 1948, pp. 54 sq.)。われわれには、この語は、なによりも、ストア派における意志、属詞が二重の意味をもつものとしての〈volonté *de* l'événement〉に当てはまるように思われる」(LS. p. 123)。

属詞（〈de〉）が「二重の意味」をもつとは、この〈volonté *de* l'événement〉が、邦訳すれば、①「生起〈を〉意志する」とも、②「生起〈が〉意志する」とも、解しうるということである。①は人間的実践・人為を含意し、②は存在論的・原為を含意する。後者は、常識的には、擬人法と解されるかもしれないが、それは近代の人間主義的転回以降の常識であって、それ以前（前-人間主義期）、それ以後の現代の脱-人間主義的-存在論では、不思議なことではない。われわれのドゥルーズも、理念を人間意識の志向対象（目標）とするより、理念が自己組織化 (self-organisation) していく動きのなかに人間存在を位置づけることからはじまっていた。「意志的直観」とは、その一段階を「知性的直観」と呼ぶこともあるが、これも常識のいう直観・感覚的直観が人間に先在する事象を人間が受容的に直観することを含意するに対し、典型的には神が真理・知を意志的・能動的に創造しながら認知することを謂う。真理を創出する、などというとき、問題になるのは、恣意的（libre arbitre）な産出も許容するのか、ということだが、恣意（libre arbitre）じたいにも複数の意味・程度があるともに、ここでドゥルーズが挙げているギュルヴィッチも、創造と自由に恣意が混入するなど、低レヴェルの派生事態にすぎないと、何度か断っている（MT. p. 59, etc.）。

さて、ギュルヴィッチ／ドゥルーズが挙げる四思想家のドゥルーズ的‐生起概念への関係をまったく簡単に一瞥しよう。（『意味の論理学』は、ストア派とドゥルーズの間に十四世紀のオッカム派と十九世紀のマイノングを挙げているが、意味論の系譜としてである。生起論の系譜は、今日・今後に重要な概念のはずだが、まだ哲学・思想史的な系譜立てもなされておらず、現代哲学思想の内部でも、十分に整理されていない[27]。われわれ（筆者[28]）がおこなっている観があるが、なお、ここでのギュルヴィッチ参照は、ドゥルーズが上記に掲げるテクストではなく、〈Felix Alcan, 1937〉版[29]である。頁数は異なるが、内容的には大差ないはずである。）

①ドゥンス・スコトゥスは、先立つスコラ哲学の大御所トマスが神の意志も永遠法（これも、神の理性であるが）に従う、とするに、抗して、「神は、その万能性において、世界を創造するのみならず、自ら自身をも創造し、自らの本質、自らの悟性をも創造し、〔……〕」（MT. p. 52）、要するに、永遠法を創造することも、それを意志しながら直観することもする、……として、実質上、「意志的直観」の思想を表明したという。直観あっての意志ではなく、神的意志そのものの自己直観としての「意志的直観」。この法と創造の問題はわれわれにも重要である。神がいなければ法と生起の問題となる。しかし、法と生起ということになれば、独裁者による法、市民による法のみならず、K・シュミット流の具体的秩序などとの異同も、十分に考量しなければならない。ドゥルーズにその種の問題意識はないように見えるが、本稿全体はその種の今日的諸問題に向かっても自己開展している。

②デカルトの意志主義はよく知られているが、ギュルヴィッチもこの方向に向かう。神が永遠真理を創造するとすれば、「われ思惟す、ゆえにわれ在り」は、「われ意志す、ゆえにわれ在り」である（MT. p. 57）。「神においては意志の力は無限であるが、人間においては有限である。しかし、潜勢的には〔cf. ドゥルーズ的発想〕、人間における意志の力は、神の意志の力と同様に大きく自由である。そうでなければ意志とはいえないだろう。そしてこの意志は恣意的なものでもない。恣意性はこの意志の最低位相のものでしかない。」（MT. p. 60）「われわれが至高の確然性をもってわれわれの内部につねに経験するのは、人間意志の潜勢的〔cf. 再び、ドゥルーズ〕な無限性と同一のものであるである意志的直観〔cf. 目下の主題〕である。意志は〔……〕確然たる決意性をもって、善の至当の価値を把握（saisir〔cf. ドゥルーズがストア派論のなかで繰り返し使用する語〕）する。別言すれば、意志による決定は明晰であり、啓示なき〔cf. スコトゥスとの違いの一〕善へのアクセスをもたらす自らに固有の光〔cf. 理性の光〕によって導かれている。善は、それゆえ、意志的直観、行為的‐直観（**intuition-action**）の所与なのである。」（MT. p. 62）「〔スコトゥスの神におけると同様〕、人間においても、かくて、啓示なき善をめぐって、《見ルト意志スルハ同ジ》であり、それがデカルトの自律的道徳の真の基盤なのである。われわれにおける意志的直観への呼びかけといってよい」（ibid.）。デカルトにおいても、「生起」はない。「意志的直観」の神レヴェルから人間レヴェルへの移行があるだけである。しかし、「意志的直観」が「啓示」なくして可能であることも、含まれている。生起における意志的直観が、シュミット流の具体的秩序と別の方位を辿りうることも、上記した（あるいは、下記もする）ドゥルーズ関説のなかには含まれている。

（4）カントは「実践理性の優位」をも自称し、ギュルヴィッチにとっても意志主義の雄の一であるが、「非感性的直観」（MT. p. 64）は否認するのであるから、「知性的直観」はむろん「意志的直観」との両立は、すくなくとも外観上は困難となる。ギュルヴィッチの結論は、カントは実質的には「意志的直観」派、通常の哲学史上は意志主義と知性主義の並存、である。「カントは、スコトゥスやデカルトとまったく同じように、ただし神に依拠することなくであるが、心理的‐意志主義と形而上学的‐意志主義を同一視し、この同一視がその道徳的‐主意主義の基底をなす。ただし、形而上学的‐主意主義はある種の確実性の一元論（une sorte de monism des certitudes）であり、それゆえ、主知主義（intellectualisme）に属する。そこから、カント道徳論の、自らが絶えず否認する意志的直観との矛盾が由来する」（MT. p. 71）。形而上学的‐意志主義は必然的・不可避的に主知主義に属することになるのか、筆者にはかならずしも断言できないが、いまはギュルヴィッチの論を受け容れよう。ギュルヴィッチのカント論はそれなりに精緻であり、とまれ、こうして、カント論の末尾は、カント哲学をギュルヴィッチ流の意志的直観主義へと方向づけるには、どうすればよいか、要するにフィヒテ哲学への移行の論のかたちを取ることになる。「カントは〈ふたつの事柄が常に新たな驚きと畏敬の念をもってわれわれ人間の魂を満たす。われわれの頭上にある星輝く天空とわれわれの内なる道徳律が〉という。カント道徳にはそれゆえ始めからかつ常に随伴して意志的直観があるのだ。カント道徳に含まれている意志的直観の理論がその全幅の結実を得るには、つぎの契機があればそれで十分だったはずである。すなわち、物自体の理論と人間を叡智界と現象界に二分する衝動を放棄し、人間の経験的意志のなかに、任意的自由としての意志の下、諸義務の間の選択としての意志の下にこそ、決断と創造としての意志、すなわち意志的直観もしくは純粋意志は再発見（se retrouve）されるのだと理解すれば。また、創造的意志はどのような法による規制も規定も超えるのだ、ということに気づきさえすれば。実践理性の優位と、それと一体の心理的・道徳的‐主意主義と形而上学的‐主意主義の混同を排斥したのは、フィヒテ後期作品の功であった」（MT. p. 72)。やや長めに引用したのは、ここから、たとえばここにいう「経験的意志のなか、任意的自由と諸義務の間の選択としての意志の下に、決断と創造としての意志的直観（intuition volitive）を再‐発見（retrouve）する」に、伝統的哲学あるいはつい昨日の大哲学であるドイツ観念論から今日のたとえばドゥルーズ哲学の潜勢的‐生起・動態論への通底路を見出す思いがするからである。

（5）今度は、そのフィヒテである。ただし、ギュルヴィッチはフィヒテ哲学を第一期と第二期（MT. p. 78, 74）に分け、後期を重視する意向を示している（上記）が、通常の区分と必ずしも同じではなく、またこの区分がこの論稿で決定的な意味を持つほどのこともないと思われるので、われわれは、ここでは、時期的区分には拘泥しないことにする。

　われわれが指摘を試みるのは、ギュルヴィッチの指摘を多としながら、フィヒテのいわゆる〈Tathandlung〉（事行）は、主観的観念論その他の時代的な制約を捨象すれば、あるいはあの「差異と反覆」を施せば、われわれのここでいう「生起と認識」問題の解決に資するものではあるまいか、ドゥルーズが自らの「生起の直観」の先駆をフィヒテらの「意志的直観」に帰したのは、そのためではあるまいか、ということである。

「フィヒテは、〔……〕人間的意識に全面的に内在的な意志的直観（intuition volutive）をもって、自らの全哲学の基盤とした。創造的行為としての〈事行〉（Tathandlung）において、〈事行〉によってこそ、〈純粋自我〉（je pur）の自己肯定と反省以前の自己把握〔cf. saisir については前出〕はなされる。自己成就しゆく行為のなかに湧出してくる確実性こそ、第一の直接的確実性なのであるから」（MT. p. 72）。冒頭の「人間的意識に内在的」は、ドゥルーズの場合には、内在主義と自称しながら、「脱‐人間的な無意識」をも含めていた。中半の「純粋自我の自己肯定と自己把握がそこでそれによって成される」ところとは、ドゥルーズによっては「超越論的」次元とも呼ばれていた。フィヒテの「事行」はドゥルーズのいう「超越論的」事態だということになる。フィヒテ近代哲学からドゥルーズ現代哲学へと、用語・発想上の、異、同、類似、ずれ、……が感じられるが、いまは細部は放念しよう。

われわれにとって重要なのは、むしろ、次の指摘である。「*Tathandlung*〔事行。以下、独語を〈 〉つき邦語に変える〕、純粋行為あるいは自由は、証明(prouvée)もされえなければ、演繹(déduite)も、論証(démontrée)も、されえない。通常の所与でもなければ、意識の内容でもなく、主体に対立する客観対象でもない。〈それゆえ理解不可能(incompréhensible)〉であり、絶対的に第一の行為(un acte absolument premier)なのであり、まさしくこの理由によって説明不可能(inexplicable)なのである。〔……〕意識それ自身が〈事行〉の所産(produit)なのであるから、意識はこの事行へと能動的に参画することによってしかこの事行を直接的には把握(saisir directement)できない。この行為‐直観(intuition-action)のなかでこそ、把握という主体の活動は、自らが把握するものによって制約(limitée)・減殺(amoindrie)されることなく、逆に、〈事行〉によって、強力化(renforcée)・強度化(intensifiée)され、主体と客観対象は、相互に対立するどころか、全面的に一体化する。〔……〕〈事行〉は、かくして、即時的(immediate)・直接的(directe)に、把握(saisie)、体験(éprouvé)、経験(expéimenté)されることになるが、ただし、この経験(expérience)は、〔先の所与とはむろん異なり〕、所与が行為を遂行する主体よりさらに能動的(active)なのであるから、尋常なものではない。主観‐客観、主体‐対象の、同時的経験である」(MT. pp. 72~73)。

ギュルヴィッチのフィヒテ論はさらに、知的直観と意志的直観、見ると創造する、経験的直観から意志的直観への飛躍と統合、意志的直観の諸段階、意志的直観の共同体的敷衍、……等の諸問題をめぐって展開するが、われわれはここでは放念する。われわれがここでギュルヴィッチから譲り受けるのは、(i)ドゥルーズにおける「生起と認識」という問題、あるいは「生起を認識する」という問題、あるいは「生起とは何か、説明せよ」という問題は、生起が「絶対的に第一の(行為ならぬ、神為でもなく、原為ともいうべき)事態」である以上、安穏には対応しえないこと、(ii)哲学史の大道は「意志的直観」なる方法論をもってこれに対応し、それがドゥルーズにも継承されているらしいこと、（iii）ただし、ドゥルーズにおいてもこれは「生起とは何（Qu'est-ce que）か」を規定すればすむ問題ではなく、「生起とはどのように（Comment）生起するのか」の「尋常ならざる経験」を通じて思惟しなければならないこと、等である。ギュルヴィッチ以降の現代哲学の範域では、すでに「意志的」ではなく、むしろ「脱-意志的」な対応が、（ただし、否定神学や否定存在論のそれとは異なる別種の）肯定性において、求められていることにも配視しなければならない。

第四節　生起と（脱-）存在

或るものの認識とはそのものの存在や本質を前提としてのものであり、したがって、「生起と認識」のあとには、「生起と存在・本質」がくるはずだが、生起の認識は不可能、生起へのアプローチは意志的直観による生起との一体化のみ、ということになれば、あとはその一体化の経験（前出）の（自己）表現のみということになり、「生起と存在・本質」という標題はありえない。とはいえ、生起という事態の内容は、既述の付帯的諸言及を総括するかたちで、やはり論述しなければならず、やむなくドゥルーズ語彙を使って「生起と〈extra-être〉（脱-存在）」と標題する。〈extra-être〉は「無」の謂いではなく「存在の一様式」であると、ドゥルーズはいい、それはそれで考量・尊重するが、現代哲学はすでに「存在」と「無」を分-開する〈Licht-ung〉（ハイデガー）までできており、科学ですら現代宇宙科学は「粒子 vs 反-粒子」の対-現成の稀有なる一瞬（ともいえないほどの一瞬）の破れに宇宙開闢の超巨大インフレーションを想定して一般向きには「無からの創造」まで語っている以上、「生起」をもって「存在」と「無」に対する第三のカテゴリーと仮説してみることも、不自然ではない。最終結論は別にしても、これら現段階での知的成果を配視しながら、ドゥルーズ生起概念を試考することにする。

概略はこうである。生起は、言語を言語たらしめている潜勢的な動態性でもある以上、言語によっては語りえない、あるいは語り尽くしえないが、いわば言語の裏側（doublure）として、「意志的直観」によっては「経験可能」（cf. ex-peras-perao, 既述）とされており、その「超越論的（ともいえる）経験」の自己表現としてのかぎりにおいて、（生起は）、（象徴的に、という伝統的な性格づけも上記にあった）、語られうる。言語ならぬ、実在一般についても、同様である。ドゥルーズ的‐実在の「差異と反覆」の無限動態は生起によるものとしかいえないが、生起は生起が生起させるものによって、「準‐原因」とその「所産」の相関性のなかで、それなりに語られうる。「思惟すべきもの」（cogitanda）を、推定（présumer）し、想像し、言述しうるのは、そのかぎりにおいてでしかない。この有限性の受諾は、後述のストア道徳においてなされるが、この有限性は自閉には後退せず、生起の無限性への脱‐存在となる。

既述のところに、具体的言及の主要な数点を確認しよう。

（1）『差異と反覆』は、われわれの現実世界の地盤である潜勢界の動態性を思考したが、生起概念の多用はなかった。両次元の連結部分より、後者の前者との差異といういわば構造関係に力点があった。これに対して、われわれは、『差異と反覆』から『意味の論理学』への移行に実践論としての関心を抱き、前者の現動化‐概念から後者の意味‐概念への連結をはかった。『差異と反覆』における生起は、一方では、（ⅰ）実在の潜勢態部分（現実態部分もしたがって含む）そのものの充足理由なき出来と、（ⅱ）潜勢態内部における（精神分析における無意識的‐構造連関‐形成に準ずる）諸要素の出来と、そのなかでの特異態と準則連関の成立、前者による後者の潤色・支配、前者自身の変容による両者連関の変容、その度重なる差異と反覆、その或る時点における或る臨界点の突破による現働態の現出、にあるといえる。

（2）『意味の論理学』にいたっては、これが超越論的‐場による意味の産出としてほぼ主題的に論じられることになる。さらに二局面を確認するほうが適正かもしれない。（ⅰ）命題は、三つの事象的作働：指示作用（désignation）、表明作用（manifestation）、意義作用（signification）の統合によって、当の命題への外的物象の属性の内存（insistance）化というパラドクサルな事態を出来させ、非‐物象的な第四次元とそこへの意味の成存（consistance）という事態を成立させる。（ⅱ）このことは、別言すれば、哲学史的にはプラトニズムからストア思惟への画期的転換のなかで、現代的状況においては神無く忘れられかけているイデアへの関りのなかで、そのイデアのシミュラクル事態への分解・落下と、その遺児・破片ともいうべき〈l'idéel〉（準‐理念素）が、シミュラクル・カオスとの闘いを通じてシミュラクルの表面へと再‐浮上し、意味態を組織化していくというドラマを介して、意味の産出というより生起として、語られる。

さて、ここでさらに、多少の重複はあるかもしれないが、新たな局面も加えて、補完的考察をする。

（3）生起は、上記（1）等では特異態の臨界点突破、潜勢態から現実界への現働化であるが、特異態はもともと前‐個体的・非‐人称的であり、第四人称である。生起は、それゆえ、第四人称のそれでもある（LS. p. 125, etc.）。第四人称と、上記（2）（ⅰ）の第四次元は、ドゥルーズ自身は触れていないが、おそらく相通じ合うだろう。二十世紀初頭のヨーロッパ美術は、近代的遠近法の三次元（立体）性を超えるべく、第四次元の平面図化を目途《もくと》して、抽象絵画に到りついた。その後の物理学と幾何学は、第五・六次元の開拓にも勤しんでいる。[30]ドゥルーズ哲学は、第四人称を求めて、伝統的ヒエラルキーでも、近代モナドロジー（monado-logie）でもなく、新たなノマドロジー（nomado-logie）に向かう。生起とは、深みからのそればかりではなく、広さへの・多様性・共存（co-présent）への、それでもある。特異態とは、特別な個への閉ではなく、多への配与、万象への贈与、所有の文明における、二十世紀に入ってからM・モースらの人類学が再提示した、原始贈与文化への配視の独異性の謂いなのである。

（４）生起は、意味のそれでもある。第二章全体の主題をここで扱うのは不自然ともいえるが、（２）（３）で出た問題ゆえ、ここでも補完する。（２）（３）は物象レヴェルの指示・表明・意義‐作用が統合される命題に非‐物象レヴェルの第四次元の意味が成立する、しかも、命題の外なる指示対象の属性が命題の内存（insistance）として成存（consistance）するにいたるというかたちで成立する、とパラドクサルなことをいっている。なぜ、そういうことが起こりうるのか。しかし、（２）（３）は、原因‐結果（cause-résultat）の物理的・事象的‐因果関係の必然性において成立する、といっているわけではない。準‐原因―結果・所産（quasi-cause – effet）として成立することをいっており、間に飛躍も入りうることも前提されており、それゆえ、矛盾として却下されるべきものではない。別言すれば、これがドゥルーズ的‐生起の一面なのである。さらに、付言する。ドゥルーズは、ここで、「生起とは何を意味するのか、生起の意味は何か（quel est le sens d'un événement?）、などと問うな。生起とは意味そのものなのである（l'événement, c'est le sens lui-même）」（LS. p. 34）という。われわれは、この要請と断言を、意味は、準‐原因、超越論的‐場、潜勢態における特異態の或る臨界点の超過、われわれの或る事態・状況における全体了覚内容の或る一定の過飽和度を踏まえての結晶・相転移、として、生起する、生起とはそのような生起でしかありえないのだ、生起とは意味の生起の謂いなのだ、と解し、了承しよう。意味を産出するあるいは生起させる（たとえば、構造のような）非‐意味態も含めてのうえで。もっとも、この意味・非‐意味への限定は、ある種の狭隘化を誘って、ドゥルーズ思惟の本旨に悖ることにはならないかとの疑問も残る。既述のペギーからの引用はもっと豊饒な可能性を含んでいた。

（５）生起は、言語・発声言葉（パロール）のそれでもある。われわれは、既述のところで、人類史上における言語の成立を、あるいは前‐人類がそれによって人類となった言語の成立を、生起のひとつの典型態とした。あの場合、言語とは、人間・人類・前‐人類に固有の（動植物のそれとは異なる）全体了覚内容の分節化・構造化、それによる意味の産出・生起の謂いであった。ドゥルーズは、上記（2）（4）その他で同様のことを論じながらも、『意味の論理学』第二十六章（セリー）（LS. pp. 212~216）では、「生起は言語・言葉を可能にする（rendre possible）」と何度も高言しながら、上記の諸事とは別文脈では重なるものの、言語論としては多少異なる局面も指摘する。二点のみ、挙げる。（ⅰ）生起は、物象音（bruitage des corps）とは異なる音・音声・声音（son）を発音・発生させることによって、言語を可能にする（LS. p. 212）。これは説明の必要のない立言だろう。生起論ではなく、人体構造に関する生物学・生理学……等によっても説明でき、それ以前にまで遡るのは不必要ともいえるかもしれない。（2）生起は、動詞‐不定詞（l'infinitif）を成立させることによって、言語を成立させ、言語の成立として、生起した（LS. pp. 214~216）。動詞の時制変化は、既述のクロノス時間に属するが、（動詞の）不定詞形は、クロノス時間に属さず、これはドゥルーズ的にはアイオーン時間に属する。通常の経験次元と超越論的次元の違い、と確認しておいてもよい。さて、この次元の違いの生起を、ここでは言語論的に語る。古代哲学のうち、エピキュロス派は、或るアトム（原子）の運動としての斜行（déclinaison, クリナーメン）による他のアトム（原子）との衝突が、事象を生じさせ、言葉もそのように発生した、とする。この場合、アトムとアトムの関係は唯物論的な「原因‐結果」（cause-résultat）関係であり、運動はアトムという主体の活動であり、結果はこれまたアトム次元での属性変化として、要するに、名詞と（その運動という付帯事象と）形容詞の問題となる。これに対して、ストア派は、「準‐原因—結果・所産」（quasi-cause – effet）の観点にも立つから、原因も結果も非‐物象的（in-corporel）でありえ、運動も、付帯的と捨象されることなく、主題的なものとしてクローズアップされうる。「ストア派にとっては、事態は、アトムの斜行ではなく、運動生起の絡み合い・相互織成（conjugaison des événements）なのである」（LS. p. 214）。

主語と形容詞ではなく、いまや動詞が主役となる。「名詞とその斜行（déclinaison）は活動性（action）を受肉するが、動詞とその活用（conjugaison）は〔その種の活動性に抗する新たな上位の〕再‐活動（réaction〔対抗‐活動、ともいえる〕）を受肉する。動詞は外的活動の似像なのではなく、言語の内部におけるひとつの新たな〔対抗‐〕活動（réaction）のプロセスなのである」（LS. p. 215）。加えて、動詞には、時制変化態と不定詞態があり、前者は物象的時間に対応するが、後者は「自らが孕む内的時間の函数において、意味（sens）や生起（événement）と関わりあう。」（LS. p. 215）「不定詞態は、意味（sens）や生起（événement）の表現（exprimer, expression）とは関係のない内的時間を含意するものではなく、時間の内面性を存在の外面性との相関の裡に置く。」（LS. p. 216）「不定形‐動詞は、すべての生起をひとつにして言語のなかに表現し、言語が生起であることを表現する。言語がそれじたいにおいてひとつの独異な生起であり、いまや言語を可能にするもの、すなわち生起と一体であることを表現するのである」（LS. p. 216）。念のため、急ぎ注記する。①〈réaction〉は通常は反動・反作用と訳されるが、ここではそれに該当しないことは断るまでもないと思われるが、「対抗‐」とすることも、相対作用的で反抗とも紛れやすく、もともとドイツ思想家であれば〈ur-〉とするところをフランス思想家は〈re-, contre-〉とする傾向があるので、ここでは平凡ながらまず「再‐」とし、ついで「新‐」とした。②「意味や生起」の「や」は原語では〈ou〉である。二者択一にする必要はなく、表記・発音上も簡便にすべく、こう処理した。③「（言語の）内面性と（存在の）外面性」とは、ドゥルーズらしくない雑な二元論である。④「（すべての生起を言語において）ひとつに表現する（exprimer ... en un）」も、本来のドゥルーズ思想からすると、行き過ぎか誤りである。⑤上記（４）の末で、生起を言語問題に限定することに抵抗したが、ここの末尾では、言語を〈un événement〉、つまり「生起」のうちの「ひとつ」としている。

（６）生起は、永遠回帰のそれでもある。ハイデガーの「存在」と「無」がリヒトゥング動によって交錯‐投与されてくるように、ドゥルーズにおける「差異」と「反覆」を可能にする（rendre possible. 上記）のはここにいう生起である。ニーチェのいう永遠回帰は、ともすれば同一物の永遠回帰と解されがちだが、すくなくともドゥルーズにおいては、同一性そのものが差異の離接的綜合（synthèse disjonctive）の所産・生起でもあることから、（「永遠回帰」とは）「差異の永遠なる反覆」の謂いである。「永遠回帰に、ひとつの中心の周囲を回る多要素の連関動のような単純な円環作働を求めてもむだであろう。円環があるとしても、悪神による錯雑循環（circulus vitiosus deus）のそれである。差異が中心にあり、その周囲の多分岐的要素のなかを永遠にさまよい歩行するというような。つねに脱-中心化（décentré）され、逸脱（excentrique）しつづけるひとつの錯雑統合（circonférence）としての円環、というような。永遠回帰は、たしかに〈統一態〉（Cohérence）であるが、自らの統一性も、世界のそれも、神のそれも、後に残すことのない統一性（cohérence）である。」（LS. p. 349）「永遠回帰は、たしかに、〈全体性〉（Tout）である。しかし、四肢分裂もしくは諸要素連関分解としての〈全体〉である。すべてを回帰させることはしない。ひとたび回帰したものはけっして回帰させない。円環を再-中心化させようとするものは回帰させない。諸要素連関を収斂させ、自己と、世界と、神を再興させるようなものは、回帰させない。キリストはディオニュソスの円環のなかには回帰させられないだろう。反キリストの秩序は他の秩序を追放する。〔……〕〈存在〉（Être）に替わる永遠回帰という思幻態（phantasme）は、「万能神の権能のシミュレーションである」（力への意志のような）シミュラクルしか、回帰させないのである。」（ibid.）「統一性（cohérence）を残すことのない統一態（Cohérence）として、永遠回帰は非-意味（non-sens）であり、しかし、すべての脱-中心的・円環の円周を構成する多分岐的-構成要素連関のおのおのに、意味（sens）を配与していくような非-意味（non-sens）なのである」（LS. pp. 349~350）。統一性、全体性、といった、もともとは非-ドゥルーズ的-概念が、ここではドゥルーズ的に再定義されて、ドゥルーズ世界に組み込まれている。しかし、「反キリストの秩序は他の秩序を追放（chasse）する」とは、「意味の論理学」のいう「共存」（co-présent）の宗旨に反するのではないか。ドゥルーズは、どこか（DR. pp. 84~85?）で、プラトン的-系譜学における排除は妥当であるともいっているが、この優劣差異の残存はやむをえないとしても、本来、ドゥルーズ的・ディオニュソス秩序は、優劣差異の差異は然るべく見定めながら、優劣のほうは度外視・黙殺して、キリスト秩序と他の諸秩序の共存（co-présent）をはかる、ではなかったのか。ここでの末尾の一文「永遠回帰は、自らの非-意味性（non-sens）において、全てに意味（sens）を配与（distribue）していく」は、神無きニヒリズムを高邁な実践倫理へと変えて、今日のほぼ完遂不可能な至高の課題への挑戦を語っている。生起は、このような不可能性への挑戦をも成立させるのだ。なお、二点注記する。①アイオーンは直線時間であるのに、永遠回帰は円環時間ではないか、といわれるかもしれない。しかし、クロノス時間がたんなる現在時間の反復であるにたいし、アイオーンと永遠回帰は過去と未来を差異と反覆において離接的に綜合するひとつの、「物象的次元からは自由な」（LS. p. 177）、準-理念・次元の展開なのである。②ドゥルーズ思想を代現するには、永遠回帰よりリゾームのほうがより適切ではないか、ともいわれるかもしれない。しかし、リゾームは初期二大傑作ではなく中期発想に属する、ということより、ニーチェ思想のみならずその宇宙論的遊動をドゥルーズに見ることも、われわれの喜びの一であるはずだ、といっておこう。

（7）生起は、（1）（ii）のように潜勢態における一定の特異態連関の一定の臨界点突破による現働化であるとして、潜勢エネルギーの現勢化と解することも可能であろうか。あるいは、もっとドゥルーズに固有の語を使っていえば、あの〈t動態〉（différentiation）エネルギーの〈c動態〉（différenciation）レヴェルへの「噴出・湧出」（jet. 先述）と「合-流」（co-présent. 先述）である、と解することも可能であろうか。しかし、ドゥルーズ哲学はエネルギー哲学ではなく、この語を安易に使用するくらいであれば、使用しないほうがよい。とはいえ、ただし、それなりに有益な関説もある。「純粋生起のエネルギーはポテンシャル・エネルギーである」(LS. p. 125)。ポテンシャル・エネルギーと一定の特異点‐準則点・連関が一体化すると、一定の世界が構成され、また、いわばそのなかで、一定の個体(individus)や自我(Je)・自己(Moi)が構成される。他方、ポテンシャル・エネルギーの現実化(effectuation, actualisation)と特異態の準則点連関への延長(prolongement)によって、ポテンシャル・エネルギーは混成化・弱体化し、ここにエントロピーの原因もある(LS. p. 134)。「その再‐形成(reformation)の力は個体(individus)にしか、しかも、環境世界の過去と未来に確固とした不可逆的な方向を与えることのできる生ある現在という時間性においてしか、与えられない」(LS. p. 134)。ここで、急ぎ、既述のところと次節の双方を踏まえて、三点、注記する。①現実化、に類する語は、自動詞であれ、他動詞・代名動詞であれ、ここでは後二者が中心だが、ドゥルーズでは、すくなくとも、〈effectuation, actualisation, réalisation〉の三つがあり、かならずしも、つねに同様に区別されているわけではないらしいので、われわれは、〈effectuation, réalisation〉は経験的次元で(へ)の現実化を示すに用い、潜勢態レヴェルと特に経験的次元への、その混成化・弱体化なき、いわば既述の純粋態での、現勢化・現成化については、〈actualisation〉(現働化)、〈réel, réelisation〉(実在、実働的、実働化)、の語を当てる(既述説明ずみ)。造語はなるべく避けるべきであり、現勢化・現成化という語の使用もあってよいが、諸事勘案のうえ、こう決定した。②〈individu〉は、ドゥルーズの場合、あまり重要でない「個人」概念に当てられる傾向があり、他方、〈individuation〉は、個人や個別事象がそのうえに成立する〈特異態・独異態〉(singularité)と一体の〈個体化〉事象として重要視される。ここで〈individus〉を「個体」と訳すのは、このあたりの事情を踏まえて、便宜的なものである。③エントロピー問題は、人間的‐実践の最大の敵である。その克服・「ポテンシャル・エネルギーの再‐形成」については、ここでも数言・数行の言及しかない。われわれのここでの主題は、この数言・数行の内実へと賭けなければならない。エネルギー・エントロピーは科学概念、とくに後者は経験則？であって、哲学問題を包摂しつくすわけではないのであるから、ドゥルーズ哲学の領野に戻って、……。

（8）生起の具体例をいくつか瞥見してきたが、ドゥルーズはこれらを一括（離接的に綜合）して、〈Eventum tantum〉〔生起としての生起、純粋‐原‐生起、財津訳：「端的なかたちでの生起」〕（LS. p. 177, 210, 241）という。「生起のなかには、〔……〕一定の事物の状態、一定の個体、一定の人間、〔……〕に受肉（s'incarne）するものもあれば、〔……〕事物の状態による制限から自由で、それ自体として解される（pris en lui-même）生起もある」（LS. p. 177）。前者を既述の「偶発事、事件、できごと」（accident）とし、後者を上記（1）〜（7）を含むわれわれのいう本来の「生起」（événement）とすることもできるだろう。だが、つぎの二つのテクストのほうが、いまはより重要である。（ⅰ）「存在の一義性とは、存在とは〈声〉（Voix）であり、存在は自らにおいて語り（se dit）、すべてについて唯一の同じ〈意味〉（«sens»）で語る（se dit）、ということである。それらすべては同じ（même）ではない。しかし、それらすべてについて、存在は同じ（même）である。存在は、それゆえ、ありとあらゆる事物に到来（arrive）するすべてにとって、唯一で独異な生起（un événement unique）として到来（arrive）し、すべての生起（événements）にとって、*Eventum tantum*〔生起としての生起、純粋‐原‐生起。原語イタ強調〕なのである」（LS. p. 210）。（ⅱ）「存在の一義性とは、到来する（arrive）と語る（se dit）は同じ（même chose）であること、すべての物体・物象状態の属性（attribuable）とすべての命題の表現内容（exprimable）は同じであることをいう。一義性とは、ノエマとしての属性と言語的表現態の同一性、生起（événement）と意味（sens）の同一性、の謂いなのである」（LS. p. 211）。

思い起こしていただきたいが、われわれは、上記（1）（ⅰ）で、『差異と反覆』の言語で、実在は（現実態であれ、潜勢態であれ）充足理由なきゆえ、生起である、といった。ここでの（ⅰ）も、存在を、上記（1）

(ii)〜(7)のすべての生起(événements)にとっての「唯一独異な生起」(un événement unique, Eventum tantum)としている。既述のさらに別のテクストでは、「ドゥルーズ的-思考・哲学とは、到来するものから生起を剔抉すること」であるともいっていた。ここでのテクストと使用言語上のずれはあるが、ドゥルーズ思惟の本旨が、たんなる「偶有的な到来事」から「その生起」(événement)を剔抉し、それらの「諸生起」(événements)から「生起の生起」(Eventum tantum)を剔抉するものであることに、変わりはない。また、存在が生起であるとしても、存在は生起あってこそ可能になる(rendre possible. 先述)のであるから、存在と生起を差異化することも不可能ではない。ハイデガーの〈Es gibt Sein〉(存在は投与されてくる。存在が存在を投与してくる)〈Das Sein ereignet〉(存在はそのつどの本来的固有性において生起する)〈Das Licht-ung〉(存在と無、Ereignis と Enteignis を、分開-光与・贈与する)と、同様の発想である。このことはドゥルーズ思惟に独創性を否認することではなく、両者が共に現代思惟の極限に近づいていることを示す。他方、ここでの(ii)は、われわれの上記(4)が意味の生起をドゥルーズ的生起の一典型例としたことに通じ、われわれはあの文脈では生起問題を言語問題に狭隘化することに危惧の念を表明したが、ここでは、ハイデガー晩年の存在・真理の生起の論が自閉的な静寂主義への偏向を示したに対し、「真理」が偽・誤を否認・排除するとすれば、「意味」は真-偽・真-誤の双方の有意味性を前提として、共存(co-présent)さらには協働への途をも開拓しうるのであるから、その実践論的可能性に留意する必要があることは確認しておかなければならない。

第五節　生起と実践

生起が、「意志的直観」をもってしか人間のものにならず、その生起が、一方では、実在界全体そのものを実在たらしめている〈Eventum tantum〉であると同時に、他方では、実在界内部のすべての事象を動態的たらしめている〈événements〉であるとすれば、人間の活動・諸活動・全活動は、どう解されることになるか。生起を生きる、生起を継承する、生起をさらに再‐産出する、……といったところだろう。その失効態・逸脱態・惰性態・混成態、……要するに、表象・延長態レヴェルでの、三次元‐物象態への頽落態としての、シミュラクル界での迷走・自酔としての、現実的活動（réalisation, effectuation）も多々あり、数量的にはそのほうが多いかもしれないが、いまは潜勢態からの、脱‐エントロピーとしての、純粋‐強度態としての、現働化（actualisation）・実働化（réelisation）の、むしろドゥルーズ自身のいう〈contre-effectuation〉（対抗‐現実化）（LS. p. 176, etc.）の、諸活動である。後者は、ドゥルーズ的には、前者を排除することはない。A・バディウにおいて、〈S〉（situation, 状況、Set, 集合、sujet, 主体）が、最終的には、自らがそこから集合‐構成されてくるその前・非・無‐規定態である〈♀〉を含有（⊂）して、〈S(♀)〉（拡大集合）であり、かつ、つねなる〈S ⇄ S(♀)〉の「捻転」（torsion）動態にあるように[31]、ドゥルーズにおいても両者はあの〈c／t〉の異次元・重相性（co-présent）、ここではこの〈現実／生起〉の重相・動態を、否認されることはない。

　生起を、論述の便宜上、上記の多様な説明を踏まえて、そろそろ一点に簡約してしまおう。生起とは、『差異と反覆』の「差異と反覆」を宗とする『意味の論理学』のいう「意味の論理学」のそれである、と。真理の論理学が、同一律を前提に、真を採って、偽・誤を排するにたいし、意味の論理学は、差異律に則って、真‐偽、真‐誤、善‐悪、正‐邪、美‐醜、有‐無、表‐裏、……意味‐非意味、……の、おのおの相互の差異‐反覆における協争弁証法（vice-diction）の共‐存（co-présence）・離接的綜合（synthèse disjonctive）をはかる。一方と他方の従来のいうたんなる相対性や対立抗争ではなく、一方は他方からの反復性の内存（insistance）を含有（⊂）する差異性においてのみ差異‐反覆の動態性（consistance）にあり、他方は一方からの差異性の実存（existance）を含有（⊂）する反復性においてのみ差異‐反覆の動態性（consistane）にある、そのすでに当然であることを、あらためて、はかる。どちらが一方で、どちらが他方か、などということは、むろん、ない。ここでは、一方も他方で、他方も一方である。重要なのは、むしろ、ここには同一律による排除のない安易な絶対肯定しかないわけではなく、差異律に則る共存への排除は、共存‐排除の差異‐反覆のなかに含有（inclusion）されるかたちで排除（exclusion）される、ということである。排除、悪、邪、……等の、従来の価値哲学のいうネガティヴ価値が、それ自体で独立的に肯定されることなどあってはならない。

さて、こうしたドゥルーズ思惟の一帰結の観点から、生起・原為と人間的実践（人為）・行為の関係をドゥルーズ・テクストに一瞥しよう。整理のための分類は、いちおう前記の、（ⅰ）生起を生きる、（ⅱ）生起を継承する、（ⅲ）生起を産出する、とするが、たんなる便宜上の分類で、おのおののひとつは他のふたつと重なり合う。

（ⅰ）生起を生きる

フランス人J・ブスケ（1897〜1950）は第一次大戦で重傷を負い、ほとんど全身麻痺のまま、以後三十年を優れた詩人として生きた[32]。事故（accident）としての負傷を、不本意にも耐えなければならない受難として受動的に受け取るのではなく、自らの人生・存在・実在をそれによって構成・形成していく生起（événement, Ereignis）として、生きた。ドゥルーズがブスケに捧げる「第二十一章（セリー）」は、ストア派の賢者たちへの敬意と重なって、大変美しい。原文は解りやすく、邦訳も二種[33]あるゆえ、詳しくはそれを読んでいただくことにして、ここでは紙幅倹約のため、ドゥルーズの説明の言とブスケ自身の言を、機械的に並記・付注するにとどめる。

「J・ブスケをストア哲人と呼ばなければならない。自らが身体深くに負った傷を、彼は自らの人生の永遠真理〔後注①〕としての純粋生起と理解した。〔……〕生起はわれわれにおいて〔事故として〕現実化（s'effectuent）〔後注②〕するが、また、われわれを待ち、われわれを求め、われわれに合図を送ってくる。〈私の傷は私以前から存在していた、私はそれを受肉すべく生まれたのだ〉。生起が呼び起こすこの意志へと到ること、われわれにおいて産出（se produit）〔後注③〕されるものの準-原因（quasi-cause）〔後注④〕となること」（LS. p. 174）。

「生起を生きること（les〔événements〕vivre）、それは自らが生起に値いするか試練にかけられていることを見出すということだ。いわば、生起は最良にして完璧なものを自分〔私〕のみから引き出さねばならなかったのだ、といわんばかりに」（ibid.）。

「生起を意志する（vouloir l'événement）とは、なによりもまず、生起から永遠真理を解き放つ（dégager）ということである」（LS. p. 175）。

「生起とは、到来するもの（ce qui arrive）（accident〔出来事《しゅつたいじ》〕）の謂いではなく、到来するものにおいてわれわれに合図（fait signe）し、われわれを待ち受けている、〔その〕純粋表現態（le pur exprimé）〔後注⑤〕の謂いである」（ibid.）。

「自らに到来するものに相応しくなること（devenir digne）、到来するものから生起を意志し解き放つ（en vouloir et en dégager l'événement）こと、到来するものに固有の生起の息子となること、それによって再生（renaître）し、自らにひとつの新たな誕生をもたらす（se refaire une naissance）こと、肉レヴェルの生誕と絶縁すること。生起の息子。生起の作品の息子ではなく。作品とは、それ自体、生起の息子によって産出されるほかないのであるから」（LS. pp. 175~176）。

［後注①］既述のところでの説明は省いたが、「真理」はドゥルーズでは主題化されず、特にドゥルーズ的に定義されているわけでもない。ただし、ハイデガーにおいて、知的・学術的・常識的レヴェルでの「思考と対象の一致・合致」としての「精確性」（Richtigkeit）真理（この次元での「明証性」の含意は、ハイデガーにはない）と、そのような真理を真理として明《あか》らしめる（いわば、思考‐対象、主観‐客観、思考‐思考、対象‐対象、存在‐存在者、真‐偽、……等にかかわる、分開‐光与‐動とでも意訳すべき）「アレテイア」真理、が区別されるように、ドゥルーズでも、「同一律を主宰する真理」と「アイオーン次元に成立する真理」との区別は潜勢的にあり、ここではむろん後者を前提としての、それ以上の規定はない、そのかぎりでいわば常識・良識的な、あるいはせいぜい「明証性」としての、真理、と見てよい。「永遠」も同様なところがあるが、「永遠回帰」の積極性から察すれば、これも「クロノス時間」との対比における「アイオーン次元」での在りよう、というより、「脱‐存在」（extra-être）としての、永続的な成存性（consistance）とでも、説明するほかない。

［後注②］生起との対比における、通常経験レヴェルでの事象だが、ここでは後者のみ原語並記の確認をおこなっている。

［後注③］この語は、現実レヴェルの事象にも潜勢態レヴェルからの生起にも使用されるが、この「第二部」ではむしろ後者のニュアンスで使用されていたに対し、この引用文では前者ニュアンスなので、あえて原語付記する。

［後注④］既述のところで、通常の物象は「原因‐結果」（cause-résultat）の因果関係（causalité）にあるが、意味は「準‐原因―結果・所産」（quasi-cause – effet）の〈effet〉である、とあった。ここではその「準‐原因」が人為と明記されている。意味が他の新たな意味の「準‐原因」になる（リンゴからリンゴの絵が生まれるわけではなく、リンゴの絵から新たなリンゴの絵が生まれる）ことも多く重要であるが、人為（リンゴの絵を描

く）も「準‐原因」に数えられうることにあらためて留意。これまで抑え気味に関説してきたが、ここでようやく人間実践を主題的に語れることになる。なお、最初にリンゴの絵を描いた者はどのような「準‐原因」によったのか、というよくある問題も提起されるかもしれないが、ドゥルーズ的にはすでに回答はなされている。リンゴとの長きにわたる意識的・無意識的な接触の中で、潜勢的に形成されてきたリンゴの姿が、或る臨界線を超えて、或る画家か或る前‐画家の描画作業のなかで、リンゴ像（リンゴの絵）へと結晶・現働化したのである。

［後注⑤］上記［後注①］で指摘を省いたが、「永遠真理」も、この「純粋表現態」も、あの「命題」を構成する物象的な三次元（dėsignation, manifestation, signification）態が担《にな》（tragen）う第四次元としての「意味」に該当する。〈manifestation〉（表明作用）とここにいう〈exprimation〉（表現態）の異同は、前者が、その命題が通用する一定の人間集団のなかで、それと確認されうる対象を指示（dėsignation）しながら、その集団で通用している既成言語の法則（signification）に則って、（命題の発言主体が）集団に理解可能な発言を成功裡におこないえていることを含意するに対し、後者は、その三次元を超える諸事象についても、語りえ、集団構成員たちの新たな理解力をも覚醒させながら、なんらかのかたち・度合いで、共通了解に向かっていく、その積極的な動きのなかでの、発言・理解されるもの、を含意する。

（ii）生起を継承する

既述最後の引用文の最後に、生起を生きる者は、生起の息子であって、生起の作品（œuvre）の息子ではない、とあった。しかし、われわれの大部分は、先人たちや人類史が産出した作品、つまり文化・文明の、あるいはそれを準‐原因としての、息子か孫たちではあるまいか。たしかに、それらの作品を通じてそれらを産出した生起にも間接的にながら接することもできるし、多少とも生起を生きることもできる。しかし、あくまでも作品を介してである。とはいえ、このことを卑下する必要はない。作品を享受してその生起を忘れることなく、自覚的にその生起を継承するという側面を重視しなければならない。

このわれわれ大部分の生起論的規定を、ドゥルーズは、あまりにも当たり前のことであるためか、一般論としては語らず、なんと、そういえば上記の「第一部」でも確認したように、A・アルトー流の演劇理論に賛同して、ただし、この「第二部」ではL・キャロル的に修正しつつ、表象（représentation）への否認から上演（représentation）の肯定へと転じて、演劇の俳優（acteur, actrice）をモデルに、考察してくれる。アルトーが生起を生きてそのシミュラクル・カオスに沈没してしまったとすれば、キャロル、ボスケ、や、演劇人たちは、他のほとんどすべての文化産出者たちとともに、シミュラクル・カオスとの闘いを戦い抜いて、その「表面」へと、「意味という第四次元」を開展してくれた。「すでに分解して忘れられつつあったイドラ・イデア・理念」、俳優にとっては自らが演ずべき人物像、を、そのあえかな名残りである〈l'idéel〉（準‐理念素）から再出発して、舞台表面に現働化・実働化してくれていることになる。

「俳優は生起を現実化（effectue）してくれる。ただし、生起が事物の深みで自らを現実化（s'effectue）するとは、まったく別のやりかたで、である。あるいは、むしろ、こういおう。後者における〔……〕物理的な現実化（effectuation）を、俳優としての独自の表面化作働（à sa facon, singulièrement superficielle）〔後注①〕によって二重化・重相化（double）〔後注②〕するかたちで、と。深みの物理的事象に新たな加工を施し（vient délimiter）、より明快、明確、純粋化して、なんらかの抽象線（une ligne abstraite）〔後注③〕を取り出し、生起のもっぱら基本輪郭（contour）と威光（splendeur）のみを成存させる（garder）〔後注④〕ように、である。自らに固有の〔自らを介して突き上げてくる、自らが演ずべき人物像の〕生起の〔息子というより、その生起を表象（représentation）して上演（re-présentation）する」俳優となること（devenir le comédian）、〔いわば、「現実化」というより〕〈対抗‐現実化〉（*contre-effectuation*）」（LS. p. 176）。

［後注①］「表面」概念については既述・上記を見よ。ここではこれらを踏まえて意訳している。〈singulièrement〉は、既述のところからすれば「特異」だが、ここでは「深み」と対比するだけのものなので、常識的に「独自」にした。筆者的には「独異」だが、奇異の観を与えてまで邦訳すべき箇所ではない。

［後注②］既述の〈c/t〉（c／t）の異次元‐重相動やバディウの〈S(♀)〉等、さらには本元《ほんもと》（？）のハイデガーの〈Sd/S〉（Seiende/Sein）[34]等、参照せよ。近代思想は〈c〉〈S〉〈Sd〉中心だったが、現代思想はほぼこの異次元‐重相性の立場を採り、ドゥルーズの「生起」も「現働化・実働化」（actualisation, réelisation）は「現実化」（effectuation, réalisation）なしでありうるわけではない。ハイデガーの〈Zwiefältigkeit〉にほぼ対応するドゥルーズの〈doublure〉概念もかなり重要である。

［後注③］「抽象線化」概念については、既述「第一部、注（41）③」、本書一四四、一四八、一四九頁、等を見よ。

［後注④］原文に〈consistance〉の語はないが、短い引用文で主旨をはっきり確認するために、文脈を超えて、こう訳す。通常の全文翻訳の場合と形式上違って悪いわけではない。

さて、この引用文の強調する「対抗‐現実化」（contre-effectuation）なるものを、われわれはしばらく以前から「現働化・実働化」（actualisation, réelisation）と、あえて造語の危険も冒して、否定形ではなく、肯定形で、言表してきた。ここでも変える必要はないが、とまれ「現働化・実働化」は、物質的・身体的な動態性ではなく、名優のいわゆる内面演技のような、意味次元での、脱‐因果論的な、準‐原因による、演ずべき人物像から俳優への、俳優から観客への、いわば生起‐継承・生起‐伝達としての、独自の作用力の謂いである。

なお、この生起‐継承・生起‐伝達は、われわれ文化・文明を生きる大部分の人間にとって根源的に重要な事態だが、俳優モデルは、十八世紀D・ディドロ以来の伝統的テーマであるとしても、今日からすれば、いかにもパリ・ニューヨークのプチブル・インテリ世界《ミリユウ》を想わせて、若い世代の大ライブ上演を加えてみても、その密儀的閉鎖性ゆえ、十分な考察モデルとはいえない。モデル・チェンジも必要である。

（iii）生起を産出する、生起を生起させる

生起を生きるものはその経験を命題化することによってボスケのように作品を産出し、そのように産出された作品を上演する俳優・演劇人たちもまた演劇作品を産出するが、われわれは生起そのものを産出する、あるいは、生起させる、こともありうるだろうか。〈Eventum tantum〉（原‐生起）はともかく個々の〈événement〉ならありうるだろう。だが、個々の〈événement〉が〈événement〉の名に値するのは、それが〈Eventum tantum〉（原‐生起）を個々のかたちで荷担（tragen）しているからである。そして、ボスケの作品も演劇人たちの上演作品も、そのような〈Eventum tantum〉（原‐生起）の荷担態（träger）である。こんどは、それゆえ、生起を生きる、生起を継承する、にたいして、生起を産出する、生起を生起させる、を、ドゥルーズがどう論ずるか一瞥してみよう。一瞥、というのは、ここでもなるべく理解しやすい具体例、それも一例に絞るからである。

ニーチェをめぐって、ドゥルーズは、こう記す。

①「ニーチェの発見は〔……〕前‐個体的で非‐人称的な特異態の次元、彼のいうディオニュソス的な、あるいは力への意志（volonté de puissance〔力からの意志、力としての意志、とも取れる〕）の、自由で制約されることのないエネルギーの次元、を開披し、開闢したことにある。もはや、無限なる存在者の固定的な個体

性（神の高貴な不変性）にも、有限な主体の定住領域（いわゆる〔人間的〕認識の有限性）にも閉じ込められることのない、遊牧民的《ノマド》な特異な在りようが展開するところ。個体的でも人称的でもない、なにか、特異な事態が、けっして差異なき深淵ではなく、ひとつの特異点から他の特異点へと飛び移りながら、骰子一擲のたびごとに断片化され再形成される一連の動きのなかでつねにその一擲一擲をなしていく、そのような次元。意味（sens）を産出するディオニュソス・マシーン、非‐意味（non-sens）と意味（sens）がもはやたんなる対立をなさず、なんらかの新たな言述作働のなかで相互に共存（co-présents）しあうようなところ。〔……〕哲学を刷新（renouveler）するはずの言述、意味（sens）なるものを、〔神や人間の言述主語の述語とはせず〕、独立（propriété）した、生起（événement）として遇する、そのような特異な言述」（LS. pp. 130~131）。「意味」をたんなる「述語」のままにするか、それとも、ひとつひとつ、独立の「生起」態とするか、そう「刷新」させうるか、微細な差異に見えて、決定的な差異のはずである。

②「純粋生起がそのたびに現実化作働（effectuation）のなかに閉じ込められるにしても、対抗‐現実化作働（contre-effectuation）が、つねに、その次のために、純粋生起を開放する。ドラッグやアルコールの結果（それらがもたらすという〈啓示〉（«révélations»）が、ドラッグやアルコールの使用とは別に、〔シミュラクル・カオスのどん底ではなく〕、世界の表面において、別途、生きられ（revécus）、再確保（récupérés）されうること、前者を誘引している社会的疎外の諸技術を逆転させて革命的な開示（exploration révolutionnaires）の方法へと変えていけば、そうなりうるであろうという希望（espoir）を、われわれは放棄することはできない」（LS. pp. 188~189）。「希望」は「産出」ではないが、「産出」への「希望」も、やはり「産出」への方向性を含意する。「社会的疎外の諸技術（techniques d'aliénation sociale）を逆転（retournées）させる」とは、われわれのドゥルーズ論のはじめから含意されていた、あのカントのいう「魂の技術」への「潜勢的‐生起動」「時‐空・力

動」の「現働化・実働化」の謂いである。「ドラッグやアルコールの〈effets〉としての〈啓示〉（révélations）」への参照は笑わせるが、「真理の論理学」ではなく「意味の論理学」を選択・提唱することが、正邪‐相交錯する人間的シミュラクル世界への相反‐相伴の勇気ある倫理学を含意することも、忘れてはならない。

③「われわれはおのおのの生起（événements）を永遠回帰の力へと高めて（élevons）いく」（LS. pp. 208~209）。人類文明史上の諸傑作が「永遠性」の面影を宿すとは、古来、比喩的にながら、つねに語られてきた。ドゥルーズ・ニーチェ的にも、われわれ人類は「到来するもの」から「生起」を引っ張り出し、後者との「意志的直観」による一体化を通じて、「永遠真理」への「飛躍」を目途《もくと》する。そのつどの「作品」に「永遠回帰」の静謐と力動性が漲ることも、奇跡や偶然ではない。

この種の生起‐産出の発想は、ニーチェ以外の多くのケースを契機にしても可能であろう。『意味の論理学』が発刊された一九六九年、つまりあの「五月革命」の翌年、筆者はパリ大学大学院に入学して以後数年をすごしたが、すくなくとも最初の一～二年は、ソルボンヌ校舎の学部哲学科は、ニーチェ諸講義の花盛りであった。もっとも、それ以前の国内の大学院においても、われわれは氷上英廣教授のもとでニーチェはわれわれが常日頃から吸う共通の基本的空気のようなものであった。しかし、あれからすでに半世紀が経つ。本著の最後にニーチェを掲げなければならなくなったなんらかの偶然には、今日のとくに若年の読者諸氏にたいして、いささか内心忸怩たるものがあるとも弁明しておかなければならない。

とはいえ、われわれの日々の営みのおのおのにおいて、存在の、意味の、真理の、万象の、原‐生起としての永遠回帰を、現実態との表裏一体の異次元‐重相性において、またその不断の差異‐反覆の力動性において、現働化・実働化していくとは、これまでの人類史の数々の優れた営みの本質をも説明して、十分妥当な発想のはずである。

結章　意味と創造

意味の産出、意味の生起、と語っても、ドゥルーズはこれまで、意味の創造、とは語らなかった。常識的に考えれば、①西欧キリスト教カトリック千五百年の伝統のなかでは、なんといっても、神による創造（creatio ex nihilo）や永遠なる秩序という先行観念が根強く、創造観念を安易に使用することは憚《はばか》られ、②哲学は、これまた本質的にすでに存在するものの永遠真理を問うて、創造よりも観照か逆に批判を先行させ、ために、創造は芸術とくに近現代芸術の専権事項の気《け》を帯び、③とりわけ、ドゥルーズを含む現代思想家の多くは唯物論的とは限定しなくともそれに近い境位に立脚するから、創造行為も自ずからその物象的な代替現象へと還元され、……等の理由から、これは当然ともいえるだろう。しかし、他方、ドゥルーズが評価するストア派哲学やキリスト教を媒介として古代ギリシャ哲学のいう永遠真理に対して神的意志による創造概念が導入されたと多少とも相似て、――H・ブルーメンベルクは、永遠なるイデアに則って世界創造をする『ティマイオス』のデミウルゴスに先立って、『国家』第十章がイデアをも創造する〈ピュトウルゴス〉神に言及しているというが、[35]

詳論はない――、今日、ニュートン流の定常宇宙論から二十世紀の宇宙創成論への転換と、それに前後する、諸学・諸思想（生成哲学、ダーウィン進化論、エネルギー物理学、時間論、歴史主義、生命哲学、生命科学、等）により、宇宙・世界の動態性が前提されるにいたって、神の、ならぬ、人間の、創造行為が、言語能力が脳科学の対象となるように、科学のみならず哲学の主題となって悪いことはない。ドゥルーズ自身、若年期に（ニーチェ以前に）考察したベルクソン哲学をめぐって、記している。ベルクソンは、人間深奥の記憶が身体能作の選択にあたって賦活・浮上してくるように、宇宙の新展開に応じてその潜勢的 - 記憶も新たに顕勢化していく、とした。「われわれ人間の記憶力が心身の刺激 - 反応の循環を利用してその諸思念を具体的形象へと有体化するように、社会の創造的情動は個人 - 社会の相互循環作用をまさしくその循環の閉じた円環を切断するためにこそ活用する。このような創造的情動（émotion créatrice〔é-motion, 動かす、駆動する〕）とは、人間をして人間に固有の次元と位相から開放し（libère l'homme du plan ou du niveau qui lui est propre）、世界と宇宙の創造の動きに適合する創造者（créateur, adéquate à tout le movement de la création）たらしめる、まさしくひとつの宇宙的 - 記憶能作でなくて、何であろうか。たしかに、この種の開放作働、この宇宙的記憶の創造的情動への有体化（cette incarnation de la Mémoire cosmique en émotions créatrices）は、天才や神秘的能力に恵まれた特権的魂（âmes privilegiées）の持ち主たちのものかもしれない。その力は、数々の閉じた砂漠を越えて、ひとつの魂から他の魂へと、遠くへ、さらに遠くへ、飛翔（saute）していく。だが、閉じた社会のあれこれの成員たちとて、この種の力へと自らを開く（s'ouvre）かぎり、〔……〕なんらかの開かれた社会、創造者たちの社会（société de créateurs）への企てに参与することになる。〔……〕われわれが開かれた創造的な全体へと参与するのは、知的な観照を通じてではなく、行動（agissant）と創造（créant）を通じてである。〔……〕たとえば、生命の澎湃たる活力としてのエラン・ヴィタルのような一個の有限にしてしかし開放的な神（un Dieu ouvert et fini) の協力者として、神秘に満たされた魂は、全宇宙の活力を活き、一個の全体の開起を再創造していく (reproduit l'ouverture d'un Tout) ……」(B. pp. 117~118. 途中、やや省略・意訳)[36]。

ドゥルーズに記憶論はない。現代存在論の一として、心奥‐記憶は――結局、カントの「魂の技術」も同様ということになるが――、心理主義への内閉を避けて、精神医学の無意識界からあの潜勢態の「時空‐力動」さらには「生起‐力動」へと「拡大集合」させられていく。この引用文のベルクソン思想はすでに最終主著『道徳と宗教の二源泉』のエラン・ダムール論なくしては不可能なのだが、ドゥルーズは後者の宗教的・詩的‐言表を一切避けて、『創造的進化』のエラン・ヴィタール語彙で語るに止めている。結局、二つの大戦を経て、神の死が歴然たるものになった戦後世代のドゥルーズにとって、ベルクソンの宗教的進化論よりニーチェの差異と反覆の永遠回帰‐動態へと戻って再出発するほかなかった。ニヒリズムの直中《ただなか》での耐忍の思想をストアの自己限定モラルの能作主義へと変換させるというかたちをとるほかなかったといえる。

創造観念は、これによって曖昧化する。『差異と反覆』の存在論より『意味の心理学』の実践論のほうが、創造問題について消極的むしろ無関心なのはそのためである。

(i) たとえば、こういう。「準‐原因は創造 (crée) しない。〈操作〉(«opère») する。そして到来するもの (ce qui arrive) しか欲さ (veut) ない」(LS. p. 172)。①既述のところによれば、「準‐原因」はたとえば優れた芸術家でもよかった。彼は優れた作品・所産・結果 (effet) を「産出」(produire) する。そのような「産出」は〈contre-effectuation〉(対抗‐現実化) とも記されていた。〈contre-effectuation〉が〈effet〉を「産出」し、〈effectuation〉は〈effet〉を「産出」しない、のはなぜか、よくわからないが、上げ足取りは止めにすれば、通常は、この種の「産出」も「創造」(création) という。②しかし、これを「創造しない」とし「操作する」とするドゥルーズ的理由も、むろん、よく判る。優れた作品の産出は人為のみによるものではなく、ドゥルーズ的には、「表象・延長態レヴェル」の「事物」を取り除いてその下に潜勢している原為としての「生起」さらには「原-生起」を「突出・噴出」(jet)・現働化させることにあるからだ。「取り除く」という「操作」をして、あとは「生起」をして「生起」たらしめる、ハイデガー流には〈Gelassenheit〉(慫慂作用)が決定的になる。しかし、常識的には、これも、あるいは、これが、「創造」というものだろう。③既述のところでは、「到来するもの」で十分ではなく、そこから「生起」を「解き放つ」(dégager)ことが必要だった。④「〔……〕しか欲さない」(意訳すれば、「欲することしかしない」等)は、したがって、誤文でなければ、先行する「創造する」の人為的能作性にたいする、たんなる相対表現にすぎない。結局、①~④からして、この一文は「創造」概念への肯定文である。ただし、ドゥルーズ流の換言も以下の数行にある。⑤ひとつは「生起を現時点におけるもっとも限定されたかたちで〈incarner〉(有体化する)」(LS. p. 172)であり、⑥もう一つは、このほうがよりドゥルーズに相応しいとも本著での解釈は思うが、「準-原因は物理的-因果関係を裏打ち〔異次元-重相化〕する(doubler)」(ibid.)である。⑦ただし、ドゥルーズ流儀をもうすこし詳述すれば、「現時点におけるもっとも限定されたかたちで」は、さらに二三の最上級形容詞も付されて、「世にいう現在のように未来と過去を混成させた現在ではなく、過去と未来がそこから下位分割(se subdivise)されていくアイオーン時間上の純粋現在において」(cf. LS. pp. 172~173)である。さらに説明を求められるとすれば、『意味の論理学』の第二十章(セリー)末の数頁を熟読していただくか、この本著では、「原-生起」の「意志的直観」が自らを「下位分割」しながら生起・開展させていく境域を、それはまた世にいう傑作の数々がそうであるはずであるが、追体験しえたときにのみ得心しうる状態とでもいうほかない。

(ii)ちなみに、直近のテーマでの何人かの研究者の見解を見よう。

①P・ホルワードの『ドゥルーズと創造の哲学』[37]は、題名からして「創造」であり、われわれの問題関心の

正当さを証明してくれているわけだが、あまりにもドゥルーズ思想のすべてを「創造」概念のなかに包み込み、冒頭から「ドゥルーズにおいては存在が創造性であり、〔……〕」などといわれると、ドゥルーズ思想は現代哲学における存在論的転回の一翼ではあるが、存在の哲学なのか、存在はドゥルーズ問題なのか、その他、疑義を覚えざるをえない。ハイレヴェルの力作であり、別途、入念に検討する予定であるが、ここでは省く。一点のみ記しておけば、筆者は、ハイデガーの〈Ereignis〉概念がどこから来るのか、思想史的淵源を探しているとき、本著がドゥルーズ哲学を、通常の哲学史がほとんど扱わないスコトゥス・エリウゲナ系譜に位置づけているのを見て、刮目した。ドゥルーズのみならず、現代哲学全般に重要な〈singularité〉概念にもかかわることなので、他日を期したい。

②J・ウィリアムズは、『差異と反覆』についても二六〇頁の解説論著[38]を刊行しており、『意味の論理学』についても『ドゥルーズ『意味の論理学』——入門、解説、批評[39]』である。だが、入門書どころか、それなりに重厚で豊饒な思考の書だが、創造問題についてはほとんど論じない。小さな二か所のみである。（a）「ドゥルーズのいう発生（genesis）とは、特異性とそれによって自己同一性を得た諸事象の力動連関の現出（émergence）であって、それらの誕生（birth）や創造（création）の謂いではない」（p. 125）。後二者が「無・零からの誕生」を含意するとすれば、前二者は「先行現象からの帰結」ということなのであろうが、〈creatio ex nihilo〉のみならず〈cratio ex ens〉も「創造」概念に含めるとすれば、「創造」概念も認められていることになる。（b）「思考とは固定的なプロセスではない。事象の構成諸要素連関（諸セリー）のなかに、自らを他の諸生起への連関のなかで再‐活性化（re-enacting）させながら創造作働（création）を導入していく、そういうプロセスなのである」（p. 176）。些末な事例だなどと解すべきでない。ドゥルーズ的‐創造作働の基本の基本がここにあるともいえる。ベルクソンにおいて、われわれのあらゆる行為は、それらが呼び起こす「記憶」の再‐活性化

によって支えられていた。ドゥルーズでは、そのつどの思考とその対象事象の諸要素連関は、その諸要素連関の連関点に、思考が他の諸要素連関とりわけそれらおのおのの中心たる特異点への関わりによって自己変容しながら新たな要素を挿入していく、その迅速な動きの差異と反覆の如何によって、刷新もされれば沈滞にも陥る。創造作働はむろん前者による。そのかぎりで、つまり〈creatio ex nihilo〉ではなく〈creatio ex ens〉によって、成されていくのである。（われわれにとっては、〈événement〉（生起）はともかく）、〈Eventum tantum〉（原-生起）は〈creatio ex nihilo〉に近い風情があるが、ドゥルーズには主題的な詳論はない。）

③二つの生起論のうち、F・ズーラビックヴィリ（F. Zourabichvili）の『ドゥルーズ、生起の哲学[40]』は、こう記す。「〈創造する〉（créer）は、なんらかの質料〔素材〕に形相〔形〕を与える、所与を表象する、所与について省察する、ではなく、〔個体化の地盤ともいうべき、漠然たる〕此のもの態（heccéités）——つまり、時間における反覆態（ritournelles）、結晶態——を、視覚的、聴覚的、言語的〔……〕な物質態のなかに、〈立ち上げていく〉（*dressser*）ことにある。ドゥルーズ語彙では、〈立ち上げる〉（dresser）は、外展（expliquer）させる、発展（développer）させる、の後継である。〈イメージを膨らませる〉（«Dresser une image»）〈人物形象を造型する〉（«dresser des Figures»）〈生起を賦活する〉（«dresser l'événement»）というように。意味（sens）は、なんらかの現実的活動（une actualisation）の対象ではなく、〔動詞の時制・人称変化のような〕或る屈曲変化（*réfraction*）、なんらかの二次的に創出（crée）された記号の〈連続的かつ可変的な生誕〉の対象（結果）なのである。〈立ち上げる〉とは、現実的活動（actualisation）を中断して（ドラマや無限運動のような）潜勢的な部分をそこから開放すること、外展作働（explication）の動きそのものを反覆するの謂いである」（pp. 123~124）。急いで付帯的なことを注記すれば、ドゥルーズは既述のとおり〈réalisation, effectuation, actualisation〉を必ずしも明確な定義づけをもって使い分けることをしているわけではないので、ここでの著

者ズーラビックヴィリと筆者の〈actualisation〉の理解と訳語は、外観上、真逆のものになっている。筆者は、既述「第一部」の典拠をもって「潜勢態から現実界へと前‐意味を意味へと現働化する、あるいは生起を（現実態と異次元‐重相化するかたちで）現働化する」をもってドゥルーズ的‐実践の中軸としているが、これはズーラビックヴィリ的には「（生起を）意味へと立ち上げる（dresser）・外展化（expliquer）・発展化（développer）させる」に当たる。いずれが正か誤かの問題ではなく（たとえば、下記のレオナード著p. 170に〈créative actualization〉という言表もあり）、いずれもドゥルーズ的‐創造概念の積極面と内実規定に迫ろうとする試みと見られたい。

④もうひとつの生起論研究、S・ボウデンの『生起の第一義性――ドゥルーズの『意味の論理学』[41]』は、どうやら「創造」問題には関心を示していない。むしろ、別種のこれまた直近テーマの、V・ムーラード＝レオナード著『ベルクソンとドゥルーズの出会い――超越論的経験と潜勢態への思惟[42]』のほうが、「索引」には指示が多いが、すくなくとも一か所で、われわれにとって重要な指摘・論述をおこなっている。いわく。「ドゥルーズは〈創造〉（création）と〈産出〉（production）を区別する。ベルクソンにとって哲学的思考のモデルは創造的努力（à creative effort）であるが、ドゥルーズの見るところ、有機体論的（organic）‐意志活動（à voluntary activity）の域に止まっている。これに対して、ドゥルーズはプルーストの〈文学機械〉（Literary Machine）から想を得て、思考を非‐有機体論的（inorganic）・非‐意志的作業（involuntary work）、機械的生産（machinic production）に結びつける」（p. 148）。われわれはドゥルーズのプルースト論は参照しなかったが、実在の潜勢動態における自己構造化的‐自己生起動の展開・蓄積・自己刷新を精神分析学のいう無意識機構の自成的作働に擬すとともに、「ディオニュソス機械」（machine dionysiaque）なるものをドゥルーズ後日の「欲望機械」（machine désirante）への展望のなかに位置づけた。ドゥルーズ／レオナードが「生産」と「創造」を

区別し、「創造」なき「生産」を主張するとすれば、われわれはドゥルーズ的「創造」の「産出」的‐側面を上記のように重視するとともに、意志的‐創造と機械的‐生産のみならず、意志的（産業的）生産とそれを一部として含む全人格的‐（たとえば、社会・世界）創造、両者の双方を包摂・可能にする、レオナードが重視していない、生起さらに原‐生起の全実在にかかわる投与動も考量・重視し、最終的には、かっての神による創造に代えて、原‐生起の投与動にこそ、創造作働の真髄をみる。

（ⅳ）ドゥルーズ・テクストに戻ろう。『意味の論理学』は、「創造」という語を、ほぼ無頓着に何度か記すほかは、筆者の判断するところ、重要な箇所ではおそらく一度しか使用していない。そして、この文章は以下に引用するが、三つの問題を孕んでいる。①「創造（する）」（créer）という語を、ここでも特別のものとして使用する様子はなく、これもかなり無頓着な使用に見える。しかし、これによって、この語をドゥルーズ思想に適用可能であるとの結論もえられる。②ひょっとすると、「創造（する）」を「産出（する）」と区別して使用しているのか、という印象もある。しかし、その指摘・示唆はなく、やはりかなり無頓着な使用に見える。区別、その重要性は断るまでもないことなので、あらためて指摘などしていないのだ、ともいえるかもしれないが、他のどの頁にも説明はなく、哲学者の文章としては、不自然と思われる。③これまで、われわれは「意味〈を〉産出・創造する」を中心に論じがちで、「意味〈が〉産出・創造する」は、マルローの「ひとはリンゴを見て画家になるのではなく、リンゴの絵を見て画家になるのだ」という指摘を例に、「リンゴの絵」がまだ存在していなかった時点で「リンゴの絵」を初めて描いた人間の描出過程をペギーやスタンダールの結晶理論をもって説明するとともに、とにかく一応触れるに止まった観がある。ここでは、あるいはドゥルーズはつねに、前者には「産出する」（produire）を使用し、後者には「創造する」（créer）を使用するのであろうか。だが、そうだとすると、「模倣」をすら「創造」といわなければならないことになる。……とまれ、問題の文章は、こうである。「意味（sens）は、それを産出（produit）し表面へと配与した〔既述参照〕準‐原因との関係で捉えられるや、この〔準‐原因という〕準‐理念的（idéelle）な原因の力（puissance）を、継承し（hérite）〔既述「生起を継承する」を参照〕、分担し（participe）、さらには、包摂し（enveloppe）、所有（possède）することになる。われわれはこの準‐原因がその所産（effet）の外ではなにものでもなく、所産に憑依し、所産との内在的な関係を維持すること、そして、そのことが、その所産（produit）をして、所産であると同時に、なにやら産出者（producteur）であるようなものにすることを、見た。意味の本質的に所産（*produit*）的な性格に再考の余地はない。決して根源的（originaire）ではなく、つねに、原因に依拠（causé）して、派生的である。とはいえ、この派生性は二重性格（double）のものであり、準‐原因の内在性との関係で、〔後者の力を継承・分担・包摂・所有するがゆえに（上記）〕、さまざまの道（chemins）を創造（crée）し、それらを辿り、分岐させていく」（LS. p. 116）。上記三つの問題は、解決されたであろうか。すくなくとも建設的な解決の方向性は見えている。①われわれは「意味〈を〉産出する」を追ってきたが、②「意味」は、「準‐原因」の「所産」（produit）であると同時に、「準‐原因」の「力」（puissance）を「継承・分担・包摂・所有」して「産出者」（producteur）でもあり、③それゆえ、われわれは「意味〈が〉産出する」にも、ただし、あるいは、しかも、「意味〈が〉創造する」として、おのずから到り着く。上記三つの問題は一直線に連結している。念のために確認の付言をしておけば、①「原因」からの「準‐原因」の成立にあたってはすでに——物象的原因のほかに——「準‐理念」（idéelle）（LS. p. 115, 他。既述）的なものが作用しているのであるから、ここでの発想は文化・文明に関するあの唯物論的な自動的‐自己展開の論に与するものではない。②それより重要なのは、ここでの「産出する」と「創造する」が共に「生起する」において成立し、「準‐理念」からの作用とは、上記「第一部」の『差異と反覆』を踏まえて考察すれば、「意志的直観」において断片的にとはいえ奪還されるあの

「原-生起」の力動性の謂いであろう、ということである。

（ⅴ）『意味の論理学』は、「創造」の語を使用すること少ないが、このように敷衍すれば、立派に産出・生起・創造の論である。二文のみ例挙する。

①精神分析学は、潜勢的-実在動を論ずるにあたって重要な思考モデルであるが、こう記される。「精神分析学一般は生起の科学（science des événements）である。〔……〕精神分析学は、事象の諸状態、それらの深部、それらの混成、それらの能動作用と受動作用、に鋭い光を投げかけるが、それは、〔それらの事象そのものよりも〕、そこから結果的に現出（émergence）してくるもの、〔それらの事象とは〕別の性質の生起（événement）へと到着するためにである。〔……〕生起は、この現実的活動（effectuation）が達しえぬところ、物象的因果関係が産出しえない部分に、潜動（réside）する。〔……〕しかし、生起が対抗-現実活動（contre-effectuation）となるのも、ここにおいてであり、われわれの至高の自由が定位し、それによってわれわれがついには〔……〕さまざまの現実活動（effectuations）と因果関係の主人（maître〔支配者〕）となるのも、ここからである。〔……〕精神分析学は、生起の科学として、ひとつの、対抗-現実活動、昇華作用、象徴化作働の、技術（art〔芸術〕）なのである」（LS. pp. 246~247）。またしても、あの、「魂の技術」と「生起の力動」の問題である。ここにいう「対抗-現実活動」（contre-effectuation）が、否定表現好みの現代フランス思想の悪癖（?）を拭ってみれば、われわれのいう創造営為であることはいうまでもない。

②もうひとつは、この著の主要参照系となっているL・キャロルの（少女モデルでアブナイ観あるもそうではないとドゥルーズ／キャロルのいう）『不思議の国のアリス』の哲学的講釈の弁である。「〈をんなのこ〉とは何か、作品はこのような問題に答えるためのものではなく、〔〈をんなのこ〉を主人公にして〕問わざるをえなかった特異な生起現象（événement）を喚起し構成してみるためのものである。」「思弁的専心は対象か

ら生起事象（événement）を解き放ち、対象を対応する生起事象のたんなる随伴事象（concomitant）となす。」「ブランショ流にいえば、見えるものを見えないものへと高めること。さまざまの症候が出没し現実的決定がなされる物象的表面（surface physique）から、純粋生起が出来《しゅつらい》する形而上学的表面（surface métaphysique）へと移ること、症候事象の原因（cause des symptomes）から作品の準‐原因（quasi-cause de l'œuvre）へと赴くこと、それが芸術作品としての小説の目的である。〔……〕或る表面から他の表面への飛躍（saut）」（LS. pp. 277~278)。「飛躍」もまた「生起・創造・産出」の一構成要素である。あるいは、「飛躍」こそ、「見えうる」或るから「見えうる」他への「見えない」「間」の「生起‐動」そのもの、その真髄、である。「見えない」を強調するとそっぽを向かれるので「見える」かのように論じてきたが、ここで「見えない」も忘れずに強調しておかなければならない。ただし、この「見えない」はあくまでも「見える」の相反‐相伴（concomitant）事態（doublure）としての「見える」であるところの「見えない」である。①の心内事象についても、②の文化事象についても、もっとはっきりいってしまえば、①の人間の新‐創造をめぐっても、②の文化の新‐創造をめぐっても、同じといっては行き過ぎだが、ほぼ同様のはずである。

『意味の論理学』は今日の「われわれの任務（tâche）」を「意味を産出すること」に見ている（LS. p. 91)。いまや「意味を創造すること」と言い換えてもよいであろうし、「創造的な意味を生起させること」と言い換えてもよいだろう。あるいは、さらに、「意味や事象に原‐生起のダイナミズムを異次元‐重相化させていくこと」と言い換えてもよいだろう。この後《あと》、わが国の若い世代は、構造主義や脱構築思想の影響で「意味」を嫌い、「意味への抗い」とか「意味という病」とか等の成句が流布したが、後二者は結局「良識・常識・通念」(bon sens. sens commun. 良い意味、共有の意味、等）や「徒《あだ》な思念・想念・観念」(idée）のことで、ドゥルーズはこれらはじめから同一律思惟の残滓として、相手にしていない。『意味の論理学』は、これまでの哲学史上ほとんど唯一の最良の意味考察書であり、構造主義や脱構築思想によって粉砕されて終わる態のものではない。ここでの考察の収束と、これからの新たな出発に向けて、もうひとつ引用しておこう。

「意味は、発見すべきものでもなければ、復興させたり再‐採用したりするものでもない。意味は、われわれの時代の新たな機械装置（nouvelles machineris）をもって産出すべきものである。意味は、高みにも、深みにも、属しておらず、表面上の結果現象（effet）〔……〕である。意味が深みや高みに欠けているからではない。深みや高みのほうが、表面、意味に欠けているのである。われわれはもはや宗教のいう〈起源の意味〉が、人間が裏切った神にあるのではないか、あるいは、神の似像へと疎外されたひとりの人間〔アダム？〕にあるのではないか、などとは問わない。〔……〕われわれは、フロイトのなかに人間深層や起源の意味の探検者など求めることなく、意味を産出（produit）する、つねに非‐意味の函数（en fonction du non-sens）において産出する、無意識の機械機構（machinerie de l'inconscience）の非凡な発見者を見る。〔ニーチェにしても同様である〕。〔……〕われわれは、われわれの自由と現実活動の場が、神の普遍性や人間の人格性ではなく、われわれ自身以上にわれわれのもの（nôtres）であるあのさまざまの特異態（ces singularités）にこそあることを、感取しないだろうか。〔……〕われわれの前‐個体的で非‐人称的な〔つまり第四人称としての〕諸特異態（singularités）をして語らしめ、要するに意味を産出すること、それが今日の任務である」（LS. pp. 90~91）。構造も脱構築‐差延律も意味の産出である。ただ、自我の前‐個体性への解体であり集合的自我の非‐人称性への解体であっても、第四人称の提示までには至らなかった。第四次元と第四人称の対合の現働化において、ドゥルーズに一分《ぶ》の歩を認めることができる。

（了）

注

第一部

（1）　「創る」はここでは「つくる」と読むことにする。意味内容は常識のいう「創造」であるが、「作る、造る」等もその一部とする。文脈・論題に応じて、前者を「創出」「創成」等と言い換える場合もあり、後者はむろん「製作、制作、作成、製造」等とも言い換える。現代欧米哲学は、かって中世の「神による創造」や、近代の「天才による創造」を避けて、「生産する、産出する」といういわば没‐価値的・唯物論的な言い回しを心掛ける傾向にあり、本著もこれを尊重するが、さりとてこの種の脱‐人間主義的‐還元で済むとも思われず、本著も現代思惟の存在論的転回を重々踏まえたうえで慎重に人間能作の如何を問い直すかたちになっている。

（2）　ヴィーコの主著は、むろん、*La Scienza nuova*（『新しい学』）, 1725, であるが、このことの知識は、I・バーリンの「ジャンバティスタ・ヴィーコと文化史」、福田他訳、『理想の追求』、バーリン選集4、岩波書店、一九九二年、に負う。ヴァレリのこの言は、もともと、ピンダロス詩句からの引用で、有名な詩 *Le Cimetière marin*（『海辺の墓地』）, 1920, のエピグラフをなしていたが、版によっては削除される。理由は不明。ハイデガーにおけるヘルダーリンを連想させて、個人的には、筆者のお気に入りの銘句の一である。

（3）　「人為」という日本語はあるが、ここではこれを存在論的に広範に使い、これに準じて「神為」という語も造語し、通常は、「人為」「神為」以外は「自然の成すところ、自然による所為」、現代思想では「無意識界の機械機構の産出するところ」、ということになるが、今日では宇宙科学の驚異的な発展によって「自然」概念も広義化していることから、これらをすべてひっくるめて、とりあえず、「原為」とする。すべての「為」がそれによって成立するところ（もの、こと、言葉による規定などおそらく不可能な）、……。ただし、本著はこうした抽象語を乱発するものではない。

（4）「哲学（史）」「思想（史）」「精神（史）」「思考、思惟」等の語は、常識的な理解の範域内で、柔軟・広義に使う。必要があれば別途定義するが、ここでは省く。

（5）拙著『デリダ　脱-構築の創造力――メタポリアを裁ち起こす』、水声社、二〇一七年、参照。デリダ思惟が旧来の哲学思惟が無自覚的に孕んでいたさまざまのアポリアを鋭く剔抉していくことは周知のとおりであるが、「アポリア」、日本語で「袋小路」、フランス語で〈non-passage〉（通路（passage）-無し（non））は、デリダ自身の指摘するところ、人間主義的思惟・同一律的思惟の「歩み」（pas）では「通過」（passage）「しえない」（non）臨界線を含意し、それを「超え」（passage）ていくところにデリダ的思惟が成立する。「アポリア」、ギリシャ語では、「ア（a-, 無し）-ポリア（poria, 道）」、それを「超え」（メタ）ていく「メタ-アポリア」（met(a)-aporia, méta-poria）思惟としてのデリダ的-差延律-思惟、……。なお、下記「経験」概念も参照のこと。

（6）このマイモンの言辞の出典は不明となってしまったが、内容的にはいわゆる超越論哲学についての常識的な定義で、ここで引用するのはマイモンが超越論哲学の本旨についてカントやわれわれと同じ理解から出発して思惟している（いた）ことを確認するためにすぎない。出典は放念して差し支えない。

（7）Kant, 'Brief an Markus Herz', den 26, Mai 1789. *Immanuel Kants Werke*, Bd IX, *Brief von und an Kant*, Heraus gegeben von B. Cassirer, Erster Teil: 1749-1789, Verlegt bei B. Cassirer, Berlin, 1918, pp. 415-421. 邦訳、『カント全集』、岩波書店、第二十一巻、「書簡I」、二〇〇三年。

（8）E・カッシーラー、『認識問題――近代の哲学と科学における　3』、みすず書房、二〇一三年、九三頁、E. Cassirer, *Das Erkenntnisproblem* Bd. 3, Verlag B. Cassirer, Berlin, 1923, p. 94.

（9）カントの『純粋理性批判』のいう「物自体」とは、「限界」概念なのか、「原因」概念なのか、という議論は、当初からあった。「原因-結果」が悟性のカテゴリーにすぎないとすれば、「物自体」はそこから外《は》み出すゆえ、「原因」概念ではない。しかし、「限界」概念であるとすれば、「直観」との関係はどうなるのか。「物自体」など曖昧であるから放棄しよう、とは合理主義哲学のなすひとつの選択であろうが、しかし、そういう曖昧な「物自体」を排除しても、「直観」という「合理の外」は残り、「所与」性の問題はますます露わになる、ということである。

なお、すこし先走っていってしまえば、「直観」を「外的な原因」としての「物自体」の「結果」などではなく、「限界」概念（としての「物自体」）の手前での「内的発生」において捉え直せば、ひとつの解決は得られる。マイモンはそれを示唆し、ドゥルーズは、まずはカントにおける「諸能力」の「発生と協成」においてそれを証明し、ついで、（マイモンもそのはずであるが）、当時の新たに登場してきた「合理」としての「微分‐動‐学」によってもうひとつ新たな「発生」論的捉え直しを行い、最終的には、これをさらに「差異」論的に捉え直すことによって、マイモンをも超える、……、これがわれわれのここでのドゥルーズ理解である。先の『創造力の論理：テクノ・プラクシオロジー序論』（創文社、二〇一五年）のカント理解では、ドゥルーズなしの旧勉強の結果として、『実践理性批判』のいう「第一起動態」（der erste Beweger）等を「物自体」と重相させて、解決にあたった。間違ったとは思われないが、とまれ、今回、ドゥルーズ／マイモン（そして、また、いつものカッシーラー）に新しく勉強させてもらったことになる。

〈追記〉校正時に思ったが、この「第一部・第一〜二章」は、一般読者には煩雑で読みにくいかもしれない。論の重要な一起点なのだが、「第三章」からは読みやすくなるはずで、ここは「飛ばし」てくださってもよいと思う。

（10）E. Cassirer, ibid., p. 90. 同上、八九頁。

（11）現代フランス哲学と「発生」概念を巡って、身近なところに、次の論稿がある。森秀樹、「デリダ哲学における発生の問題」、『兵庫教育大学研究紀要』、第二十二号、二〇〇二年三月、八五〜一〇〇頁。

（12）S. Maimon, *Versuch über die Transzendentalphilosophie*. 一七八九年、完稿。同年、カントにも寄贈。刊行は一七九〇年。

（13）D. Voss, *Conditions of Thought, Deleuze and Transcendental Ideas*, Edinburgh U.P., 2013. 以下、引用にあたっては、CTh. と略記。独立三稿も本著に、第一〜三章として統合。なお、邦訳一篇あり、D. Voss, 'Maimon and Deleuze: The Viewpoint of Internal Genesis and the Concept of Différentials', *Parrhesia*, No. 11, 2011, pp. 62~74, 小嶋恭道訳、ダニエラ・フォス、「マイモンとドゥルーズ――発生の観点と微分の概念」。内実ある立派な翻訳だが、インターネットからプリントアウトしたため、掲載誌等、不詳。

（14）〈imagination〉のカント原語は、〈Einbildungs kraft〉で、筆者はカントの場合はおおむね「構想力」と訳すが、フランス現代哲学の場合は、サルトル以来の伝統もあり、ドゥルーズにおいても、いちおう「想像力」と訳しておく。

（15）邦訳の便宜上、表記の仕方、やや変更。むろん、原文を尊重。

（16）上記書簡、参照。

（17）'Qu'est-ce que fonder?', 1955.

（18）*La Philosophie critique de Kant*, 1963.

（19） 'L'Idée de genèse dans l'esthetique de Kant, 1963.

（20） 'Sur quatre formules poétiques qui pourraient résumer l'ensemble de la philosophie kantienne'.（執筆年不明）

（21） 略記号 ID. は、次のドゥルーズ・テクストを示す。G. Deleuze, *L'Ile désertes. Textes et entretiens*, 1953~1974, Ed. de Minuit, 2002.

（22） 略記号 PhCK. は、次のドゥルーズ・テクストを示す。G. Deleuze, *La Philosophie critique de Kant*, PUF, 1963.

（23） 「可能性の条件」という発想へのこの種の批判はドゥルーズ・テクストのあちこちに散在しており、ここにメモした以外にももっと好適な指摘文言がある（あった）かもしれないが、とにかく、大々的な主題化はなく、内容的にはここに筆者が約言したような発想である。研究者たちの指摘としては、たとえば、S. Bowden, *The Priority of Events*, Edinburugh, 2011, p. 46, などが、役立つか（本書、二九九頁、参照）。また、ドゥルーズ自身も、後年には「可能性」概念をもっと緩やかに理解するようになる。それ以前に、われわれとしては「可能性」とはわれわれの指摘するように相当に未来性を孕む概念ではないかといっておきたい。ちなみに、本件についてのデリダの対応も、上記拙著『デリダ』の、一八七、二一五、二二九、二八二〜二八七、二九二、二九八、三三九頁、等が詳述している。三三九頁が示すように、この目下の論稿は、現代哲学の命運を賭けて、デリダ思惟との深い連結のなかにあるといってよい。

（24） D. W. Smith, 'Genesis and Différence: Deleuze, Maimon, and the Post-Kantian Reading of Leibniz', Ed. S. Juiner et al., *Deleuze and the Fold*, Palgrave Macmillan, 2010, 等、参照。

（25） 拙著『差異と協成――B・スティグレールと新ヨーロッパ構想』、水声社、二〇一四年、参照。

（26） 既述したと思うが、カントは「思惟、思考」（denken）と「認識」（erkennen）を区別する。一般論からしても、「科学」は「認識」するが、「哲学」も「科学」も「認識」に先立って「思惟」し、後者が「仮説」的に機能し、「科学」によって実験的に証明されて「認識」になる、というケースが多い。デカルトが「私は考える」といって、神のみが創造者として「思惟」し「認識」もしているはずの世界を、「認識」に先立って、「認識」に向かって、「思惟」しはじめるにあたっては、自らの、哲学者としての（?）、〈vis ingenii〉（天与の知力）への、（多分に無自覚的な）信頼・自信が前提にあった。ここでのドゥルーズも、以下、たとえば、「認識」され（てい）ないはずの「潜勢態」（le virtuel）について語るとき、追って、次第に、たんなる「思惟」にたいして「思惟すべきものを思惟する」とか、「想像すべきものを想像する」を区別し、最終的（?）に「第二部」にいたって「意志的直観」論を示唆するにいたるまでは、どうやって、「認識」しえないはずの「潜勢態」について（あたかも見てきたかのように）語りうるのか、哲学にあるまじくも近年流行の無意識・微粒子-圏域にかかわる精神医学・ミクロ物理-生物学の方法論と成果に断りもなく依拠しているということなのか、判じかねるところがあるが、われわれ（筆者）はこの段階でのこのドゥルーズ「思惟」を、カント「思惟」とともに、ドゥルーズ自身の使用するこの〈présumer〉（推定する。あらかじめ prae, 概略的に summarius）概念をもって処理することにする。

(27)　「理念の現前化（présentation）」というこの語は、このあと、ドゥルーズ思想にも使えそうな傾向もみせるが、厳密にはカント思想解説のためのドゥルーズ語であるにとどまる。ドゥルーズでは、〈présentation〉という語が肯定的に使われることもある（下記参照）が、最終的には、重要な事態は「潜勢動」（le virtuel）において出来《しゅったい》するのであり、われわれは「理念の現働化（actualisation）」とはいうであろうが、「現働化（actualisation）」と「現前化（présentation）」は同じではない。

(28)　〈singularité〉は、通常、「特異性」と邦訳されるが、この語は現代思想ではたんなる「特別な」や「異質の」等とは別種の、簡単には説明しきれない強烈な意味を賦与されている。筆者は通常は「独異性」と造語して訳すが、このドゥルーズ論では物理学や数学の「特異点」概念の延長線で使われるので、以後、なるべくこの風習に則ることにする。

(29)　「哲学（史）」「思想（史）」等の名辞には拘泥せず柔軟に対処すると既述したが、「概念」「観念」についてもほぼ同様である。ドゥルーズは中期以降は「概念」という語も頻用するが、初期二著では「概念」の語は避け、「観念」のほうはプレファーする（cf. DR. p. 364）。われわれのこの稿も初期二著に取材しているので、ドゥルーズのこの意を尊重するが、一般用語としては便宜上ときどき変更させてもらう。

(30)　M. Heidegger, *Identität und Differenz*, Neske, 1957, p. 11.

(31)　上掲拙著『デリダ』、九八頁、他、参照。

(32)　われわれの身近なところに、つぎの論稿がある。檜垣立哉、「〈差異〉の差異――ドゥルーズとデリダ」、『大阪大学大学院人間科学研究科紀要』、第二十八号、二〇〇三年、八一～九三頁。われわれのここでの差異概念とは直接は関係しないが、差異概念一般の理解として役に立つ。

(33)　上掲拙著『デリダ』、九五頁以下、他。拙著『現代を哲学する：時代と意味と真理――A・バディウ、ハイデガー、ウィトゲンシュタイン』、四〇頁⑤以下、他。

(34)　M. Heidegger, *Zur Sache des Denkens*, Max Niemeyer, 1976, 他、参照。

(35)　〈Es gibt Sein und Nichts〉の〈Es〉は最終的には〈Licht-ung〉であり、この後者はなんといっても脱-人間的な神秘的-静寂主義（quietisme）に陥るほかない。実は、そこに真と偽を見て、われわれ（筆者）は〈Licht-ung〉の根源的-動態性（-ung）からの人間的実践への再帰・再起・開起・新起の途を探索している。

(36) 上掲拙著『デリダ』で、筆者は、長らくデリダ・テクストをめぐって熟考してのち、デリダ的〈Es〉に、アルトーのいう〈Âtre〉へのかかわりを確認しながら、最終的にはメシアの面影を感得せざるをえなくなった。それもひとつの重要な方向づけであるが、もっと別の方途もありうるのでは、……? ということで、目下、ドゥルーズを追考している。

(37) 上掲拙著『創造力の論理：テクノ・プラクシオロジー序論』からはじまる研究のこと。

(38) 右掲拙著、第一章「基準の創定、世界の賦活――カント」、五五頁以下、「構想力と理念」、他、参照。

(39) 拙著『意味と脱-意味――ソシュール、現代哲学、そして……』、水声社、二〇一八年、第二部、V「外の思考――フーコー」、二二〇頁以下、他。

(40) 「(理念)観念」ではなく「(理念)概念」といいたいところであるが、この期のドゥルーズは〈concept〉(概念)という語を嫌い、〈notion〉(観念)という語をプレファーする(DR. p. 364)ので、これを尊重し、以下も同様とする。ただし、ドゥルーズ自身も、中期以降は「概念」という語もポジティブに使用する。日本語の訳し分けも、そろそろ、つまりわれわれの範であった近代哲学からの脱皮の今日に、考え直す必要があるのかもしれない。

(41) 「規定」はドゥルーズでは「表象」レヴェルでおこなわれるはずであるから「規定なき表象」とは通常の理解では矛盾であるが、「それなりに含蓄の深い」と尊重したのは、つぎの理由による。①「パラドクサル」(逆説的、異説的)事態はドゥルーズにはよくあることゆえ、これもその一として、聞き流せること。②すぐ下記のところに考量したように、〈représentation orgique〉(根源的表象、始源的なレヴェルでの再-現前化)というそれなりにドゥルーズ的な「観念」も二三度は言表されており、そのたぐいの事態とも解せること。③別処(本著、一四四、一四八、一四九頁、等)で見られる「もっぱら抽象的な直線による表象」の類いとも、見なしうること(「線」による表象はドゥルーズの芸術論でも基本的な方法である)。なお、④現象学的には、ハイデガーのいう(フッサール的〈Ur-stiftung〉に先立つ)「先行的了解」(vor-verstehen)や「不安レヴェルでの存在了解内容」に該当し、不可欠的に重要な位相である。筆者も「漠然たる了覚内容」(「了解」以前の段階での「了覚」)として、変更しながら借用してきた。ドゥルーズの認める精神医学でも、同様な事態は、誤認・妄想等を含めて、多々診られるはずである。⑤ここでは、ドゥルーズが、プラトンやカントの「理念」と異なり、「現前的・再-現前的」世界のいわば基盤としての「潜勢態」を「理念」とするにあたって、この「規定なき表象」と(ただ一度のみだが)言表していることが、右述の①②③を含意するものなのか、さらには、④問題へのドゥルーズ的解決を示唆するものなのか、さまざまに考えさせて、意味深甚だということである。⑥ただし、以下の記述では、われわれは(も)、混乱のないように、「理念(規定なき非-表象)vs表象的思考」の二元論で押し通す。

(42)　『差異と反覆』では、「直観」という語は、すくなくともポジティブには、使用されない。「潜勢態」とその〈présumer〉では、「直観」の出る幕はない。ただし、以下「第二部」の『意味の論理学』では、ただし、これも［後注］部分でG・ギュルヴィッチ著に依拠するかたちでであるが、「意志的直観」（intuition volitive）という。われわれはこれを重視して、以下、「第二部・第二章・第三節」のように詳論してのち、ドゥルーズ思惟理解のために、この語をポジティブに使用することにする。

(43)　上記拙著『デリダ』、一八五、二二六、二六七頁、他、参照。

(44)　〈profond〉（深さ）という語は、「第二部」で扱う『意味の論理学』ではしだいに避けられ、一見逆の〈surface〉（表面）が主題化されるにいたる。われわれ流には、「潜勢動」が「現働化」することによる。一般常識からすれば、いわば「前-意味」状態から「意味」レヴェルへの移行による。

(45)　精神分析学や無意識概念を引き合いに出すことは、哲学思想研究上は、いささか安易に思え、本稿ではなるべく言及しないようにした。しかし、「潜勢態・潜勢動」を語るにあたって、両者を参照することは、やはり、便利ではある。理解のための方便としては有益である、という意味で。

(46)　例えば、NHK-TV、山中伸弥氏、タモリ氏による『シリーズ 人体 神秘の巨大ネットワーク』等を参照。

(47)　拙著『正義、法-権利、脱-構築――現代フランス実践思想研究』、創文社、二〇〇八年、第二部、III「理性の二つの顔：自同性&自異・自乗性――デリダと「実践」の思想」、参照。

(48)　ドゥルーズ語では〈singularité〉とすべきものかもしれない。

(49)　これも〈singulière〉か。

(50)　略記号CC.は、次のドゥルーズ・テクストを示す。G. Deleuze, *Critique et Clinique*, Ed. de Minuit, 1993.

(51)　この語（événement）は「第二部」で扱う『意味の論理学』では重要概念として主題化され、われわれの本稿も訳語に気をつけるが、この「第一部」の『差異と反覆』ではほとんど主題化されない。ここではたんなる一般用語として、訳しおく。

(52)　ハイデガーの最終語は〈Licht-ung〉である。ただし、目下、当方のハイデガー理解においてであり、ハイデガー研究界での前提的な了解事項なのではない。拙著ハイデガー諸論稿参照。ハイデガー自身の論稿としては、とくに、*Zur Sache des Denkens*, Max Niemeyer, 1996, 等、参照。創文社版の邦訳全集にも所収のはず。

(53)　昨今クローズアップされてきた思弁的実在論・超越論的存在論では、この種の場合、「存在が自らを人間のほうに提供してくる」（〈affordance〉）とまでいう。この派の論客の一人M・ガブリエルはドゥルーズ思想への共感を公言している。最近は、わが国でも、このグループの研究書が増えてきたが、ここでは、主旨説明として明快な、M・フェラーリス、清水訳、「新しい実在論――ショート・イントロダクション」、雑誌『現代思想』、二〇一八年十月臨時増刊号「マルクス・ガブリエル――新しい実在論」、と、清水高志、『実在への殺到』、水声社、二〇一七年、を挙げておく。〈追記〉すでに、バディウにもこの種の発想があった。上掲拙著『現代を哲学する』、二三二頁、等、参照。

(54) 上掲拙著『現代を哲学する』、第二部「真理のプラクシス」、第四章「真理の生起と実践――ハイデガーからバディウへ」、一四八、二二八、二四六、二六四〜二六六、二六九、二七八頁、他、参照。

(55) 右掲拙著、一四五〜一四七頁、他、参照。

(56) 同右掲拙著、一七四、二一一、二五一、二六四以下、二七〇、二七六、三七四、四〇四〜四〇五、等、参照。

(57) プラトンのいう「アガトン」(ἀγαθόν, καλοκἀγαθία) が、今日の道徳的な「善」にとどまるものでないことは、専門家の間では常識となっているが、筆者は、それを踏まえて、「佳」の語を当てる。

(58) M. Heidegger, *Einfuhrung in die Metaphysik*, Max Niemeyer, 1966, p. 150.

(59) 上記の通り、「概念」でなく、「観念」とする。DR. p. 364, 参照。

(60) 財津訳、『差異と反復』、河出文庫、上、四八三頁、「訳注(45)」、参照。

(61) 重要問題だが、上掲ハイデガー研究諸拙著に委ねる。最も判りやすくは、P・トラヴニー他編『ハイデガー哲学は反ユダヤ主義か――「黒ノート」をめぐる討議』、水声社、二〇一五年、二二三〜二二五頁、参照。

(62) 〈existant〉は、実存・実在と訳さなくともよい場合がある。ここでは、この訳語でよい。

(63) 本著の読者は『差異と反覆』を財津訳で読んでおられるかもしれないが、〈je〉と〈moi〉の訳語については、真逆になるので、注意。

(64) A・ソーカル他、川崎他訳、『「知」の欺瞞――ポストモダン思想における科学の濫用』、岩波書店、二〇〇八年。A. Sokal et al., *Fashionable Nonsense, Postmodern Intellectuals' Abuse of Science*, 1988. 論争的な文章の引用・検討には、通常は、当事者たちの原文や思考への綿密な注意が必要であるが、目下の場合は、ドゥルーズ思想の説明に使用するのみであるので、翻訳書にて処理する。

(65) 秋保亘、「ドゥルーズ『差異と反覆』における「個体化」論の構造――カントの超越論的哲学との対比を中心に」、『哲学』、第一三九集、所収。

(66) 上記秋保論文のほか、例えば、近藤和敬、「『差異と反覆』における微分法の位置と役割」、小泉他編、『ドゥルーズ/ガタリの現在』、平凡社、二〇〇八年、所収、にも、負う。

(67) 上記「注(5)」ほか、参照。
(68) 上掲拙著『創造力の論理』、結章「反省的判断力とヴァーチャル化作働——つぎの始まりへ」、三七一頁以下。
(69) ハイデガーとウィトゲンシュタインという相互に異質の哲学者が、ともに、〈brauchen〉をもって有意味性の成立根拠としていることに着目して、筆者は、かって、両哲学者の誕生百周年記念論文集に、「ゲームと歴史的召命——ハイデガー・ウィトゲンシュタイン現象の意味:試論」と題する二百枚弱の論稿を執筆した。そこで、この〈brauchen〉なる語に、ハイデガー学者の田中加夫氏による「収用」という訳語を当てたが、今回もこの種のケースのように思われたので、言語哲学と存在論の異次元‐重相性の境界線で、相似た対応をおこなった。上掲拙著『現代を哲学する』、第一部、参照。
(70) カント、『純粋理性批判』、KRV. B179, 篠田訳、岩波文庫、上、二二六頁。
(71) 上掲拙著『創造力の論理』、第一章、六七〜七八頁。
(72) ドゥルーズに想像力(構想力)論議は多くないが、DR. p. 284, 等、参照。本書八七頁にも引用文あり。
(73) 「個体化」論は、上記の秋保、檜垣、米虫、堀江、……論稿のほか、わが国には密度の高い論稿が多い。網羅的に紹介する余裕なく、申し訳ない。
(74) この部分、邦訳本からの引用らしいが、記録不備で、出典が不明化した。『ドゥルーズ・コレクション』、河出文庫、所収の、三脇訳の「シモンドン——個体とその物理‐生物的な発生」とも思われるが、必ずしも一致しない。
(75) 同右。失礼、申し訳ない。
(76) 上掲拙著『デリダ』、一七九、二〇〇〜二〇一頁。ただし、これはデリダの究極の最終語などではないだろうが。
(77) M. Heidegger, *Identität und Differenz*, Neske, p. 15, etc. 参照。
(78) I. Berlin, *The Crooked Timber of Humanity: Chapters in the History of ideas*, 1990. 上掲『理想の追求』、所収。
(79) S. Weil, *L'Intuition pré-chrétienne*, Ed. Colombe, 1951, G. Deleuze, *Critique et Clinique*, Ed. de Minuit, 1993, etc.
(80) 「理念」観念を「仮称」とするのは、第二主著である『意味の論理学』、一九六九年、からは、どうやら消えて、「意味」観念に変容する観があるからである。
(81) 『意味の論理学』(以降)は〈événement〉の語・観念を重視するが、デリダほど〈venir〉含意は強くない。しかし、〈devenir〉と相関して、きわめてドゥルーズ的のはずである。
(82) 「定言命法」ゆえ、その発令までの経緯は論外のはずであるが、ここでは研究者として、一応の筋道を憶測まじりに説明している。

（83）講演「創造行為について」は、後述にいちおう取り上げるが、内容は十分豊かとはいえない。

（84）プラトンの『ティマイオス』のいう創造神デミウルゴスは、「デミ（デモス、人間たち）のために、イデアに則って、世界をウルゴス（work, 製作・造物した）神」ということで、いかにも哲学者による理論的思惟の産物である。H・ブレーメンベルクによると（下記参照）、プラトン『国家』編の第十章には、デミウルゴスが準拠する世界創造のモデルであるイデアをも創造する神（ヒュポウルゴス）についての言及があるというが、これはまさに後代のキリスト教からデカルトまでの創造神に近くなるが、プラトンに詳述があるわけではなく、これも理論的推定の所産とみてよい。

もっとも、プラトン以外のギリシャ文化一般についても、瞥見しておく責任があるかもしれない。目下の問題のみに限定してだが、こう解される。

1　創世神話・思惟には三つのタイプがあり、それ以外にはありえない。（1）農耕を含む自然的産出をモデルとして、創造と創造神を考えるか、（2）その極限形態として、無からの、創造神による創造を考えるか、（3）先行的に存在している大小さまざまの（（1）（2）の被造界を中心とする）全体事象を、新たな原理によって再構成・再秩序化することをもって創世・創造と考えるか。あとは、これらの諸ヴァリエーションである。後者のなかには極めて重要なケースもある。（1）の自然的産出は、散種とそれによる種子の死（と再生・新生）を重視するとき、超自然的レヴェルでの創造・創世の思惟へと移行しうる。いわゆる高等宗教の本源は、ここにある。（2）は、（1）の極限形態であると同時に、（1）を（3）によって再・新‐構成する一ケースであり、（3）は（1）の再・新‐構成であると同時に、（2）をなんらかのかたちで（それと自覚的にか、それとも黙殺のかたちでか、等）前提・含意する。

2　ギリシャ文明（BC一五〇〇年頃〜ローマに完全支配されるBC一世紀頃）に先立ってエーゲ文明（BC三〇〇〇年頃〜BC一五〇〇年頃）が存在した。A・トインビー的に分類すれば、人類文明史の、後者は第一期に属し、前者は第二期に属する。さて、後者は、名称からすれば海洋文明であり、内容的にもその側面は見落とせないが、いまだ海洋（東地中海）を完全に制覇していたわけではなく、要するに海岸文化の一であり、宗教的には農耕祭儀である。他方、後にギリシャ文明を構成する北方由来の民族（仮に、前‐ギリシャ・ヨーロッパ系民族と呼んでおこう）は、おそらくケルト・ゲルマン系出自であろうが、いまも残るゲルマン系‐創世神話の面影などまったく示さず、いわゆるケルト・ゲルマン系の三神（オーディン、トール、第三神は諸説あり、このTiwas神が後のギリシャでのゼウスZeusか、……）との関係も判然としない、ひょっとすると三神以前の古神であったのかもしれないともいわれているゼウス神一柱のみを奉じつつ、これもトインビー的にいえば「文化的プロレタリアート」としてエーゲ文明圏の北辺に居住し、やがてエーゲ文明圏の弱体化・衰退化とともに参入・浸透し、その後のギリシャ文明を成立させるにいたった。

3　この過程の諸細部は別として目下の直接の関係事項のみ三点留意しよう。

（一）ギリシャ哲学の起源とされる紀元前六世紀のいわゆる初期ギリシャ・イオニア植民地（今日の西トルコ）のイオニア思惟は、二十世紀哲学の存在論的転回とくに後期・晩年のハイデガーによって、哲学思惟一般の始源、存在論（onto-logie）の始源である存在思惟（Seinsdenken）の本来態である〈ピュシス〉（physis）思惟として称揚され、その後のバディウは、しかし、ギリシャ思惟の本質は事象の数学的（mathème）還元にあり――ピュタゴラスを見よ――、イオニア思惟はアジア的自然（physis）思惟の一端にすぎない、とした。ハイデガーの「ピュシス」思惟は、しかし、安易な自然回帰や古代的農耕祭儀に立脚するものではなく、自然的事象・存在者の無化を経ての存在思惟レヴェルの問題であり、むしろ、バディウのいう伝統的存在論の「存在」（Être）概念に対抗する「生起」（Evénement）概念に相通底する。別言すれば、ここで問題を一点にのみ絞ってしまえば、イオニア・〈ピュシス〉思惟も、上記「1（1）」の自然主義ではなく、たしかに「1（2）」的思惟ではないにしても、両者をそれなりに踏まえた「1（3）」思惟、つまり、新構成・新秩序に向かっての〈フォンダシオン〉（fondation）思惟だということである。

（二）アテナイを中心とする最盛期のギリシャ文化とその哲学は、アテネという温暖な気候と良港を得て、先行エーゲ文明の遺産と新興ギリシャ民族の合理性的-秩序意志が調和裡に統合された人類文明史上の一大傑作であった。ここでも一点にのみ絞れば、しかし、テーセウスというアテネ市の創建（fondation）者が文明史上稀有にも明示されながら、ゲルマン的-創世神話は、むろん、先住エーゲ民族の創世神話も残存せず、新たなギリシャの神々の傍らに先行文明から掬い上げられたのは、もはや大地母神という産出者ではなく、受難する娘コレー（ペルセポネー）を慈しむ救済神としてのデメテールを主神とするエレウシス密儀であり、やがて来るキリスト教への出発点（S・ヴェイユ、『前キリスト教的直観』等、参照）であり、上記「1（1）」の精神的・霊的ヴァリエーションとしての「1（3）」であった、――バディウは触れないが、右述ピュタゴラスも〈数〉（mathème）神秘主義によるこの種の密儀教団を形成していた――ということである。たしかに、すでにもうひとつの第一期文明（エジプト系）の所産である「イシス-オシリス」神話はそれなりに広がっていたが、エレウシス密儀にはプラトンら当時の少なからぬ知識人たちも参与し、いまなお一般人のギリシャ知識には大きな地位を占めていないが、これまたギリシャ精神に相応しいひとつの〈フォンダシオン〉（fondation）であったといわなければならない。うっかり忘れそうになっていたが、ギリシャ哲学の成立そのものが、すでに流布しはじめていたソフィストたちの私的利権のための詭弁に抗する、新たなロゴスによる新-秩序・新-次元への〈フォンダシオン〉の企てであった。

（三）もうひとつは、（一）（二）とは、むしろ、逆の事例である。旧エーゲ文明圏への来入が他の諸部族より遅れたスパルタ族は、もはやペロソスネス半島中央部の原野にしか占領居住地を得ることができず、ために、海洋進出のみならず他の多くの局面においても周囲の先住・来入部族たちと争わなければならず、結局、独自の文化を産出することができなかった。遠い過去と未来における世界創造を省察する余裕もなければ、文化も哲学も生育しえないということであろうか。

確認しておけば、これらのギリシャ的〈fondation〉の展開とほぼ同時代に、他の多くの文化・文明圏では依然として「1（1）」としてのさまざまの創世神話が産み出され、ほぼ隣接のセム文化圏では上記「1（2）」のいう「無からの創造」の思惟が現出しはじめていた。他方、インド地域、中国（支那）地域においても、第一期文明から第二期文明へのいわゆる文化交替が広範・多相におこなわれつつあった。しかし、目下の論脈では、とりあえずギリシャ・ケースを配視すれば十分である。

（85）　フッサールの〈Ur-stiftung〉は、通常、「創設」と邦訳されるが、これでは制度論的に平板化しすぎることになり、当方は近代認識論哲学のもっとも精緻・洗練された一形態として、「開基」（理性によって開き基づける）と解訳する。同時期にハイデガーが存在論的真理の「開起」（Licht-ung. 人為の彼方から開き起こる）を主題化し始め、現代哲学はこの「開起‐開基」によって、近代哲学を補完しつつ、決定的な一歩を踏み出した、と筆者は解する。ドゥルーズ思惟もその一展開である。

（86）　***R. Otto, Das Heilige, Über das Irrationale in der Idee des Göttlichen und sein Verhältnis zum Rationalen*, 1936.** 山谷訳、『聖なるもの』、岩波文庫、一九六八年。

（87）　上記「注（46）」と該当本文八四頁でも触れたが、ドゥルーズ時代からすでに半世紀が過ぎ、今日のミクロ生命科学は、われわれのよく知る身体的・器官的レヴェルとはまったく別の、ドゥルーズのいうCsO（器官なき身体）レヴェルの生命現象を提示するようになってきた。ドゥルーズのいう潜勢態事象の一具体例が、無意識界よりも、この種のミクロ生命動態にあるのだとすれば、ドゥルーズが潜勢態レヴェル事象と表象・延長態レヴェル事象の異質さ・非‐類似性を強調する理由も、より容易に理解可能となる。カント流の「可能性の条件」の考察と、ドゥルーズ流の「現実性の条件としての潜勢動態」の考察の違いがよく判ることになる。

（88）　宇野他訳、『ドゥルーズ・コレクションII』、河出文庫、二〇一五年、所収、廣瀬純訳「創造行為とは何か」。筆者には、フランス語原テクスト、入手しえず。

（89）　筆者は留学中、パリ国際大学都市に世界各国によって建造されている多くの寄宿舎のうちフランス館に寄宿していた。そこでは、しばしばかつ定期的に名作映画の上映があり、当時、世界の映画雑誌でもほぼつねに『市民ケーン』とならんでベスト・ワンに掲げられていた『七人の侍』も、何度もアンコール上映された。映画作品としては『用心棒』のほうが完成度が高く、

『七人の侍』あたりからはじまる黒澤明晩年の農本主義的ヒューマニズムは映像化されると辟易とさせられるが、主君への忠節のモラルが失効した時運のなかで、豪雨と泥濘にまみれながら農民たちのための死闘を展開しつづける男たちのけれんみのない真率さには、かって、中学時代、街の電気店の世に出回りはじめたばかりのTVで期せずして予告編場面に接したときの驚愕に近い魂の体験の記憶がつねに随伴している。フランス館は日本館からは遠く別のキャンパスにあり日本人学生の出入りはまったくなかったが、国籍などなんの関心ももたない外国人学生たちのあいだで、筆者は、あの時ばかりは、日本人としての誇りを覚えた。黒澤明よ、有難う！

（90）　上掲拙著『創造力の論理』、序論「構想力、想像力、創造力」、第一章「基準の創定、世界の賦活――カント」、等、参照。

第二部

（1）　ドゥルーズの諸著作間の系譜関係については、身近なところでは、次の諸稿を参照。
檜垣立哉、「ドゥルーズ哲学における〈転回〉について――個体化論の転変」、小泉他編、『ドゥルーズ／ガタリの現在』、平凡社、二〇〇八年、所収。

米虫正巳、「ドゥルーズ哲学のもうひとつの系譜について」、同右論集、所収。

鈴木泉、「ドゥルーズ『意味の論理学』を読む――その内的組合せの解明」、『神戸大学文学部紀要』、第二十七巻、二〇〇〇年。

なお、われわれ（筆者）のここでの系譜論は、これらの諸論稿とは関係なく、われわれ（筆者）のここでの問題関心によって組み立ててある。

（2）　上掲拙著『意味と脱-意味』、参照。

（3）　山内得立、『意味の形而上学』、岩波書店、一九六七年、参照。

（4）　上掲拙著『差異と協成』、参照。

（5）　原著 *Logique du Sens*, Ed. Minuit, 1969, 裏表紙の著者自身による解説文、参照。

（6）　上記拙著『意味と脱-意味』、参照。

（7）　上記の鈴木論文「ドゥルーズ『意味の論理学』を読む――その内的組合せの解明」、参照。この鈴木論稿は『意味の論理学』の論著としての内的構造を剔抉して見事である。紀要論文のため見過ごされているが、なんらかのかたちで一般書籍として公刊するほうが世に資しうる。

（8）　上記拙著『創造力の論理』、第一章「基準の創定、世界の賦活」、六七、六一頁、参照。

(9) 拙著『現代思想と〈幾何学の起源〉――超越論的主観から超越論的客観へ』、第Ⅳ章「〈起源〉のコスモロジー（天-開-性）――セール」、第Ⅴ章「超越論的地平、現象性の範域、理象圏」、一八五頁以下、二二一頁以下、二二五頁以下、二二七頁以下、二三七頁以下、参照。

(10) M. Gabriel, *Transcendantal Ontology, Essays in German Idealism*, 2011. なお、清水高志、『実在への殺到』、水声社、二〇一七年、雑誌『現代思想』、二〇一八年十月臨時増刊号、「マルクス・ガブリエル――新しい実在論」、等、参照。

(11) 上記拙著『創造力の論理』、第一章「基準の創定、世界の賦活――カント」、参照。

(12) 上記の鈴木論文が、このあたりも佳く整理している。

(13) 檜垣立哉、『瞬間と永遠――ジル・ドゥルーズの時間論』、岩波書店、二〇一〇年、参照。われわれのこの論著は時間概念にまで深入りする余裕がなかった。なお、別主題の次論稿も、ドゥルーズ時間論として教えられるところあった。菊地健三、「感覚の論理と思考の論理――絵画と哲学をめぐるドゥルーズの思想」、市倉編、『ジル・ドゥルーズの試み』、北樹出版、一九九四年、所収。同じ菊地氏の『カントと動力学の問題』、晶文社、二〇一五年、も、ここでのカント的発生論議と関わる。

(14) 〈Agathon〉は「善」ではなく「佳」と訳解すると上記したが、こうした細部では常識にしたがっていてよい、ということで、「善い」としておく。

(15) 上掲拙著『意味と脱-意味』、二七七〜二七八、一一五頁、等、参照。

(16) 上掲拙著『デリダ』では、デリダにおける〈événement〉につき、最終的には「出《しゅつ》-来《たい》-事《じ》」と表記せざるをえなくなった。

(17) 上記もしたように、H・ブルーメンベルクはプラトンの『国家』第十章に、「イデア」をも創造する神「ヒュポウルゴス」が示唆されているという。村井訳、『われわれが生きている現実――技術・芸術・修辞学』、法政大学出版局、二〇一四年、七七頁、参照。H. Blumenberg, *Wirklichkeiten in denen wir leben*, 1981. この場合は「イデア」は永遠なる存在ではなく、たんなる被造物の一になるのかもしれない。

(18) M. Heideggr, *Zur Sache des Denkens*, Max Niemeyer, 1976, p. 10.

(19) 拙著ハイデガー諸論、判りやすいテクストとしては、上掲『ハイデガー哲学は反ユダヤ主義か』、二二三〜二二五頁、等、参照。

(20) 上記拙著『デリダ』、第五章「出-来-事を到来させ、アポリア創成動を解き放つ――〈événement〉論」、他、参照。

(21) A. Badiou, *L'Être et l'événement*, 1988. 上記拙著『現代を哲学する』、第二部「真理のプラクシス」、第四章「真理の生起と実践――ハイデガーからバディウへ」、第三部「フランス弁証法――またはA・バディウにおける反-弁証法的・弁証法」、参照。

（22）　M. Gabriel, *Sinn und Existenz; Ein realistische Ontologie*, 2016. 最近のガブリエルの思想は、ドゥルーズ思想への親近性を自称するとともに、「意味場」（Sinnfeld）概念をもって、われわれの発想にも近づいている。

（23）　F. Zourabichvili, *Deleuze, une Philosohpie de l'événement*, PUF, 1994.

S. Bowden, *The Priority of Events, Deleuze's Logic of Sense*, Edinburgh, U.P., 2011.

なお、J. Williams, *Gilles Deleuze's Logic of Sense: A Critical Introduction and Guide*, Edinburgh U.P., 2008, も、〈événement〉概念については多くを語って寄与大だが、「創造」概念との連関は、下記のとおり、主題化されていない。

また、わが国では、佐藤嘉幸氏の、「出来事から出来事の生産へ」、『思想』、二〇一四年十一月号、七～三二頁、があるが、これは本著で扱う『差異と反覆』『意味の論理学』の後の『アンチ・オイディプス』を論ずるものなので、ここでは扱わない。

（24）　〈personnages conceptuels〉（概念としての人物、概念人物）。G. Deleuze, *Qu'est-ce que la philosophie*, Ed. de Minuit, p. 60sq., 参照。

（25）　上記拙著『デリダ』、一七九、二〇〇～二〇一頁、参照。

（26）　拙稿「〈道〉の観念――ハイデガーと老子」、拙著『抗争と遊戯――ハイデガー論攷』、勁草書房、一九八七年、二〇三～二四三頁、参照

（27）　小泉義之氏の論述はおおむね残酷（？）なツッコミであるが、この〈événement〉については「哲学者たちは説明してくれないので……」などとボケている。つまり、それくらい、この語は頻用されていながら、哲学的な説明はなされていないということである。小泉義之、『ドゥルーズの哲学――生命・自然・未来のために』、講談社現代新書、二〇〇〇年、参照。「ツッコミ」といったが貶価しているわけではない。檜垣立哉『ドゥルーズ――解けない問いを生きる』（ＮＨＫ出版、二〇〇二年）の「書評」（『フランス哲学思想研究』第八号、二〇〇三年、所収）など、単なる「仲間誉め」を超えて、内実ある名筆である。氏のドゥルーズ論は後期思想を扱うことが多いので、ここではあまり言及・引用しえていない。

（28）　われわれ（筆者）は、ハイデガーの〈Ereignis, Licht-ung〉論からはじまってバディウの〈Être et événement〉やデリダの〈événement〉論へと、これまでもかなり入念・細密にフォローしてきた。関係諸拙著、参照されたい。

（29）　G. Gurvitch, *Morale théorique et Science des Mœurus, leurs possibilités – leurs conditions*, Felix Alcan, 1937.（以下、略記号 MT. にて示す。）

（30）　Ａ・Ｌ・ミラー、松浦訳、『アインシュタインとピカソ――二人の天才は時間と空間をどうとらえたか』、ＴＢＳブリタニカ、二〇〇二年、参照。A. L. Miller, *Einstein, Picasso: Space, Time, and Beauty, That Causes Hovac*, 2001. わが国のこれまでの学問伝

統からすると、この種のテーマは非 - 学問的ととられるかもしれないが、内容的にもしっかりしており、欧米学術圏では十分に評価可能の成果であると申し上げておきたい。訳者の学殖・能力とともに推奨に値いする。上掲拙著『現代思想と〈幾何学の起源〉』、二五二頁、参照。なお、今日の物理学や幾何学での第四・第五次元やさらに第六次元以上への関心についても、同拙著「結章」参照。「全十次元」についても真面目で意味深甚な論著がある。〈追記〉その後に知ったところでは、われわれの周囲では松井孝典氏の『文明は〈見えない世界〉がつくる』、岩波書店、二〇一七年、等が、この種の問題を一般読者向けに論じているようである。

（31）　上掲拙著『現代を哲学する』、第三部「フランス弁証法——または、A・バディウにおける反 - 弁証法的 - 弁証法」、三四二～三四三頁、他、参照。

（32）　邦訳あり。J・ブスケ、谷口他訳、『傷と出来事』、河出書房新社、二〇一三年。

（33）　宇波他訳、法政大学出版局、一九八七年、および、小泉訳、河出書房新社、二〇〇七年。

（34）　拙著『政治と哲学——〈ハイデガーとナチズム〉論争史の一決算』、岩波書店、二〇〇二年、上、二六七頁以下、参照。そういえば、デリダ - アルトーにも〈Être/Âtre〉という発想があった。上記「第一部、注（36）」参照。

（35）　H・ブルーメンベルク、上掲『われわれが生きている現実』、「注（17）」参照。

（36）　略記号 B. は、ドゥルーズの次のテクストを示す。G. Deleuze, *Le Bergsonisme*, PUF, 1968. この部分は、檜垣・小林氏による新訳『ベルクソニズム』、法政大学出版局、二〇一七年、を拝見しながら、再発見した。訳文は、本著の文脈上、筆者自身のものに置き換えた。

（37）　P. Hallward, *Out of this World: Deleuze and the Philosophy of Creation*, 2006. 邦訳、松本潤一郎訳、『ドゥルーズと創造の哲学——この世界を抜け出て』、青土社、二〇一〇年。

（38）　J. Williams, *Gilles Deleuze's Différence and Répétition: A Critical Introduction and Guide*, Edinburgh U.P., 2003, 2013.

（39）　J. Williams, *Gilles Deleuze's Logic of Sense: A Critical Introduction and Guide*, Edinburgh U.P., 2008. 上掲「注（23）」参照。

（40）　F. Zourabichvili, *Deleuze, Une philosophie de l'événement*, PUF, 1994.

（41）　S. Bowden, *The Priority of Events: Deleuze's Logic of Sence*, Edinbergh U.P., 2011.

（42）　V. Moulard-Leonard, *Bergson-Deleuze Encounters, Transcendental Experience and the Thought of the Virtual*, State Univ. of N.Y. Pr., 2008.

著者について――

中田光雄（なかたみつお）　一九三九年、東京・小石川生まれ。一九四四年より、群馬県。東京大学教養学部教養学科（フランス科）卒。同大学大学院人文科学研究科（比較文化）博士課程中退。パリ大学大学院哲学科博士課程修了。仏国文学博士（哲学）（Doc. es Lettres）。筑波大学名誉教授。仏国学術勲章。

主な著書に、『現代を哲学する：時代と意味と真理――A・バディウ、ハイデガー、ウィトゲンシュタイン』（理想社、二〇〇八年）、『政治と哲学――〈ハイデガーとナチズム〉論争史（一九三〇～一九九八）の一決算』（上下、岩波書店、二〇〇二年）、『哲学とナショナリズム――ハイデガー結審』（水声社、二〇一四年）、『抗争と遊戯――ハイデガー論攷』（勁草書房、一九八七年）、『ハイデガー哲学は反ユダヤ主義か――「黒ノート」をめぐる討議』（共編著、水声社、二〇一五年）、『ベルクソン哲学――実在と価値』（東京大学出版会、一九七七年）、『ベルクソン読本』（共著、法政大学出版局、二〇〇五年）、『文化・文明――意味と構造』（創文社、一九九〇年）、『正義、法-権利、脱-構築――現代フランス実践思想研究』（創文社、二〇〇八年）、『現代思想と〈幾何学の起源〉――超越論的主観から超越論的客観へ』（水声社、二〇一四年）、『差異と協成――B・スティグレールと新ヨーロッパ構想』（水声社、二〇一四年）、『創造力の論理：テクノ・プラクシオロジー序論――カント・ハイデガー・三木清・サルトル……から、現代情報理論まで』（創文社、二〇一五年）、『デリダ　脱-構築の創造力』（水声社、二〇一七年）、『二十一世紀のソシュール』（共著、水声社、二〇一八年）、『意味と脱-意味――ソシュール、現代哲学、そして……』（水声社、二〇一八年）などがある。

装幀——宗利淳一

ドゥルーズ　魂の技術と時空・生起－動

二〇一九年九月五日第一版第一刷印刷　二〇一九年九月一〇日第一版第一刷発行

著者――中田光雄

発行者――鈴木宏

発行所――株式会社水声社

東京都文京区小石川二―七―五　郵便番号一一二―〇〇〇二

電話〇三―三八一八―六〇四〇　ＦＡＸ〇三―三八一八―二四三七

［編集部］横浜市港北区新吉田東一―七七―一七　郵便番号二二三―〇〇五八

電話〇四五―七一七―五三五六　ＦＡＸ〇四五―七一七―五三五七

郵便振替〇〇一八〇―四―六五四一〇〇

URL : http://www.suiseisha.net

印刷・製本――精興社

ISBN978-4-8010-0446-7